普通高等教育经管类专业系列教材

财务管理案例教程

鲍新中　徐　鲲　编著

清华大学出版社

北　京

内 容 简 介

“财务管理”是会计学、财务管理、资产评估、审计学等本科专业的必修课程，是工商管理大类专业的专业基础课程，也是 MBA、EMBA、会计专硕、企业管理学硕士等硕士生的必修课程。案例教学是本科和专业硕士层面重要的教学手段。本书结合财务管理课程与案例教学，旨在解决国内财务管理案例相关教材在教学中适用性较差的问题，分为财务管理导论、资金时间价值、风险报酬、财务分析、证券估价与企业价值、长期筹资方式、资本结构决策、长期投资决策、营运资金管理、利润分配管理共 10 章，设计了 50 个简短、实用的教学案例，与财务管理教材内容无缝对接，有助于读者深刻理解财务管理知识。

本书可作为高等学校会计学专业、财务管理专业、审计学专业等本科生，以及会计学术硕士、会计专业硕士、MBA、EMBA 等研究生的教学参考书，也可作为工商企业财会人员和企业经营管理人员的自学手册，还可作为企业培训高级财会类人才和经营管理人才的参考教材。

图书在版编目(CIP)数据

财务管理案例教程 / 鲍新中，徐鲲编著. —北京：清华大学出版社，2021.6（2023.10重印）
普通高等教育经管类专业系列教材
ISBN 978-7-302-58266-3

Ⅰ. ①财… Ⅱ. ①鲍… ②徐… Ⅲ. ①财务管理—高等学校—教材 Ⅳ. ①F275

中国版本图书馆 CIP 数据核字(2021)第 105748 号

责任编辑：高　屾　高晓晴
封面设计：周晓亮
版式设计：孔祥峰
责任校对：马遥遥
责任印制：丛怀宇

出版发行：清华大学出版社
网　　址：http://www.tup.com.cn, http://www.wqbook.com
地　　址：北京清华大学学研大厦 A 座　　邮　　编：100084
社 总 机：010-83470000　　邮　　购：010-62786544
投稿与读者服务：010-62776969，c-service@tup.tsinghua.edu.cn
质 量 反 馈：010-62772015，zhiliang@tup.tsinghua.edu.cn

印 装 者：三河市铭诚印务有限公司
经　　销：全国新华书店
开　　本：185mm×260mm　　印　　张：15.75　　字　　数：363 千字
版　　次：2021 年 8 月第 1 版　　印　　次：2023 年 10 月第 3 次印刷
定　　价：49.00 元

产品编号：090482-02

前　言

随着我国高等教育从精英教育向大众化教育的快速过渡，通识教育受到了我国高等教育界的广泛重视。实际上，通识教育的理念在我国由来已久，孔子曰“君子不器”，庄子曰“后世之学者，不幸不见天地之纯，古人之大体，道术将为天下裂”，这些都是明证。

在大学教育中加强通识教育已经越来越多地成为研究型大学的共识，而以培养应用型人才为主的地方本科院校及以培养高层次应用型专门人才为目标的专业硕士教育，由于专业教育事关学生的就业而更受重视，可能出现“专业教育为主、通识教育为次”的主次关系。事实上，专业教育和通识教育是共生的，是相互补充、相互融合的。哈佛通识教育委员会主席 J. 哈里斯指出：“自由教育的特点是又宽又深。所谓‘宽’，是教给学生的整个知识范围‘宽’；‘深’则意味着要深入各个专业，每一门课都讲究深度。”专业教育致力于培养学生对某一学科的深入理解，这是专业化时代的要求。只有一个人深入地钻研了某一复杂学科，才能学会分析问题，合理地解释解决问题的过程，明白真正的智力探究与探索是什么意思。教育部高教司吴岩司长所提出的“金课”标准中的“高阶性”，就是知识能力素质的有机融合，是要培养学生解决复杂问题的综合能力和高级思维。即使一个人在学生时代选择的专业与他未来的事业之间毫无关联，或者 20 年后他将所学的专业知识全部忘光，他至少懂得精通一门专业是怎么回事。从这个角度来说，也可以将专业教育看作广义通识教育的组成部分，专业教育与通识教育并不是相互对立的，而是相互融合的。

秉承“知行思创”的教学理念，北京联合大学创新企业财务管理研究中心在财会类本科和硕士层面的人才培养过程中，在通识教育和专业教育的相互融合方面做出了有益的尝试，旨在培养高水平应用型人才。“知”即掌握专业知识，获取一张有分量的专业证书；“行”即注重专业实习和社会实践，拥有一段有收获的实践经历；“思”即在专业知识基础上的拓展，拥有一段深入的科学研究体验；“创”即培养创新思维、创新能力和兴趣爱好，获得一张有含金量的竞赛获奖证书。

案例教学是贯彻“知行思创”教学理念的重要手段。在“知”层面，通过案例将多门课程的内容融合，促进专业知识的融会贯通；在“行”方面，案例来源于教师的专业实践工作，使学生的学习更加贴近实际；在“思”方面，学生通过案例分析，写出具有专业水准的研究报告；在“创”方面，鼓励学生参加专业案例大赛，提升全面能力。经过多年的探索，北京联合大学创新企业财务管理研究中心在高水平应用型人才培养方面取得了一定的成绩，特别是在案例教学方面积累了一定的经验。本书是作者多年教学积累的教学案例集，通过 50 个教学案例为学生设置了相关理论知识的应用情境，使学生能够通过应用情境来学习理解相关知识。同时，案例思考题中设计了课程思政的内容，为任课教师进行课程思政设计提供思路和帮助。

本书在学堂在线网有“从案例中学习财务管理”配套慕课支持，适合开展财务管理课程 SPOC[①]教学。同时，本书提供教学资源，内容包括配套教学课件、习题答案等。读者可通过扫描右侧二维码获取慕课网址及相关教学资源。

案例的编写和运用是高水平应用型人才培养中贯彻通识教育和专业教育相融合的一条有效途径，但是原创案例的编写是一项艰巨且费时的工作，由于编者能力所限，此书中难免存在一些疏漏和不足，希望各位专家和广大读者给予批评指正，以日臻完善。反馈邮箱：wkservice@vip.163.com。

2021 年 7 月 10 日

① SPOC 指小规模限制性在线课程，英文为 small private online course，简称 SPOC，这个概念是由加州大学伯克利分校的阿曼德·福克斯教授最早提出和使用的。

目　录

第1章

财务管理导论

案例1.1 财务管理的内容：对企业资金运动的决策

1.1.1 资料：中国南方航空股份有限公司的资产负债表

表1-1是中国南方航空股份有限公司2018年12月31日的合并资产负债表。

表1-1 中国南方航空股份有限公司合并资产负债表(2018年12月31日)

(除特别注明外，金额单位为人民币百万元)

项目	附注	2018年 12月31日	2017年 12月31日	2017年 1月1日
流动资产：				
货币资金	四(1)	7 308	7 250	4 895
交易性金融资产	四(2)	440	—	—
应收票据及应收账款	四(3)	2 929	2 690	3 012
预付款项	四(4)	3 695	1 358	1 479
其他应收款	四(5)	2 338	1 160	1 418
存货	四(6)	1 699	1 622	1 588
持有待售资产	四(7)	224	8	—
其他流动资产	四(8)	5 439	3 796	1 415
流动资产合计		24 072	17 884	13 807
非流动资产：				
可供出售金融资产	四(9)	—	725	602

(续表)

项目	附注	2018 年 12 月 31 日	2017 年 12 月 31 日	2017 年 1 月 1 日
长期股权投资	四(10)	5 992	4 045	4 098
其他权益工具投资	四(11)	1 080	—	—
其他非流动金融资产	四(12)	103	—	—
投资性房地产	四(13)	499	524	440
固定资产	四(14)	170 039	158 255	146 388
在建工程	四(15)	37 881	30 193	28 948
无形资产	四(16)	3 349	3 334	3 152
设备租赁定金	四(17)	594	642	725
长期待摊费用	四(18)	732	610	568
套期工具	四(19)	75	46	21
递延所得税资产	四(20)	1 574	1 698	1 721
其他非流动资产	四(21)	665	373	—
非流动资产合计		222 583	200 445	186 663
资产合计		246 655	218 329	200 470
流动负债:				
短期借款	四(23)	20 739	20 626	4 195
衍生金融负债	四(24)	44	64	—
应付票据及应付账款	四(25)	14 071	13 432	13 425
合同负债	四(26)	1 693	—	—
票证结算	四(27)	8 594	7 853	8 420
应付职工薪酬	四(28)	3 214	3 366	2 858
应交税费	四(29)	554	1 182	899
其他应付款	四(30)	7 221	6 269	5 597
一年内到期的非流动负债	四(31)	23 557	16 785	10 559
其他流动负债	四(32)	4 000	—	21 986
流动负债合计		83 687	69 577	67 939
非流动负债:				
长期借款	四(33)	9 422	6 023	1 069
应付债券	四(34)	6 254	14 696	17 689

(续表)

项目	附注	2018 年 12 月 31 日	2017 年 12 月 31 日	2017 年 1 月 1 日
应付融资租赁款	四(35)	62 666	59 583	53 527
大修理准备	四(36)	2 831	2 808	2 089
其他非流动负债	四(39)	2 036	—	—
递延收益	四(37)	906	2 902	2 600
长期应付职工薪酬	四(38)	2	3	6
递延所得税负债	四(20)	668	572	841
非流动负债合计		84 785	86 587	77 821
负债合计		168 472	156 164	145 760
股东权益：				
股本	四(40)	12 267	10 088	9 818
资本公积	四(41)	25 589	15 115	13 977
其他综合收益	四(42)	494	278	211
盈余公积	四(43)	2 670	2 449	1 957
未分配利润	四(44)	23 983	21 664	17 224
归属于母公司股东权益合计		65 003	49 594	43 187
少数股东权益		13 180	12 571	11 523
股东权益合计		78 183	62 165	54 710
负债和股东权益合计		246 655	218 329	200 470

1.1.2 资料：财务管理的内容

财务活动是指资金的筹集、投放、使用、收回及分配等一系列活动。与资金运动过程相对应的企业财务活动包括筹资活动、投资活动、资金营运活动和分配活动，从而决定了企业财务管理的基本内容包括长期投资决策、长期筹资决策、营运资金管理和利润分配 4 个方面。

1. 长期投资决策

投资是指以收回资金并取得收益为目的而进行的投入资金的活动。企业取得资金后，必须将资金投入使用，以谋求最大的经济效益，否则，筹资就失去了目的和效用。企业把筹集的资金投资于购建固定资产、无形资产等，便形成对内投资。企业也可以把筹集的资金投资于购买其他企业的股票、债券或与其他企业联营等，形成企业的对外投资。在中国南方航空股份有限公司的资产负债表中，财务管理的研究对象就是非流动资产部分，包括固定资产、无形资产、在建工程等内部投资，以及长期股权投资等对外投资项目。企业在投资过程中，应拟定备选的投资项目，进行可行性研究，在选定最优投资方案的基础上，确定投资规模，并通过投资方向和投资方式的选择，确定合理的投资结构，以提高投资收益，降低投资风险。

2. 长期筹资决策

企业为从事生产经营活动，必须拥有一定数量的资产，而为了取得资产，必须筹措相应数量的资金。筹资是指企业为了满足投资和用资的需要筹措和集中所需资金的过程。筹资与投资活动是密切相关的。企业应根据选定的投资项目，结合金融市场的有关情况，确定筹资规模，分析各种不同的资金来源渠道和筹资方式的特点，计算并比较不同筹资方式的资金成本，综合考虑不同的资金来源和筹资比例对企业风险、收益和市场价值的影响，做好长期筹资决策。这里的筹资管理是企业长期筹资的主要方式，在中国南方航空股份有限公司的资产负债表上，主要体现为非流动负债和股东权益部分，包括长期借款、应付债券、融资租赁等负债融资方式以及股东权益中的股权融资方式。

3. 营运资金管理

在企业通过长期融资获得资金，并进行固定资产等非流动资产投资之后，要开展日常的生产经营活动。一方面，企业在日常生产经营活动中，经常需要持有一定数量的现金，还需购买并储存一定种类的存货，这些投资于流动资产的资金称为“毛营运资金”。另一方面，企业为了满足各种短期投资的需求，要经常性地采用不同方式筹措短期资金，形成流动负债，流动资产与流动负债之差即为净营运资金。在中国南方航空股份有限公司的资产负债表中，营运资金管理的研究对象就是流动资产和流动负债部分，确切地说，流动资产减去流动负债的余额就是净营运资金。营运资金管理涉及流动资产、流动负债及两者相互关系的研究。营运资金管理的目标是确定合理的净营运资金需要量，根据流动资产投资和流动负债筹资对企业风险及收益的影响，做出最优的短期投资和短期筹资决策，安排好日常的现金流入和流出。

4. 利润分配

企业通过投资和生产经营活动应当取得收入，并相应实现资金的增值。企业所取得的各种收入首先应用于补偿成本费用、缴纳所得税，在此基础上对净利润做出分配。随着分配过程的进行，资金或者退出或者留存于企业，从而对资金运动的规模和结构产生影响。因此，企业的利润分配应依法定程序进行，并合理确定分配规模和分配方式，确保企业取得最大的长期利益。实际上，企业的当年净利润，一部分以现金或股票的形式分配给股东，另一部分以留存收益的形式(包括盈余公积和未分配利润)留存在企业中，而留存收益也构成了企业长期融资的一种重要方式，称为“内部融资”。因此，在财务管理中，有时也把利润分配管理看作企业筹资管理的一部分。

企业财务管理与资产负债表的关系可以用图 1-1 表示。

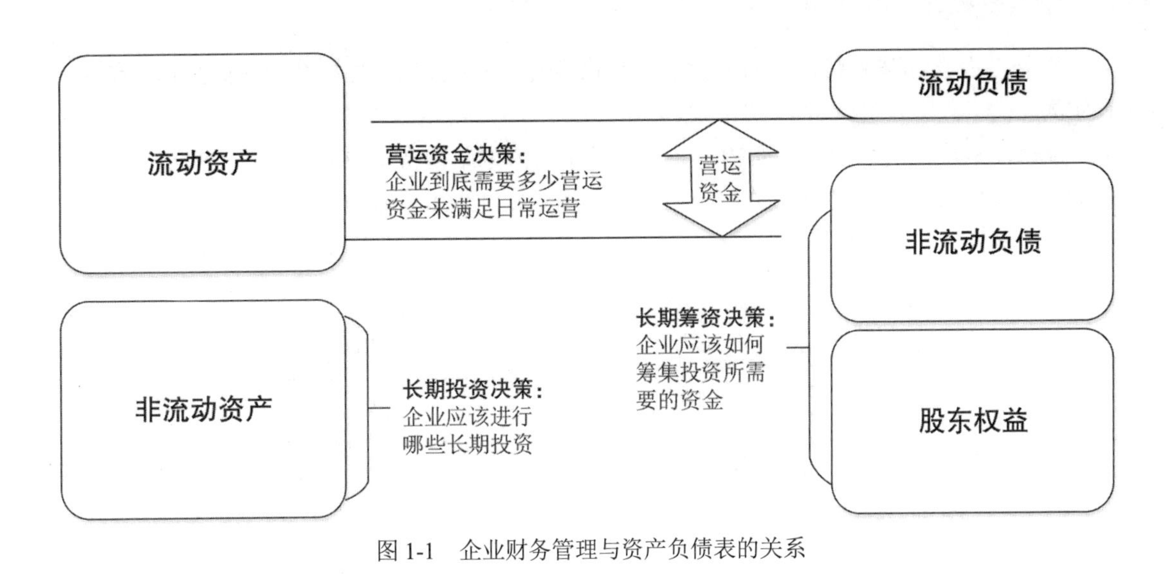

图 1-1　企业财务管理与资产负债表的关系

思考题：

1. 企业的长期投资可以分为对内投资和对外投资。从中国南方航空股份有限公司的资产负债表上看，哪些项目属于对内长期投资形成的资产？哪些项目属于对外长期投资形成的资产？

2. 企业的长期筹资方式有负债筹资和股权筹资两大类。从中国南方航空股份有限公司的资产负债表上看，哪些项目属于负债筹资形成的？哪些项目属于股权筹资形成的？

3. 什么是企业的营运资金？企业的营运资金是越多越好吗？中国南方航空股份有限公司在 2018 年末的营运资金占用量是多少？

4. “企业管理以财务管理为中心”的观点曾经被学术界和企业界广泛认可。在当前创新创业环境下，财务管理人员在企业中处于什么样的地位？

案例 1.2　财务与会计的关系：人工智能环境下财会人员的未来

1.2.1　资料：会计证取消后，七成财务人的命运将发生改变

如果 10 年前，有“人”说未来的企业可能不再需要大量的会计师，也许你会觉得这是天方夜谭；如果 5 年前，有“人”说未来大量的会计师可能会被迫下岗或转行，也许你会觉得这是危言耸听；如果 3 年前，有“人”说，随着管理会计的逐步推行，大量基础会计在企业中面临被边缘化的危机，也许你仍不以为然；如果今天，这个“人”说，财务转型已经势不可当，财务共享服务可能会让千万会计人失业，你是否依然不屑一顾呢？

这个“人”叫作趋势，它的力量就是如此可怕，在它面前，你要么选择拥抱它，要么被它淘汰。

那么，从现在起至未来5年内，企业财务部的人才结构将发生怎样的变化呢？图1-2所示的内容与所有财务人息息相关，应该尽早认识并依此做好职业规划。

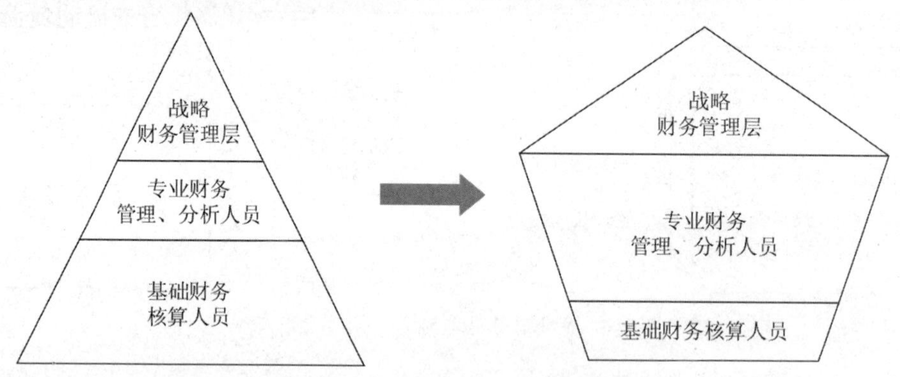

图1-2　企业财务部人才结构变化

传统会计师在未来的可替代性越来越高，这已经是不争的事实。

更多的企业开始使用财务共享服务，使基础会计的需求量大大降低。现在大部分企业的财务人才结构中，金字塔底端是大量的基础核算人员，一旦企业的信息化建设进入业财融合状态，随着未来ERP/AI/BI进一步走向业务核心，整个财务团队的人才结构就会不可避免地从三角形演变成五边形，顶端将会是极少数的战略财务管理层，中端是专业财务管理、分析人员，其数量将远远多于底端的基础财务核算人员。

海尔公司建立财务共享中心后，从事基础会计工作的人从原本的1 800人降到现在的260人。整个财务部门中，从事战略和业务管理的人员占70%左右，专业财务管理人员为10%，而基础财务人员则下降到20%左右。

未来的会计师与审计师分为4种类型，分别是“账房先生”、流程专家、业务合伙人和“价值经理”。

全球商业服务已经成为企业财务部重要的发展方向，而财务共享是首当其冲的改革目标，财会专业人士在共享服务和外包领域的发展中，将会遇到新的挑战和更多的职业机遇。

也许很多人会觉得共享服务中心正在革财务人的命，不断降低财务人作为个体对企业的贡献。持这种观点的人大多只是管中窥豹，只看到了财务共享服务降低成本，打造标准化、规模化经济的作用，而没有看到其增加生产有效性、提高产量、加强内部控制、改善业务流程，并最终实现战略决策支持的意义。对个人来说，这是从“账房先生”到“价值经理”的转型和升级，无论从个人成就还是收益来说，都会超乎你的想象。

所以，你是愿意继续处理手头的报销业务、会计核算，等待被机器或者更高效的共享中心代替，还是果断转型，拥抱共享服务，并最终成为企业需要的战略财务专家呢？

作为新时代的财会人，你是否准备好了迎接以下挑战？

(1) 我们是否已经具有成熟的财务思维？

(2) 我们是否实现互联网与会计的有效结合？

(3) 我们是否由过去式转换成现在式、将来式会计？

(4) 我们是否成了“不务正业”的会计？

(5) 我们是否真正把业务、财务、税务、服务、法务及电子商务融合在一起？

新时代的财会人不仅仅是“账房先生”，更要成为战略型财务人才；不仅仅是“数豆者”，更要成为“豆芽生长机”；不仅仅是企业财富的守护者，更要成为企业价值的创造者。未来的财会界，将迎来“互联网+财税”的时代，那些故步自封的财务人士将会被行业淘汰。

作为新时代的财会人，我们将迎来哪些变革？

(1) 大数据时代会计的工作将更加轻松！

(2) 财会人员占公司总人数的比例将进一步降低(目前国内一般企业为 5%左右)！

(3) 财务的自由度将变得更高！

(4) 财务管理的边界将更宽泛！

(5) 高端财务人才将直接影响企业的核心竞争力！

资料来源：中国 HKICPA 考试网[EB/OL]. http://www.hkicpa.cn/zhiye/649.html.

1.2.2　资料：从账房先生到管理会计，你只需四步跨越

在现代企业中，财务部门已经成了公司制度的传播者，财务人员不仅是记账做账的账房先生，还是企业内各项业务、各大系统、各类数据、各种流程的综合管理者。他们是业务部门风险管控的协助者，是透视系统内在问题的把关者，是财务数据转向管理数据的集大成者，更是企业流程控制、效率提升的管理者，还将逐渐成长为企业价值创造的推动者。

财务是一种工作，管理则体现着智慧。如今，企业已经走到了维持财务会计与发展管理会计的岔路口，而对于财务人员而言，这不是一道向左转还是向右转的选择题，而是一场前进还是后退的淘汰赛。

1. 进入数据

对于财会人员而言，进入数据似乎并不是一个新的方向，尤其是核算会计，不是一直都在与数据打交道吗？事实并非如此。管理数据与核算数据之间并不是等价的，它们之间存在巨大的差别。

每一家公司都有相应的管理成本，一般都将其整体列入“管理费用”科目核算。在传统分析中，管理费用似乎只与行政管理成本相关，但实际上这些管理费用只有行政管理部门在使用吗？行政管理部门的人能对这部分资金进行有效的控制吗？显然不是这样。

将类似这样的传统核算数据重新聚类展示，更能贴近业务活动本身及管理的需求，也更能体现各管理条线在企业中的完全投入产出关系。而且，对于业务部门而言，这样的核算能够增强它们控制成本的责任感。而在此前，由于相当一部分成本费用都是笼统地核算归集，

难免出现“大锅饭”情况，业务部门控制成本的意识也会相对薄弱。

2. 进入流程

在企业中，尤其是在发展到一定规模和程度的国有企业中，业务都非常庞杂，需要后台强有力的支撑。在这种背景下，往往企业内的账下审批流程非常普遍和繁杂。若要高效地完成这些审批流程，就会产生管理诉求与财务控制的矛盾。这是因为：若设置冗长的审批流程，效率会大打折扣；若审批流程太过简易，则可能丧失对风险的监控。

管理型会计人员首先需要破解这个矛盾。这就要求财会人有意识地去熟悉整个公司的流程，了解运营状态，设计并不断优化每个系统之间的关联度和闭环性，提前评估流程中可能存在的风险和漏洞，强化有效的管控举措，优化授权体系，提高效率，等等。

3. 进入业务

在财会人眼中，账本是财务管理的立足点，很多分析与管理都要从账本出发，但是要成为管理型会计人，就要跨越账本。

管理会计做得比较好的一个重要标志就是财务管理能进入业务层面，并拥有一定的话语权。财会人可以参与确定企业的商业模式、业务政策等。这就需要财会人从业务的角度去探讨项目的可行性问题，透过项目可行性分析预判公司业务的发展趋势及相应的资源配置等问题。

4. 进入系统

如今，企业进入了充斥各类信息的微竞争时代，面对海量大数据，企业财务人员正在经历一个前所未有的挑战。

与此同时，各类企业内部系统得到广泛应用。当前，企业需要这样一类人，他们可以熟练操作电脑，同时具备相关的财务知识，能够通过系统分析出可能存在的经营风险和财务风险。

企业中使用的管理系统很多已经脱离了财务管理传统意义上的借贷关系表征，系统的集中度越高，管理操作就越会下沉，传统意义上的会计做账操作已被自动串联系统替代。在这种系统化的背景下，企业管理型会计人才应对系统具有透视和辨别的能力，即不仅能够运用系统，还要能够在一定程度上实现对系统的管理，使财务制度在系统管理中层层穿透、环环贯通。

资料来源：高顿网校[EB/OL]. https://www.gaodun.com/cma/955833html.

思考题：

1. 财务会计、管理会计和财务管理之间是什么样的关系？
2. 在人工智能环境下，会计和财务管理专业的学生应该如何定位？

3. 在传统的、重复性的基础财会工作越来越多地被人工智能替代的背景下，财会人员如何树立自己的专业自信？

案例 1.3　财务管理的目标：从世界 500 强和胡润财富榜说起

1.3.1　资料：2019 年《财富》世界 500 强排行榜

2019 年上榜 500 家公司的总营业收入近 32.7 万亿美元，同比增加 8.9%；总利润再创纪录，达到 2.15 万亿美元，同比增加 14.5%；净利润率则达到 6.6%，净资产收益率达到 12.1%，都超过了 2018 年。这体现了 500 家大公司的复苏。

财富中文网于北京时间 2019 年 7 月 22 日与全球同步发布了最新的《财富》世界 500 强排行榜。依据这个榜单的数据，人们可以了解全球大企业的最新发展趋势。通过纵向不同年份和横向不同行业的比较，既可以了解企业的兴衰，也可以了解公司销售收益率、净资产收益率、全员生产效率等经营质量的变化。与此同时，深入到国家或地区的研究可以揭示大企业群体分布的变化。

2019 年，中国大公司数量首次与美国并驾齐驱，如何将其做强变得更为迫切。从数量上看，世界 500 家大企业中，有 129 家来自中国，历史上首次超过美国(121 家)。

其中，沃尔玛连续第 2 年成为全球最大公司，中国石化位列第 2，壳牌石油上升至第 3 位，中国石油和国家电网分列第 4 位、第 5 位，新上榜的巨型石油公司沙特阿美则位居第 6 位。

在盈利方面，沙特阿美以近 1 110 亿美元的超高利润登顶利润榜首位，苹果位列第 2。利润榜前 10 位的 4 家中国公司仍然是工、建、农、中四大银行，谷歌母公司 Alphabet 则以年度 142.7%的利润增长率成功跻身前 10 强，位列第 7。

在净资产收益率榜上，波音公司位居首位；而中国公司中排位靠前的是珠海格力电器股份有限公司、碧桂园、恒大、华为和安徽海螺集团。

在利润率榜上，排名最高的是 2019 年新上榜的美光科技公司，Facebook 位居第 2。中国大陆公司中，利润率最高的是中国工商银行。

在排名位次的变化上，2019 年上升最快的是中国的碧桂园，跃升 176 位。值得一提的是，排名跃升最快的前 10 家公司中有 6 家来自中国大陆，除了碧桂园，其余 5 家是阿里巴巴(上升 118 位)、阳光龙净集团(上升 96 位)、腾讯(上升 94 位)、苏宁易购集团(上升 94 位)、中国恒大(上升 92 位)。此外，值得一提的是中国公司的整体体量提升。在持续上榜的公司中，有 77 家中国公司排位相较于 2018 年有所提升。

从行业看，共有 54 家银行业公司上榜，银行业成为上榜公司最多的行业。中国银行业公司所赚取的利润占全部中国公司利润的 47.5%。另外，所有上榜的房地产行业企业均来自中国。2019 年的榜单上有 5 家房地产公司，而且每家公司的排名都比 2018 年有大幅提升。例如，恒大集团从230位提升到138位，碧桂园从353位提升到177位，绿地集团从252位提升到202位，保利集团从312位提升到242位，万科集团从332位提升到254位。

2019年上榜的互联网相关公司共有7家，除新上榜的小米外，其余6家排名较2018年均有提升，分别为来自中美两国的京东、阿里巴巴、腾讯、亚马逊、谷歌母公司Alphabet和Facebook。

2019年世界500强排行榜一共有25家新上榜和重新上榜公司，其中新上榜的中国公司有13家，占总数的一半以上。这13家首次上榜的中国公司分别是国家开发银行、中国中车集团、青山控股集团、金川集团、珠海格力电器股份有限公司、安徽海螺集团、华夏保险、铜陵有色金属集团、山西焦煤集团、小米集团、海亮集团有限公司、中国通用技术(集团)控股有限责任公司、台塑石化股份有限公司。其中，受媒体和大众关注的珠海格力电器股份有限公司(第414位)和小米集团(第468位)均为首次上榜。而成立9年的小米则是2019年世界500强中最年轻的公司。

但是，与世界500强比较，中国企业盈利指标比较低。世界500强的平均利润为43亿美元，而中国上榜企业的平均利润是35亿美元。中国企业的盈利能力没有达到世界500强的平均水平，如果与美国企业相比，则差距更加明显。其中，销售收益率和净资产收益率两个指标能够体现出企业经营状况的优劣。

2019年，入榜的中国企业(不计中国台湾地区企业)共119家，平均销售收入665亿美元，平均净资产354亿美元，平均利润35亿美元。根据这三个数据计算，上榜中国企业的平均销售收益率为5.3%，低于美国企业的7.7%和全球平均的6.6%；平均净资产收益率是9.9%，低于美国企业的15%，也低于全球平均的12.1%。

需要注意的是，中国公司在销售收益率和净资产收益率两个指标上已经扭转了近年来的下行趋势。此外，与世界500强横向比较，2018年，中国上榜企业平均销售收入与净资产两项指标也与世界500强上榜企业数值基本持平；与传统经济大国的上榜企业相比，上榜中国企业在销售规模和资产规模上已经不输日本、英国、法国与德国企业。

在利润方面，前文提到：中国上榜公司的近半数利润来自银行业。但是，中国和美国在银行业之外的大公司利润水平差距显著。

如果不计算11家银行的利润，其他108家中国上榜企业的平均利润只有19.2亿美元。如果不计算银行的利润，美国其他113家企业平均利润高达52.8亿美元。这个数字是中国企业的近3倍。

此外，王志乐指出了中美大公司在“跨国程度”上的差距。他指出全球型大公司是形成超强的全球竞争力的真正秘诀：它们吸纳全球各地最佳资源加以整合，把价值链延伸到全球，从而构建全球价值链。但与全球最大的跨国公司相比，中国最大跨国公司的跨国程度还处在初级阶段。

最后，从上榜企业所在产业分析，美国的产业结构是后工业化发展阶段的产业结构，而中国的产业结构还处在工业化阶段。

中美两国企业都很集中在能源矿业、商业贸易、银行、保险、航空与防务5个产业。但是，中国有数量众多的金属制品企业、工程建筑企业、汽车企业和房地产企业，在这些产业中，上榜的美国企业或者没有，或者极少。同时，上榜的美国和世界其他国家大公司中有一批与人的健康、医疗、生活等有关的产业。而除了有两家药企之外，与人的生命、健康和生活密切相关的产业几乎看不到中国大公司的身影。

近年来，首先，内需市场迅速扩大，为中国大企业继续做大提供了重要平台。其次，战略重组、中国宏观经济的变化也成了中国企业集体崛起的推手。但是如何集体做强，如何成为有跨国竞争力的全球企业——这将成为中国企业亟待关注的话题。2019 年《财富》世界 500 强前 30 名榜单如表 1-2 所示。

表 1-2 2019 年《财富》世界 500 强前 30 名榜单

2019 年排名	2018年排名	公司名称(中英文)	营业收入/百万美元	利润/百万美元	国家
1	1	沃尔玛(WALMART)	514 405	6 670	美国
2	3	中国石油化工集团公司(SINOPEC GROUP)	414 649.90	5 845	中国
3	5	荷兰皇家壳牌石油公司(ROYAL DUTCH SHELL)	396 556	23 352	荷兰
4	4	中国石油天然气集团公司(CHINA NATIONAL PETROLEUM)	392 976.60	2 270.50	中国
5	2	国家电网公司(STATE GRID)	387 056	8 174.80	中国
6	—	沙特阿美公司(SAUDI ARAMCO)	355 905	110 974.50	沙特阿拉伯
7	8	英国石油公司(BP)	303 738	9 383	英国
8	9	埃克森美孚(EXXON MOBIL)	290 212	20 840	美国
9	7	大众公司(VOLKSWAGEN)	278 341.50	14 322.50	德国
10	6	丰田汽车公司(TOYOTA MOTOR)	272 612	16 982	日本
11	11	苹果公司(APPLE)	265 595	59 531	美国
12	10	伯克希尔—哈撒韦公司(BERKSHIRE HATHAWAY)	247 837	4 021	美国
13	18	亚马逊(AMAZON.COM)	232 887	10 073	美国
14	15	联合健康集团(UNITEDHEALTH GROUP)	226 247	11 986	美国
15	12	三星电子(SAMSUNG ELECTRONICS)	221 579.40	39 895.20	韩国
16	14	嘉能可(GLENCORE)	219 754	3 408	瑞士
17	13	麦克森公司(MCKESSON)	214 319	34	美国
18	16	戴姆勒股份公司(DAIMLER)	197 515.30	8 555	德国
19	17	CVS Health 公司(CVS HEALTH)	194 579	−594	美国
20	28	道达尔公司(TOTAL)	184 106	11 446	法国

(续表)

2019年排名	2018年排名	公司名称(中英文)	营业收入/百万美元	利润/百万美元	国家
21	23	中国建筑集团有限公司(CHINA STATE CONSTRUCTION ENGINEERING)	181 524.50	3 159.50	中国
22	32	托克集团(TRAFIGURA GROUP)	180 744.10	849.2	新加坡
23	24	鸿海精密工业股份有限公司(HON HAI PRECISION INDUSTRY)	175 617	4 281.60	中国
24	19	EXOR 集团(EXOR GROUP)	175 009.50	1 589.70	荷兰
25	20	美国电话电报公司(AT&T)	170 756	19 370	美国
26	26	中国工商银行(INDUSTRIAL & COMMERCIAL BANK OF CHINA)	168 979	45 002.30	中国
27	25	美源伯根公司(AMERISOURCEBERGEN)	167 939.60	1 658.40	美国
28	33	雪佛龙(CHEVRON)	166 339	14 824	美国
29	29	中国平安保险(集团)股份有限公司(PING AN INSURANCE)	163 597.40	16 237.20	中国
30	22	福特汽车公司(FORD MOTOR)	160 338	3 677	美国

资料来源：财富中文网[EB/OL]. http://www.fortunechina.com/fortune500/c/2019-07/22/content_339535.htm.

1.3.2 资料：2019 胡润百富榜

胡润百富网于 2019 年 10 月 10 日正式发布了 2019 胡润百富榜，马云家族、马化腾、许家印摘得前三名，对应的财富值分别为 2 750 亿元、2 600 亿元和 2 100 亿元。

2018 年的前三大富豪也是马云家族、马化腾和许家印，彼时首富仍是马云家族，财富值为 2 700 亿元。但是，2018 年许家印位居第 2 位，财富值为 2 500 亿元；马化腾的财富值为 2 400 亿元，位居第 3 位。

2019 年的前十大富豪还包括何享健、何剑锋父子(1 800 亿元)，孙飘扬、钟慧娟夫妇(1 750 亿元)，杨惠妍家族(1 750 亿元)，黄峥(1 350 亿元)，丁磊(1 250 亿元)，王健林家族(1 200 亿元)，严昊(1 200 亿元)，张勇、舒萍夫妇(1 200 亿元)。

值得关注的是，黄峥首次进入榜单前十，其财富上涨 400 亿元，达 1 350 亿元，成为首次进入前 10 位的白手起家“80 后”。张勇、舒萍夫妇位居财富榜第 9 位，其财富同比增长 118%，达 1 200 亿元。

此外，张一鸣以 950 亿财富位居榜单第 20 位，刘强东以 760 亿财富位居第 28 位。表 1-3 为 2019 年胡润百富榜前 50 名单。

表 1-3　2019 年胡润百富榜前 50 名单

排名	财富/亿元	姓名	年龄	关联企业	主营行业
1	2 750	马云家族	56	阿里系	电子商务、金融科技
2	2 600	马化腾	49	腾讯	互联网服务
3	2 100	许家印	62	恒大	房地产、投资
4	1 800	何享健、何剑锋父子	78、53	美的	家电制造、房地产
5	1 750	孙飘扬、钟慧娟夫妇	62、59	恒瑞制药、翰森制药	医药
5	1 750	杨惠妍家族	39	碧桂园	房地产
7	1 350	黄峥	40	拼多多	购物网站
8	1 250	丁磊	49	网易	互联网技术
9	1 200	王健林家族	66	万达	房地产、文化
9	1 200	严昊	34	太平洋建设	基础建设
9	1 200	张勇、舒萍夫妇	49、50	海底捞	餐饮
12	1 100	王卫	50	顺丰	快递
13	1 050	陈建华、范红卫夫妇	49、53	恒力	化纤、石化、房地产
13	1 050	张志东	48	腾讯	互联网服务
15	1 000	李书福家族	57	吉利	汽车制造
15	1 000	秦英林、钱瑛夫妇	55、54	牧原	畜牧
15	1 000	王文银家族	52	正威	有色金属
15	1 000	姚振华	50	宝能	投资、房地产
15	1 000	张近东	57	苏宁	零售、房地产
20	950	林立	57	立业	金融、投资
20	950	许荣茂家族	70	世茂	房地产
20	950	张一鸣	37	字节跳动	推荐引擎
23	850	庞康	64	海天味业	食品
23	850	吴亚军家族	56	龙湖	房地产
23	850	宗庆后家族	75	娃哈哈	饮料
26	800	刘永好家族	69	新希望	农业、化工、金融
26	800	严彬	66	华彬	饮料、地产
28	760	刘强东	46	京东	电子商务、金融
29	750	雷军	51	小米	智能硬件与技术、投资
30	700	刘永行家族	72	东方希望	氧化铝、重化工、饲料
30	700	卢志强家族	68	泛海	金融、房地产
30	700	徐航	58	迈瑞、鹏瑞	医疗设备、房地产

(续表)

排名	财富/亿元	姓名	年龄	关联企业	主营行业
33	680	孙宏斌	57	融创	房地产
34	650	龚虹嘉、陈春梅夫妇	55、55	海康威视	视频监控产品
34	650	李彦宏、马东敏夫妇	52、50	百度	搜索引擎
34	650	郑淑良家族	74	魏桥创业	纺织、铝业
37	640	王玉锁、赵宝菊夫妇	56、55	新奥	天然气、能源化工
38	625	谢炳家族	68	中国生物	医药
39	610	李华	54	卓越	房地产
40	600	李西廷	69	迈瑞	医疗设备
40	600	鲁忠芳、李永新母子	78、44	中公教育	教育
40	600	马建荣家族	55	申洲针织	纺织、服装
40	600	许世辉家族	63	达利食品	食品
44	590	党彦宝	47	宝丰	煤炭采选业
45	570	郭广昌	53	复星	投资
46	560	施永宏、李海燕夫妇	—	海底捞	餐饮
47	530	陈邦	55	爱尔眼科	医疗服务
47	530	陈东升家族	63	泰康	保险
49	525	陈丽华	79	富华	房地产、紫檀博物馆
50	520	蒋仁生家族	67	智飞生物	疫苗

资料来源：胡润百富网[EB/OL]. http://www.hurun.net/CN/HuList/Index?num=5DC30MY79707.

1.3.3 资料：世界 500 强 20 年变迁：中国企业从 11 家到 129 家，北上广深杭占六成

在庆祝中华人民共和国成立 70 周年的重要时间节点上，越来越多的中国企业登上世界舞台，奏响中国强音。2019 年 7 月 22 日，2019 年《财富》世界 500 强企业排行榜发布，在这份以营收为基准排名的榜单中，中国上榜企业数量达到 129 家，历史性地超过了美国。

1. 首超美国，中国 500 强企业数量连续 16 年增长

企业强盛是国家强盛的基石。从 1989 年只有中国银行一家企业上榜，到 2019 年 129 家企业跻身 500 强榜单，中国仅花了 31 年，这背后也体现了中国经济这些年来的巨大飞跃。

随着中国经济总量的迅速增加，中国企业的规模越来越大，营业收入门槛也在逐渐攀升，从 2000 年国泰人寿的 99 亿美元提高到 2019 年泰康保险的 249.31 亿美元。图 1-3 列出了 2000—2019 年中国企业在世界 500 强中的数量变化及门槛变化。

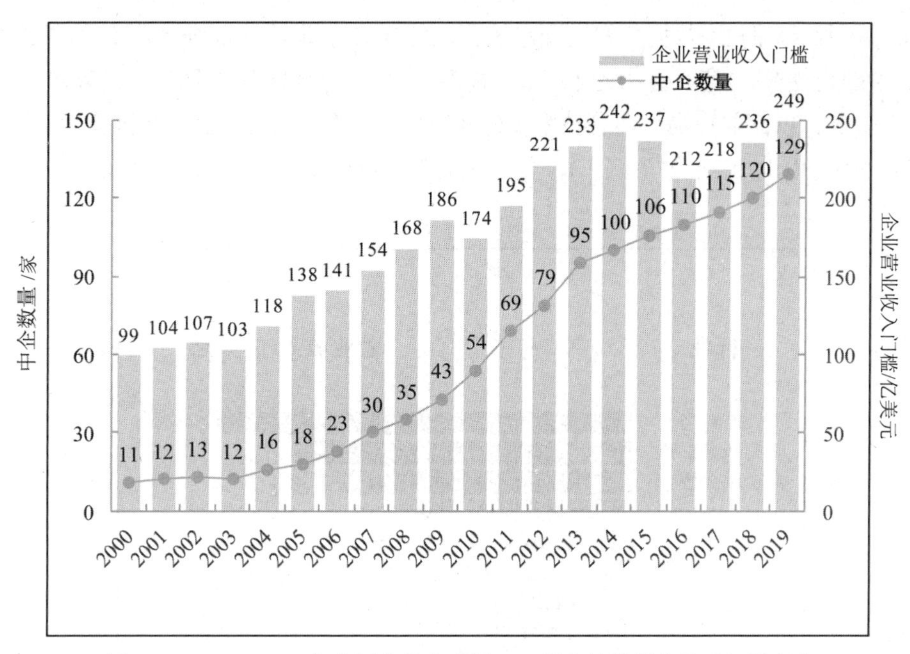

图 1-3　2000—2019 年中国企业在世界 500 强中的数量变化及门槛变化

值得一提的是，排名跃升最快的前 10 家公司中有 6 家都来自中国，其中上升最快的是碧桂园，跃升 176 位。另外还有阿里巴巴(上升 118 位)、阳光龙净集团(上升 96 位)、腾讯(上升 94 位)、苏宁(上升 94 位)、恒大(上升 92 位)。

2. 广东 13 家公司上榜，仅次于北京，500 强榜单直观地反映了城市竞争格局

毫无意外，央企大本营——北京，是 500 强公司的集聚地，共有 56 家公司上榜，占总数的 43%。广东紧随其后，上榜企业达 13 家，格力电器首入榜单，并在 129 家中国企业中净资产收益率最高。中国台湾、中国香港分别有 10 家、7 家公司上榜。

从区域看，中西部民营经济与新兴行业缺乏龙头企业，与东部城市相比还有较大距离。西部地区仅陕西 2 家企业、新疆 2 家企业、甘肃 1 家企业上榜，且均属于能源与建设行业。中部地区有山西 6 家企业上榜，河北、安徽各有 2 家企业上榜，湖北、河南各有 1 家企业上榜。

具体从城市来看，近六成 500 强公司集中在北京、上海、深圳、广州、杭州，除北京外，上海和深圳均有 7 家企业上榜；杭州、广州各有 3 家企业上榜。未来，四大一线城市的发展仍将是中国经济未来发展的重点。

3. 各行业龙头一览，中国企业占比近半

20 年来，150 余家中国企业曾入围世界 500 强榜单。2000 年，入围榜单的企业集中在金融、贸易、电信、能源、汽车等行业，到如今扩大到信息技术、医药生物、交运物流等领域。中国企业越来越多地亮相世界 500 强榜单，并在诸多领域占据龙头地位，正体现出这些年来中国经济发展的速度和质量。

如图 1-4 所示，据 21 数据新闻实验室统计，在 2019 年世界 500 强企业所属的 23 个龙头行业中，中国企业有 10 家，占比近半，多为能源电力、工程建筑、金属产品、房地产等行业；美国亦有 10 家，以商业贸易、信息技术、金融、医药生物、电信、食品饮料等行业为主；另外 3 家分别为德国的大众公司(汽车)、英国的英美烟草集团(烟草)和瑞士的德科集团(人力资源服务)。

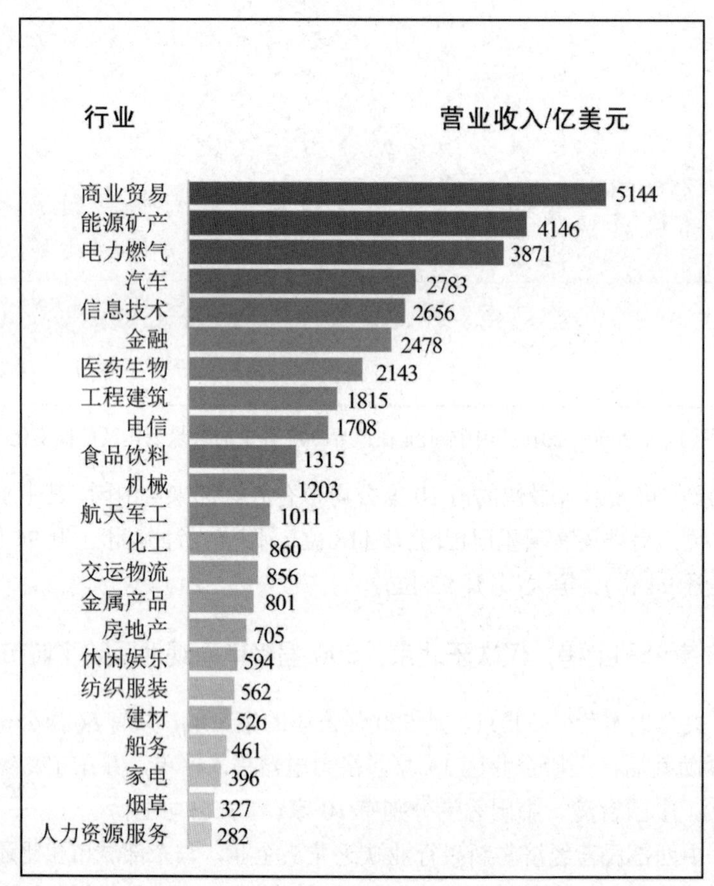

图 1-4　2019 年世界 500 强各行业龙头一览

资料来源：21 数据新闻实验室[EB/OL]. https://m.21jingji.com/article/20190723/herald/dfda755a58fcb065100840429f5d3944.html.

中国上榜企业大多集中在能源矿产(包括石油、电力及煤炭等细分行业)、金融(以银行、保险企业为主)、工程建筑等行业，信息技术、商业贸易等企业数量逐渐增加，但医药生物、健康、日化等与人们生活息息相关的企业仍寥寥无几，要想成为有跨国竞争力的全球化公司，中国企业仍需努力。

思考题：

1. 哪些指标可以用来衡量企业的规模大小？世界 500 强是按照什么指标来排列的？
2. 胡润百富榜中的企业家财富是如何计算的？

3. 企业财务管理的目标是什么？

4. 在世界 500 强榜单上，从 1989 年只有中国银行一家上榜，到 2019 年 129 家企业跻身榜单，中国仅花了 31 年。中国企业随着中国经济的发展取得了举世瞩目的成就。取得这些成绩的原因有哪些？你如何认识中国企业的未来发展？中国企业的国际竞争力如何体现？

案例 1.4　财务管理的目标：资不抵债的企业还有价值吗

2018 年 A 股非金融行业上市公司累计负债 36.8 亿元，同比增长 13%。资产负债率中位数 41.51%，较 2017 年增加 2.05 个百分点。373 家非金融上市公司资产负债率超过 70%。

分行业来看，除金融外的 26 个申万一级行业中，23 个行业的资产负债率中位数同比上升，仅有钢铁、交通运输和房地产行业的负债率水平略有下滑。房地产、建筑装饰、公用事业、钢铁等重资产行业的资产负债率最高，中位数均超过 50%；医药生物、食品饮料、计算机行业的资产负债率水平最低，中位数不超过 35%。

1. 22 家上市公司资不抵债

证券时报 • 数据宝与中国上市公司研究院联合发布的 2018 年 A 股“上市公司资产负债率榜(非金融)”显示，上榜的 100 家公司中，最低资产负债率水平为 85.52%，44 家 ST 公司上榜；54 家公司年报被出具了“非标”审计意见；22 家公司资不抵债，资不抵债公司数量创近 5 年新高。

上榜公司中，26 家上市公司 2018 年资产负债率较 2017 年增加超 30 个百分点，15 家上榜公司 2018 年的资产负债率较 2017 年增加超 50 个百分点。近八成公司资产负债率大幅上升的原因在于资产总额的下降，其中资产大幅减值是主要因素。

*ST 保千连续两年资产负债率水平位列 A 股最高，2018 年资产负债率高达 800.92%。资产负债表显示，公司 2018 年负债总额高达 56.77 亿元，半数为短期借款，大量银行借款、公司债券、供应商货款已逾期。公司股票已于 2019 年 4 月 26 日起停牌，存在被交易所暂停上市的风险。

榜单前 10 名中，仅有暴风集团一家为非 ST 公司。2018 年暴风集团业绩爆雷，亏损 10.9 亿元，其中资产减值损失为 7.68 亿元，大华会计师事务所(特殊普通合伙)对公司财报出具了保留意见。巨额计提资产减值准备导致资产总额断崖式下滑，是暴风集团 2018 年资产负债率飙升的主要原因。

2. 房企带息债务同比增长 38%

带息债务是公司有偿使用的债务资本，会直接影响公司的融资成本，导致未来财务费用流出，主要包括短期借款、长期借款、应付债券等非经营性负债。2018 年 A 股非金融行业上市公司累计带息债务规模为17.6万亿元，同比增长21%，增幅为近5年最高。

房地产行业带息债务规模为3.94万亿元，在各行业中排名第一，同比增长38.26%；净债务(带息债务——货币资金)规模为2.72万亿元，同比增长50%；净负债率(净负债/所有者权益)中位数为62.36%，同比增长15.03%。房地产公司的负债规模和杠杆水平均有较大程度的上升。

如表1-4所示，上市公司带息债务榜(非金融)前100家公司中，最低的带息债务规模为304.76亿元。万科A以7665.5亿元的带息债务规模位列榜首；中国建筑、中国石油和中国交建的带息债务规模分别位列A股第二位至第四位，均超过3 000亿元。

表1-4　A股上市公司资产负债率榜(非金融)

排名	简称	资产负债率/%	年报审计意见
1	*ST保千	800.92	无法表示意见
2	*ST巴士	454.29	保留意见
3	*ST欧浦	391.91	无法表示意见
4	*ST龙力	316.56	无法表示意见
5	*ST华信	230.24	保留意见
6	*ST皇台	203.80	带强调事项段的无保留意见
7	*ST德奥	195.17	带强调事项段的无保留意见
8	*ST富控	177.54	保留意见
9	*ST秋林	175.84	无法表示意见
10	暴风集团	168.69	保留意见
11	千山药机	168.53	无法表示意见
12	*ST众和	165.98	无法表示意见
13	*ST河化	164.52	带强调事项段的无保留意见
14	凯瑞德	143.64	无法表示意见
15	乐视网	141.25	保留意见
16	*ST海润	135.19	无法表示意见
17	*ST莲花	128.97	带强调事项段的无保留意见
18	*ST信通	128.55	保留意见
19	*ST嘉陵	121.27	标准无保留意见
20	*ST中绒	112.77	保留意见
21	*ST猛狮	100.87	保留意见
22	*ST厦工	100.74	带强调事项段的无保留意见
23	*ST工新	99.66	保留意见

资料来源：范璐媛. A 股负债榜：54 家上榜公司获“非标”审计意见[EB/OL]. https://www.163.com/money/article/EEPFALIR002580S6.html.

思考题：

1. 资不抵债的企业就一定要破产吗？

2. 资不抵债的企业还具有价值吗？

3. 在证券投资中，你会不会选择资不抵债的企业进行投资？股票投资到底是“投资”，还是“投机”？

4. 企业经营中，应该如何考虑股东财富最大化和其他利益相关者的利益？什么是企业的社会责任？

第 2 章

资金时间价值

案例 2.1 单利和复利：银行存贷款的计息方法

表 2-1 是 2019 年我国银行存贷款基准利率表(更新于 2019 年 1 月 1 日)。

表 2-1　2019 年我国银行存贷款基准利率表

项目		利率/%
活期存款		0.35
整存整取定期存款	3 个月	1.10
	6 个月	1.30
	1 年	1.50
	2 年	2.10
	3 年	2.75
各项贷款		
1 年以上(含 1 年)		4.35
1 至 5 年(含 5 年)		4.75
5 年以上		4.90
公积金贷款		
5 年以下(含 5 年)		2.75
5 年以上		3.25

思考题：

1. 如果以 10 000 元存入银行，以整存整取方式存期 1 年，1 年后可以获得多少利息？本息和是多少？

2. 如果以 10 000 元存入银行，以整存整取方式存期 3 年，3 年后可以获得多少利息？本息和是多少？这是单利计息还是复利计息？

3. 如果以 10 000 元存入银行，以整存整取方式存期 1 年，到期后自动转存，3 年后可以获得多少利息？本息和是多少？这是单利计息还是复利计息？

4. 假设 1 年期整存整取方式的利率调整为 2%，以 10 000 元现金存入银行，到期后自动转存，5 年后获得本息和多少(请查表计算)？什么是复利终值和复利终值系数？

5. 假设 1 年期整存整取方式的利率调整为 2%，以多少金额的现金存入银行，到期后自动转存，5 年后可以获得本息和 10 000 元(请查表计算)？什么是复利现值和复利现值系数？

6. 如果以 10 000 元存入银行，以整存整取方式存期半年，半年后可以获得多少利息？本息和是多少？注意这里的利率 1.30%是指年利率。

7. 如果企业向银行贷款 100 万元，贷款期 5 年，每年向银行支付利息，到期一次还本，则企业每年要向银行支付多少利息？这种还本付息方式属于单利计算还是属于复利计算？

8. 掌握基本的财务会计知识对我们的日常生活会有一些帮助，可以促进我们进行理性的投融资，从而规避一定的风险。请思考财务知识在我们日常生活中有哪些应用。

案例 2.2 复利现值与终值：巴菲特的投资收益率

纽约市立大学有一对教授夫妻，他们在 42 年前出了两本书，得到 5 万美元的稿酬。教授夫妻的生活朴素简单，对于这笔稿费，他们真不知该怎么用。一天，教授夫妻向他们的朋友——沃伦•巴菲特提及此事。巴菲特对他们说：“这样吧，你要是信得过我，就先把钱投入我的公司，我来帮你们管着，好吗？”那时巴菲特已经小有名气，教授夫妻异口同声道：“那当然好啊！”

于是，教授夫妻将这笔钱投入了巴菲特的 Berkshire Hathaway 公司。之后，他们从不过问，几乎将这件事情忘了。30 年后，教授先生去世了，巴菲特参加了葬礼。在葬礼上，巴菲特对教授太太说：“你们放在我那里的钱现在已经涨到 6 000 多万美元了。”教授太太大吃一惊：“不会吧？”

1. 复利就是利上滚利

复利是一把双刃剑，若能保持稳定的投资回报，那么复利就是锦上添花，财富能稳定地加倍增长；反之，要是不断地亏损，复利效应也会很快将投资打回原形。

巴菲特向教授太太解释了复利的奇特效应。这是现代理财的一个重要概念。

假设每年投资的回报率是 20%，本金 10 万元，按照普通利息来计算，每年回报只有 2

万元，10 年后连本带息涨到 30 万元，整体财富只增长 2 倍；但按照复利方法来计算，同样是 10 万元的本金，10 年后会变成 62 万元，比 30 万多了一倍还多！

随着时间的增长，复利效应引发的倍数增长会越来越显著。若仍以每年 20% 回报计算，10 年复利会令本金增加 6.2 倍(1.2 的 10 次方)，20 年复利会令本金增加 38.34 倍(1.2 的 20 次方)，30 年复利则会令本金增加 237.38 倍(1.2 的 30 次方)。若本金是 10 万元，30 年后就会变成 2 374 万元之多。

教授太太在先生去世时，立下遗嘱，决定等她去世后将这笔钱全部捐给慈善机构。又过了几年，到她去世时，这笔钱涨到了 1.2 多亿美元！

这笔钱为什么能膨胀到如此巨大的金额呢？那是因为巴菲特具有无与伦比的投资才能，几十年来他坚持**"buy and hold"("买下并长期持有")的价值投资理念，实现了每年超过 20%的增长率！**

在人类历史上，除了巴菲特，能长期保持每年 20%以上回报率的投资者几乎没有。对于普通人来说，做长线投资，每年能保持 10%的回报率就相当不错了。

不同收益率下的复利效果如图 2-1 所示。

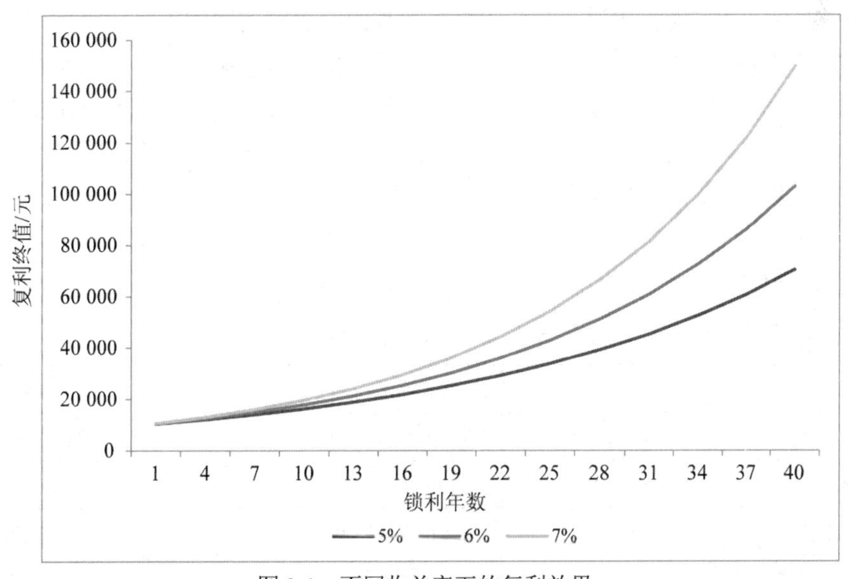

图 2-1　不同收益率下的复利效果

2. 复利的三要素

对于复利的三要素，大家都很清楚。一是本金，没有本金，一切无从谈起，并且不断投入"新钱"，可以发挥复利的最大效果。二是可持续的正收益率，这是发挥永续复利的条件。**即便只有 1%的差距，在长期复利的作用下，累积的资产差距也是很大的！**三是时间，这是撬动复利的最重要因素。想要发挥复利效果，投资时间越长越好。这就是巴菲特说的"很长的坡"。"收获时间的玫瑰"，说的也是这个意思。

思考题：

1. 以 10 000 元资金进行一项投资，年投资收益率可以保持为 10%，如果按照单利计算，10 年后可以获得多少本息和？30 年后可以获得多少本息和？

2. 同样以 10 000 元资金进行一项投资，年投资收益率可以保持为 10%，如果按照复利计算，10 年后可以获得多少本息和？30 年后可以获得多少本息和？(请查表计算——复利终值)。如果按照巴菲特年投资收益率 20%计算，30 年后可以获得多少本息和？

3. 以一定的资金进行一项投资，年投资收益率可以保持为 10%，如果按照复利计算，30 年后希望获得 100 万元的本息和，请问现在需要投入多少资金？(请查表计算——复利现值)。

4. 企业经济活动和个人日常生活中有哪些单利计算和复利计算的例子？在实际生活中，我们应如何运用复利知识？

案例 2.3 复利的威力：棋盘与米粒

在印度，有一个古老的传说：舍罕王打算奖赏国际象棋的发明人——宰相西萨·班·达依尔。舍罕王问他想要什么，达依尔说：“陛下，请您在这张棋盘的第 1 个小格里，赏给我 1 粒米，在第 2 个小格里放 2 粒，第 3 小格放 4 粒，以后每一小格都比前一小格加一倍。请您按照这个规律摆满棋盘，并将棋盘上 64 格的米粒都赏给您的仆人吧！”

舍罕王笑了，认为宰相太小家子气，但等他知道结果后，他就笑不出声了。 那么，宰相要求得到的米粒到底有多少呢？

用 Excel 计算得到的结果如表 2-2 所示。

表 2-2 米粒数量的计算

第 1 格米粒数	1	第 33 格米粒数	4 294 967 296
第 2 格米粒数	2	第 34 格米粒数	8 589 934 592
第 3 格米粒数	4	第 35 格米粒数	17 179 869 184
第 4 格米粒数	8	第 36 格米粒数	34 359 738 368
第 5 格米粒数	16	第 37 格米粒数	68 719 476 736
第 6 格米粒数	32	第 38 格米粒数	137 438 953 472
第 7 格米粒数	64	第 39 格米粒数	274 877 906 944
第 8 格米粒数	128	第 40 格米粒数	549 755 813 888
第 9 格米粒数	256	第 41 格米粒数	1 099 511 627 776
第 10 格米粒数	512	第 42 格米粒数	2 199 023 255 552
第 11 格米粒数	1 024	第 43 格米粒数	4 398 046 511 104
第 12 格米粒数	2 048	第 44 格米粒数	8 796 093 022 208

(续表)

第 13 格米粒数	4 096	第 45 格米粒数	17 592 186 044 416
第 14 格米粒数	8 192	第 46 格米粒数	35 184 372 088 832
第 15 格米粒数	16 384	第 47 格米粒数	70 368 744 177 664
第 16 格米粒数	32 768	第 48 格米粒数	140 737 488 355 328
第 17 格米粒数	65 536	第 49 格米粒数	281 474 976 710 656
第 18 格米粒数	131 072	第 50 格米粒数	562 949 953 421 312
第 19 格米粒数	262 144	第 51 格米粒数	1 125 899 906 842 620
第 20 格米粒数	524 288	第 52 格米粒数	2 251 799 813 685 240
第 21 格米粒数	1 048 576	第 53 格米粒数	4 503 599 627 370 490
第 22 格米粒数	2 097 152	第 54 格米粒数	9 007 199 254 740 990
第 23 格米粒数	4194 304	第 55 格米粒数	18 014 398 509 482 000
第 24 格米粒数	8 388 608	第 56 格米粒数	36 028 797 018 964 000
第 25 格米粒数	16 777 216	第 57 格米粒数	72 057 594 037 927 900
第 26 格米粒数	33 554 432	第 58 格米粒数	144 115 188 075 856 000
第 27 格米粒数	67 108 864	第 59 格米粒数	288 230 376 151 712 000
第 28 格米粒数	134 217 728	第 60 格米粒数	576 460 752 303 423 000
第 29 格米粒数	268 435 456	第 61 格米粒数	1 152 921 504 606 850 000
第 30 格米粒数	536 870 912	第 62 格米粒数	2 305 843 009 213 690 000
第 31 格米粒数	1 073 741 824	第 63 格米粒数	4 611 686 018 427 390 000
第 32 格米粒数	2 147 483 648	第 64 格米粒数	9 223 372 036 854 780 000

米粒数有些抽象，我们可能无法直观地感知到大米的数量。据粮食部门测算，1 公斤大米约有 4 万个米粒。将这些米粒换算成标准吨后，约等于 2 306 亿吨，而我国 2019 年全国粮食产量约为 6.64 亿吨，以我国目前的粮食产量来换算，我们推测棋盘上的粮食数量至少相当于中国历史上 500 年的粮食产量。

思考题：

1. 这是一个复利计算的例子，请问这里的复利利息率是多少？
2. 第 64 格的米粒数，如何用公式计算出来？
3. 请观察下面两个神奇的公式。

等式一：$(1+0.01)^{365}=37.8$；$(1-0.01)^{365}=0.03$。

等式一告诉我们，积跬步以至千里，积怠惰以至深渊。

等式二：$(1+0.02)^{365}=1377.4$；$(1-0.02)^{365}=0.0006$。

等式二告诉我们，比你努力一点的人，其实已经甩你很远了。

这两个等式告诉我们，每天多做一点点，积少成多，就会产生巨大的飞跃。不管是在生活中，还是在职场中，进步，就是向前走，就是今天比昨天强，就是对现状有所突破；进步，可以是多会一个单词，多解一道难题，也可以是思路更清晰一点、效率提高一点，甚至可以是走路比以前更精神几分、胆量比以前更增添一点。结合你个人的现状，你如何做到每天进步一点点？从哪些方面着手？

案例 2.4 年金：按揭贷款买房

有人问：在进行住房贷款时，等额本金和等额本息这两种还贷方式哪种更划算？

同样的问题：如果你是一家银行，有一笔半年期的总额 60 万元的贷款放在你面前，为了计算方便，假设贷款年利率为 6%(一般房贷利率不会这么高)，有等额本金和等额本息两种还贷方式，你认为哪个收益更高？请二选一，不能拒贷！

你只需计算这两种还款现金流的现值总和，对比一下结果就知道了。

计算之前，先简单介绍一下这两种还款方式。

一是等额本金，每个月除了偿还平摊的本金，还要偿还这个月产生的所有利息，由于是利息全还，在下个月将不会产生利息的利息(所以是单利，计算简单)。

二是等额本息，先要计算出贷款期内本金和利息之和(还款总额)，再平摊到每个月进行还款，而这个还款总额是一个利滚利(月复利)的结果，当然因为每月都在还款，并非所有利息及本金都会参与复利。

下面依照 6%的年利率列出两种方式的还款流水(可以使用网上各种贷款计算器计算，后文里也会推导给出详细的计算方法)。

按等额本金计算(见图 2-2)，计算公式为

$$103\,000+102\,500+102\,000+101\,500+101\,000+100\,500 = 610\,500$$

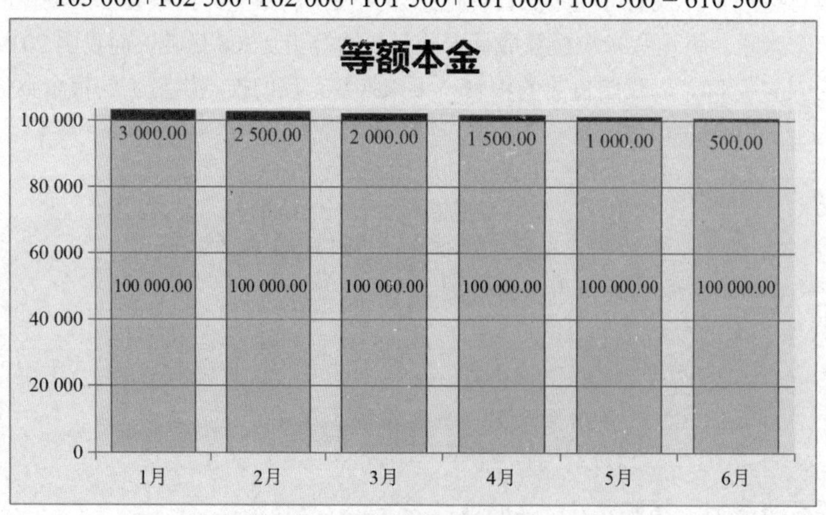

图 2-2　按等额本金计算

按等额本息计算(见图 2-3)，计算公式为

$$101\ 757.27 \times 6 = 610\ 543.62$$

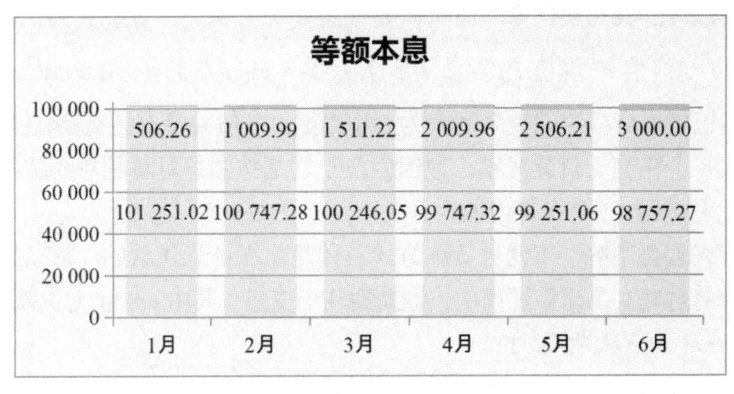

图 2-3　按等额本息计算

图 2-2、图 2-3 中，各自的下层为每月所还本金，上层为所还利息。它们的还款总额分别为：等额本金 610 500 元，等额本息 610 543.62 元。显然，等额本息比等额本金的应还金额要多，本金一致，多出的是利息。如果贷款周期拉长，两者的利息差还是相当可观的。那么是不是就说明对银行来说等额本息更有利呢？显然不是，我们还需要通过现值来进行比较。

折现公式(单期)为

$$P = \frac{F}{(1+i)^n}$$

则等额本金的现值总和为

$$\frac{103\ 000}{\left(1+\frac{0.06}{12}\right)^1} + \frac{103\ 000}{\left(1+\frac{0.06}{12}\right)^2} + \frac{103\ 000}{\left(1+\frac{0.06}{12}\right)^3} + \frac{103\ 000}{\left(1+\frac{0.06}{12}\right)^4} + \frac{103\ 000}{\left(1+\frac{0.06}{12}\right)^5} + \frac{103\ 000}{\left(1+\frac{0.06}{12}\right)^6} = 600\ 000$$

依照年金公式计算，年金现值公式为

$$P = A\left(\frac{1-(1+i)^{-n}}{i}\right)$$

则等额本息的现值总和为

$$101\ 757.273\ 4 \times \frac{1-\dfrac{1}{\left(1+\dfrac{0.06}{12}\right)^6}}{\dfrac{0.06}{12}} = 600\ 000$$

两者的计算结果完全相等，所以可以很明确地说：对银行来说，等额本金与等额本息的投资收益都是一样的，相当于一笔半年期(期满才取款)的月复利 0.5%(0.06/12)的存款。

虽然我们已经知道两种放贷方式对银行的收益来说都是月复利 0.5%，但是你可能更关心它的年化收益，毕竟这是大多数投资核算通用的指标。在采用复利的情况下，年化收益率不能用简单的 0.5%×12 = 6%来计算，而是需要使用复利公式，计算公式为

$$年收益率\ k = (终值\ F-现值\ P)/现值\ P = (F/P-1) = (1+i)^{n}-1 = (1+0.005)^{12}-1 = 6.17\%$$

所以，虽然银行房贷标明的贷款利率为 6%(当然，一般并没有这么高)，但是它的年化收益率却是 6.17%，会略高于贷款利率，原因就在于它是按照每月算利息还款的，而这个月利率是直接拿贷款利率除 12 个月得出的。

如果你还有兴趣再了解一下两种贷款方式具体是怎么计息还款的，那么接下来就和我一起做一道房贷计算题吧！在计算过程中，将提到几个变量，其中 credit 为贷款总额，rate 为贷款利率(年)，period 为贷款期限(月)。

我们先看一下对等额本金的计算。应还本金为 credit/period，计算公式为

$$每月应还本金 = 贷款总额 / 贷款期限$$

假设贷款金款 60 万元，贷款期限 6 个月，那么每个月的应还本金是：60 万/6 = 10 万/月。

等额本金的应还利息为 credit×rate/12，计算公式为

$$应还利息=未还贷款余额\times 当月的利率$$

同样半年期 60 万元的贷款，为了便于计算，假设年利息为 6%，第一个月的还款利息是：60 万×0.06/12 = 3000 元(由于 6%是年利率，我们需要除以 12 换成月利率)。

在第一个月还款(10 万 +0.3 万)之后，由于是等额本金，第二个月还款本金依然是 10 万，但是第二个月的利息是多少呢？

首先，在第一个月还款之前，我们的本金是 60 万元整，第一个月产生利息 0.3 万元，总金额变成 60.3 万元，然后经过还款，总金额变成 60.3-10.3 = 50 万，可以看出这种方式是利息全还(不发生利滚利，产生利息不计入下月利息的计算)，本金还了 1/6，依次类推，第二个月计算利息的金额就是 50 万元，计算一下，50×0.06/12 = 2500 元，就是第二个月的应还利息。

综上，每月应还利息为 1.05 万元，计算公式为

$$每月应还利息=(credit-credit/period\times i)\times(rate/12)$$

式中：i 为期数。

计算可得，利息之和为 1.05 万元，计算过程为

$$60\times\frac{0.06}{12}+\left(60-60\times\frac{1}{6}\right)\times\frac{0.06}{12}+\left(60-60\times\frac{2}{6}\right)\times\frac{0.06}{12}+\left(60-60\times\frac{3}{6}\right)+\left(60-60\times\frac{4}{6}\right)\times\frac{0.06}{12}+\left(60-60\times\frac{5}{6}\right)\times\frac{0.06}{12}=1.05万元$$

如果直接算总利息，也可以直接套用公式计算，计算公式为

$$应还总利息=P\times\frac{n+1}{2}\times\frac{i}{12}$$

接下来讲讲等额本息的房贷计算。

前面讲过，这种方式要先知道贷款期内本金和利息之和(还款总额)，再平摊到每个月进行还款。这个还款总额是一个利滚利(复利)的结果，即本月利息计入本金，再减去还款额，接着计算下一个月的还款额。

这里再插一句关于复利的话题，不要提到复利就想到像高利贷一样的暴利，其实这是一种非常常见的计息方式。比如余额宝，它就是一个日复利的过程，只是日复利的利息很低，一年的总利率不到 3%。所以在复利利率不高的情况下，利息虽然比单利要多，但也不是很多，你只要想想余额宝收益就能理解。假设今日余额宝的万份收益为 0.7374(万份收益就表明了余额宝当前的日复利率=0.00 007 374)，如果今天有 100 元的收益(显然本金已经很高了)，那么这 100 元第二天也仅仅能给你多产生 7.4 厘的利息。

回到等额本息计算，我们知道，等额本息还款实际上是一笔年金还款，计算公式为

$$P = A\left(\frac{1-(1+i)^{-n}}{i}\right)$$

式中：A 为每月还款金额(包含本金和利息)，等于总现值除以年金因子。

接下来想要知道每月还款金额 A 里面本金占多少，可依据折现公式计算，公式为

$$P_1 = \frac{F_1}{(1+i)^n}$$

式中：$\frac{1}{(1+i)^n}$ 为折现系数。

每月应还本金(当月还款额的现值 $P1$)=每月还款额 A(当月现金流 $F1$)×当月的折现系数

每月应还利息直接取终值与现值之差：F_1-P_1。

按照以上思路，可以编写可视化房贷计算器。图 2-4 是可视化结果截图。

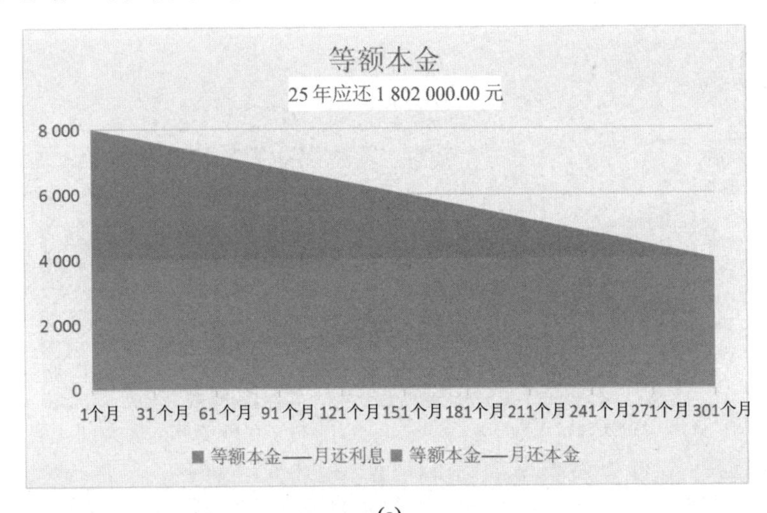

(a)

图 2-4　可视化结果截图

(b)

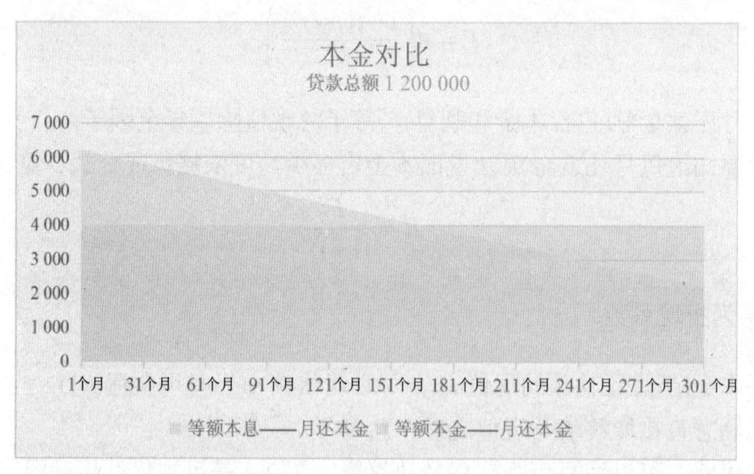

(c)

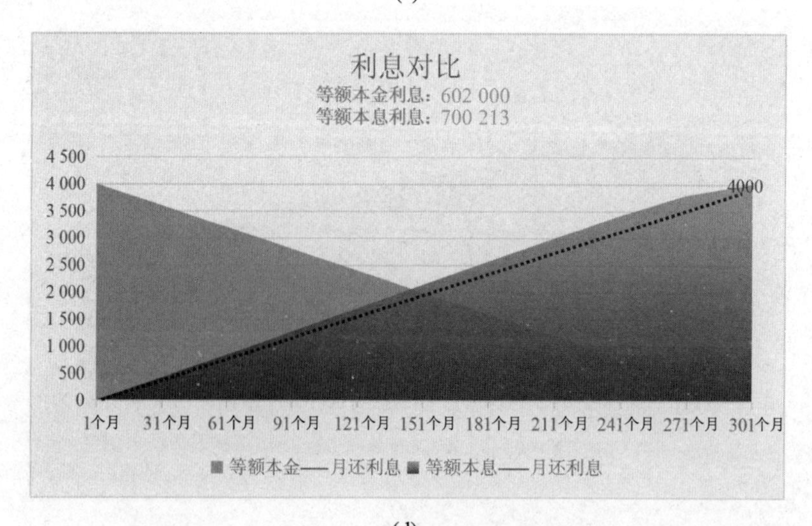

(d)

图2-4 可视化结果截图(续)

假设贷款 120 万元，期限 25 年，年利率为 4%。

根据图 2-4，下面略作讲解。

(1) 从图 2-4(a)与图 2-4(b)来看，等额本金前期还款压力较大。

(2) 图 2-4(c)表明本金还款的分布，当然本金最后的还款总额是一样的。

(3) 图 2-4(d)的虚线切割后，凸出的部分就是等额本息比等额本金要多还的利息。

(4) 从图 2-4(d)可以看出，等额本息受利率波动影响较大。

思考题：

1. 比较等额本息和等额本金，哪种方式的总还款额更多？

2. 假设你贷款 100 万元，还款期 10 年，贷款年利息率 6%，以月供方式还款，采用等额本息方式，则每月的还款额应该如何计算？

3. “房子是用来住的，不是用来炒的。”投资行为就是这样，理性的投资会促进社会、家庭、个人的生活和谐，而激进的、炒作式的投资行为可能会在一定程度上影响社会经济的正常秩序，也可能对个人的生活产生一定的影响。你是否了解一些类似的例子？

案例 2.5　永续年金：优秀校友如何在学校设立奖学金

某高校会计学的王教授从教 30 年，已经成为学校主管财务的副校长，多年来培养了一批又一批的学生，很多学生事业发展顺利。在 5 年前的一次聚会上，有一位企业家学生表露出想要回馈学校的心思，他想在学校设立一个以企业名字命名的奖学金，以奖励在校的优秀学生。基本想法是，每年奖励 20 名优秀学生，每个学生奖励 5 000 元。于是，王教授与企业家就奖学金的设立方式等事宜进行了商讨。

王教授建议，奖学金的发放可以采用两种方式：第一种，企业每年向学校捐赠 10 万元，用于发放奖学金。这种方式相对比较麻烦，每年都要办理相关的转账手续，对于企业来说，相当于形成了一个永续年金 10 万元的支出。第二种，企业一次性向学校捐赠一定数额的资金，建立一个奖励基金，学校将其用于投资，每年用投资的收益发放奖学金，但是不动用本金。这样，理论上也能保证奖学金可以一直发下去。王教授接着介绍，一般来说，这种每年定期发放的奖金往往都是以第二种方式来运作的。实际上，著名的诺贝尔奖也是以这样一种模式在运营。

企业家听了之后很感兴趣，接着问道：“如果我每年支付 10 万元，那么相当于我的企业有一个每年 10 万元的永续年金支出，每年支付一次确实也太麻烦，所以我想采用第二种模式，即一次性捐赠并建立奖励基金。如果是这样的话，我应该一次性捐赠多少钱？”

王教授给企业家接着介绍：“现在一年期银行存款利率是 2.5%，所以，如果你捐赠 400 万元，那么每年的利息就是 400×2.5%=10(万元)，利息正好用于发放奖学金，这样，本金一直不动，每年用利息发放奖学金，可以一直发下去。”

企业家觉得，一次性捐赠 400 万元，能够用于每年发放 10 万元奖学金且可以永续发下去，这种做法非常好。但是，基于他本人的财务知识，他又认真考虑了一下，跟王教授说：“如果我捐赠的基金在投资的时候不选择 1 年期的银行存款，而是购买国债呢？如果国债利率按 5%计算，那么我是不是捐赠 200 万元就可以每年获得 10 万元的利息，用于发放学生奖学金？”

王教授笑了笑，对企业家说：“你说得没错。如果我们能够保证基金的年收益率达到 5%，那么你一次性捐赠 200 万元确实足够了。”也就是说，如果能保证年收益率达到 5%，那么每年 10 万元的永续年金与一次性的 200 万元是等价的。用书面化的语言可以表达为：如果年利率为 5%，那么 10 万元永续年金的现值是 200 万元，即 200=10/5%。

最后，在王教授的促成下，企业家也非常有诚意，向学校捐赠了 300 万元，以确保基金能够顺利运作，并保证每年 10 万元的奖学金能够顺利、永续地发放下去。

基金成立之后，王教授又委托另一位从事投资的优秀校友对基金进行管理。在基金成立的前 5 年，每年的收益率都在 10%左右，这样，每年的基金收益远远超过需要发放的 10 万元奖学金，基金的规模在过去的 5 年中也从一开始的 300 万元提高到 400 多万元。

在最近的一次同学聚会上，王教授对设立基金的企业家说：“基金运营得很好，如果继续保持这样的基金收益，那么从明年开始，就可以把每年的奖学金提高至每人 7 500 元，每年发放奖学金 15 万元了。以后根据基金的经营情况，也可以像诺贝尔奖金那样，不定期地提高奖学金水平。”

思考题：

1. 永续年金的现值如何计算？

2. 奖励基金(如诺贝尔基金)应该如何运作管理？

3. 国家奖学金是指为了激励普通本科高校、高等职业学校和高等专科学校学生勤奋学习、努力进取，在德、智、体、美等方面全面发展，由中央政府出资设立的用来奖励特别优秀学生的奖学金。作为大学生，能获得国家奖学金是一项荣誉。现在，越来越多的企业和个人都以不同形式在高校设立各种奖学金，那么，企业或个人是出于什么样的考虑来设立企业或个人奖学金呢？

第3章

风 险 报 酬

案例 3.1 风险与报酬：风险报酬率

有一组关于股票、债券和国库券收益率的著名研究，它们提供了如下5种重要类别的金融工具的历年收益率。

(1) 大公司普通股。这个普通股的组合是以标准普尔(S&P)综合指数为基础的。目前，标准普尔综合指数包括美国500家市值较大的公司。

(2) 小公司普通股。这一组合由在纽约证券交易所交易的股票，按其市值(市值等于股票价格乘以已发行的股票数量)排序处于最后20%的股票组成。

(3) 长期公司债券。这是一个由到期期限为20年的优质公司债券构成的组合。

(4) 长期美国政府债券。这是一个由到期期限为20年的美国政府债券构成的组合。

(5) 美国国库券。这是一个由到期期限为1个月的美国国库券构成的组合。

在计算以上组合的收益时，都没有考虑税收或交易费用。除了计算这些金融工具的历年收益，还计算了消费者价格指数(consumer price index，CPI)的历年变化，这是度量通货膨胀的基本指标。因此，我们可以通过扣除每年的通货膨胀来计算每年的实际收益。

在仔细观察各种不同组合的收益之前，我们用图示的方式展示了1926—2014年间美国资本市场上的收益和风险。图3-1显示了1926年初投资的1美元的增长情况。注意纵轴已经进行过对数化处理，因此相同距离表示相同的百分比变动幅度。该图显示，如果1美元投资于大公司普通股并且所有收到的股利都进行再投资，那么到了2014年末，这一投资的价值就会增长到5 316.85美元。小公司股票组合的增长是最大的。如果在1926年投资1美元于小公司股票，那么这一投资的价值到了2014年末，就增长到27 419.32美元。但是，如果你仔细观察图3-1，可以看到小公司股票收益的变动幅度很大，特别是在这一时间段的初期。相对于1美元投资于小公司股票，1美元投资于长期政府债券的收益非常平稳。图3-1提供了1926—

2014 年 1 美元投资的增长情况。换句话说，它表明，如果这 1 美元留在股票市场，并且每年都把前一年的股利再投资购买更多的股票，该投资的价值会是多少。设 R_t 表示第 t 年的收益率，你将在 T 年末得到的价值是 1 加上这些年每年收益率之和的连乘，为

$$价值=(1+R_1)\times(1+R_2)\times\cdots\times(I+R_t)\times\cdots\times(1+R_T)$$

例如，在过去的 3 年间，收益分别为 11%、-5%、9%，期初 1 美元投资在第 3 年底得到的价值为

$$价值=(1+R_1)\times(1+R_2)\times(1+R_3)=(1+0.11)\times(1-0.05)\times(1+0.09)=1.11\times0.95\times1.09=1.15(美元)$$

注意 0.15 或 15%是指总收益。这包括把第 1 年股利再投资于股票市场的两年时间，以及把第 2 年股利再投资 1 年时间的收益。15%被称为持有期收益(holding period return)。

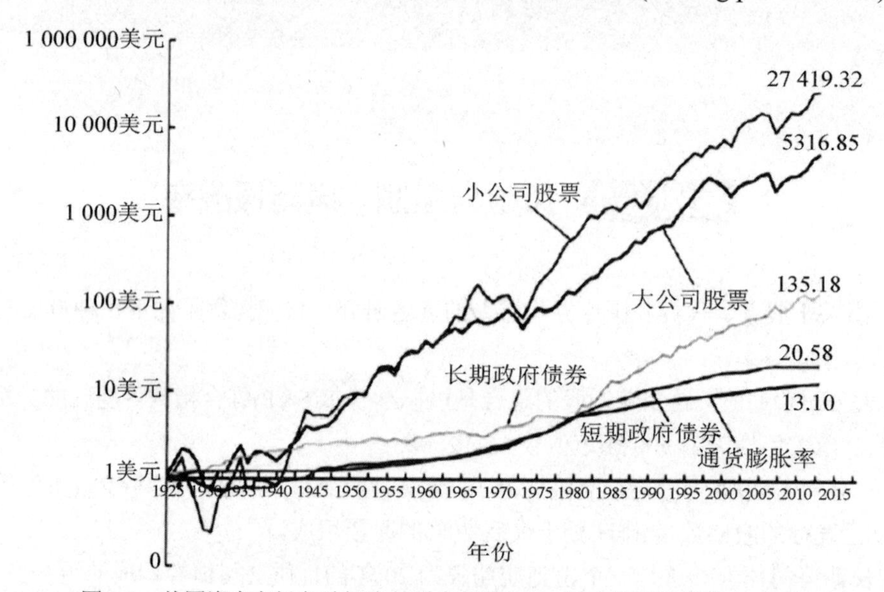

图 3-1　美国资本市场各种投资的财富指数(1925 年末的财富指数=1 美元)

注：*Stocks, Bonds, Bills and Inflation: 2015 Yearbook* ™ annual updates to the work by Roger G. Ibbotson and Rex A. Sinquefield(Chicago：Morningstar). All rights reserved.

1. 收益的统计量

美国资本市场的历史过于复杂，不经过整理难于理解。为了使用历史数据，首先，必须找到一些用来描述它的、可以处理的方法，将具体的数据高度浓缩为一些简单的语句。

这里要引出总结历史的重要数字。这个数字是一个最自然的数字，是我们用来描述过去股票市场每年收益的某个单一指标。换句话说，投资者在 1926—2014 年的任何一个特定年份可以实现的收益的最好估计值是平均收益。

图 3-2 是各年股票市场收益的柱状图。这个图又称作“数字的频数”(或频率)分布(frequency distribution)。图的高度代表了样本观测值位于横轴区域的数量。

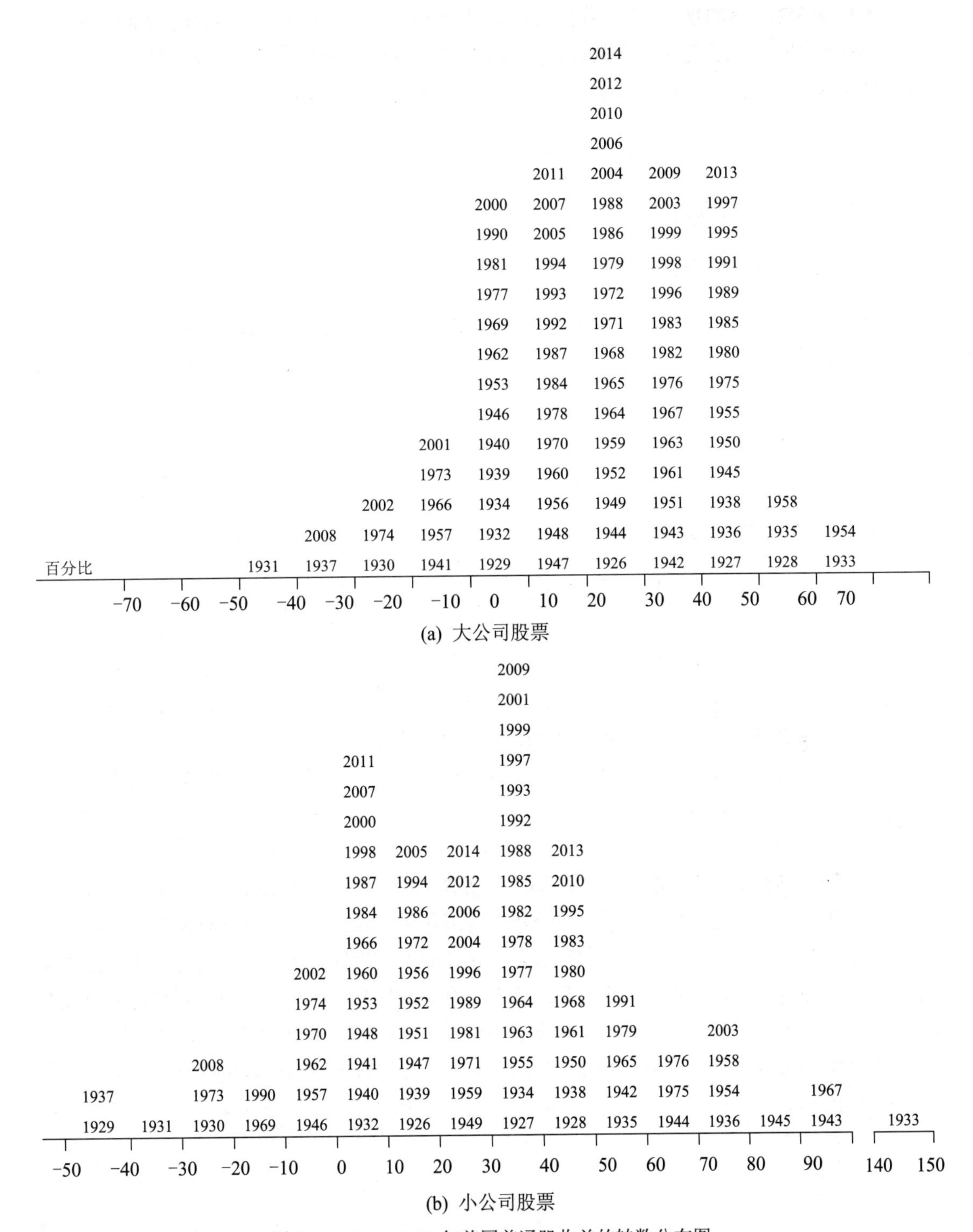

图 3-2 1926—2014 年美国普通股收益的转数分布图

注：数据来源：*Stocks, Bonds, Bills and 2015 MwAoaA*, ™ annual updates to die work by Roger G. Ibbotson and Rex A. Sinquefidd (Chicago: MorainsMar). All rights reserved.

根据图 3-2 所示的频数分布，我们可以计算分布的平均数(average)或均值(mean)。为了计算分布的平均数，我们把所有的数值加起来除以总数(T)。本例中的 T 是 89，因为我们有 89 年的数据。R 上方的一条横线表示均值，计算平均数的一般公式为

$$均值 = \overline{R} = \frac{(R_1 + R_2 + \cdots + R_T)}{T}$$

1926—2014 年的大公司股票年收益率的均值是 12.1%。

2. 计算平均收益率

假设 1926—1929 年普通股的年收益分别是 0.1370、0.3580、0.4514 和－0.0888，这 4 年的平均收益为

$$\overline{R} = \frac{0.1370+0.3580+0.4514-0.0888}{4} = 0.2144，即 21.44\%$$

3. 股票的平均收益和无风险收益

现在我们已经计算了美国股票市场的平均收益，似乎将它与其他证券的收益进行比较是合理的，最明显的就是和美国政府债券市场的低波动收益的对比。这些收益不受我们在股票市场看到的大部分波动的影响。实际上，无风险的国库券收益与风险极大的普通股收益之间的比较很有趣。风险收益与无风险收益之间的差异通常被称作“风险资产的超额收益”。当然，超额收益在某一特定年份可能是正的，也可能是负的。

表 3-1 显示了 1926—2014 年的平均股票收益、平均债券收益、平均国库券收益和平均通货膨胀率。大公司普通股相对于国库券在整个期间的平均超额收益是 8.6%(=12.1%-3.5%)。普通股的平均超额收益被称作“历史股权风险溢价”，因为这是承担风险的额外收益。

对股票市场数据最重要的一个发现是，长期股票收益超过无风险收益，投资者会得到高于仅投资于国库券可能得到的收益的一个额外的或超额的收益，作为这一时期投资于股票市场的回报。为什么有这么一个回报呢？这是否意味着不要投资于国库券，或者说那些过去投资于国库券而没有投资于股票市场的人需要学习财务课程？对这些问题的全面回答是现代理财学的核心。但是，部分答案可以在各类不同投资的可变性中找到。国库券的收益比普通股的收益高的现象持续了很多年，而且，我们注意到投资于普通股的收益经常出现负数，但是投资于国库券的收益从未出现负数。因此，我们现在把注意力转到度量收益的可变性和对风险的初步讨论上。

表3-1 美国证券市场1926—2014年各种投资的年总收益

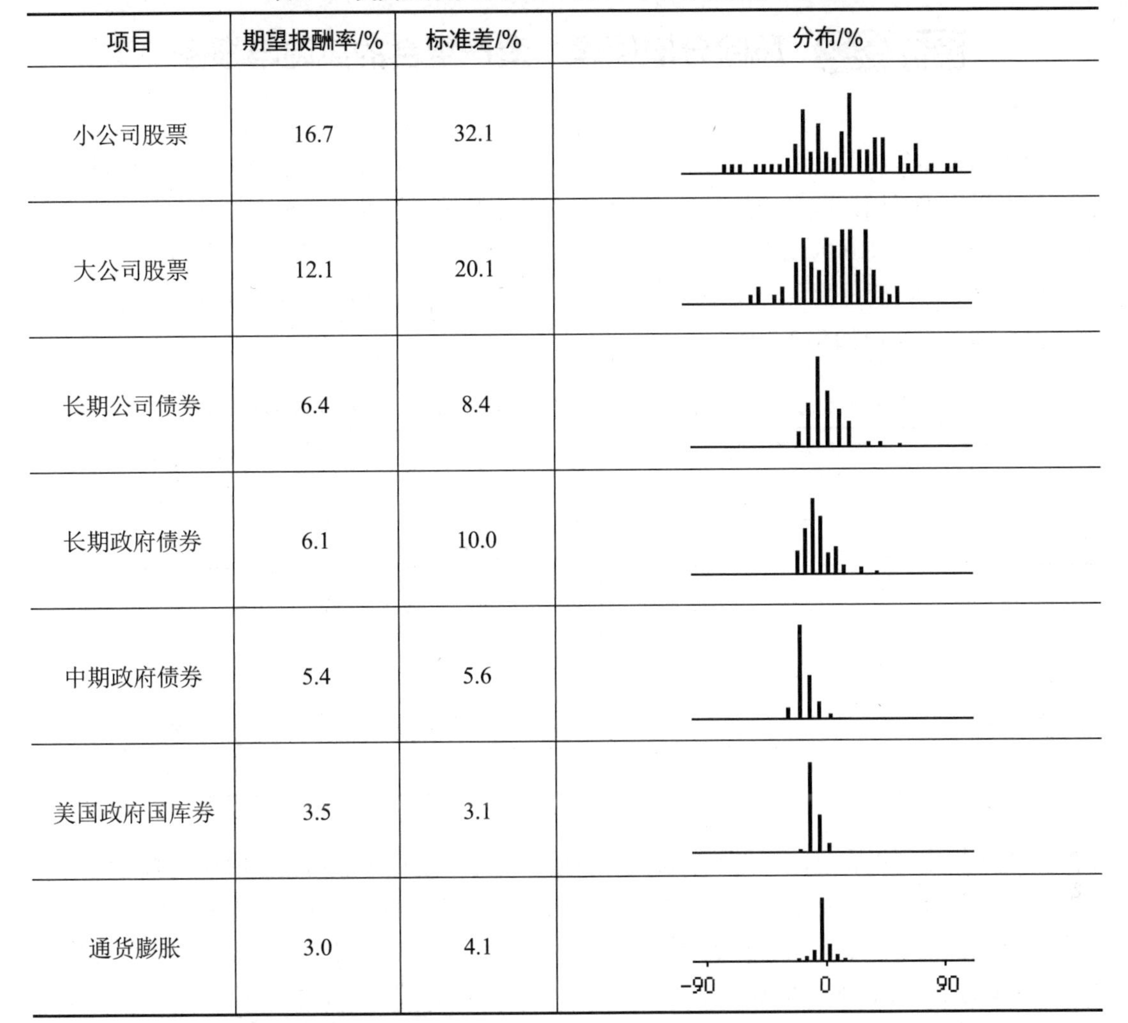

项目	期望报酬率/%	标准差/%	分布/%
小公司股票	16.7	32.1	
大公司股票	12.1	20.1	
长期公司债券	6.4	8.4	
长期政府债券	6.1	10.0	
中期政府债券	5.4	5.6	
美国政府国库券	3.5	3.1	
通货膨胀	3.0	4.1	−90 0 90

注：1933年小公司股票的总收益是142.9%。

资料来源：斯蒂芬 •A. 罗斯，伦道夫 •W. 威斯特菲尔德，杰弗利 •F. 杰富. 公司理财[M]. 11版. 北京：机械工业出版社，2017.

思考题：

1. 投资各种证券的收益率为什么差距这么大？

2. 按照“投资收益率=无风险收益率+风险报酬率”的基本思想，如果将美国政府国库券的收益率视为无风险收益率，那么投资大公司股票、小公司股票和长期公司债券、长期政府债券、中期政府债券的风险报酬率(或风险溢价)分别是多少？

3. 很多民间借贷的利息率高达“三分息”(即月利率3%)。结合自己的投资理念，如果你手上有闲置资金，你是否愿意投资此类项目？

案例 3.2 风险分散原理：资产组合的风险与报酬

投资的风险包括可分散风险与不可分散风险两种。对于可分散风险来说，可以通过证券持有的多样化来抵消，即多买几家公司的股票，其中某些公司的股票报酬上升，另一些股票的报酬下降，从而将风险抵消。

假设 W 和 M 两种股票构成一个证券组合，每种股票在证券组合中各占 50%，每种股票的报酬率和风险情况如表 3-2 所示。

表 3-2 完全负相关(ρ=−1.0)的两种股票及证券组合的报酬情况

年份(t)	W 股票的收益率 K_W	M 股票的收益率 K_M	WM 组合的收益率 K_P
2016	40%	−10%	15%
2017	−10%	40%	15%
2018	35%	−5%	15%
2019	−5%	35%	15%
2020	15%	15%	15%
平均报酬率	15%	15%	15%
标准离差(σ)	22.6%	22.6%	0.00%

从表 3-2 中可以看出，如果分别持有两种股票，都会有很大的风险，但是，如果把它们组合成一个证券组合，则没有风险，同时证券投资的平均报酬率可以保持不变。这两种股票之所以能组合成为一个无风险的证券组合，是因为它们报酬的变化正好呈相反的变动趋势。当 W 股票的报酬下降时，M 股票的报酬正好上升；反之亦然。在这里，相关系数 ρ=−1.0。

与完全负相关相反的是完全正相关(ρ= +1.0)，两种完全正相关的股票的报酬将一起上升或下降，这样的两种股票组成的证券组合，不能抵消任何风险。

从以上分析可以看出，当两种股票完全负相关(ρ=−1.0)时，风险可以分散掉；当两种股票完全正相关(ρ= +1.0)时，从抵减风险的角度来看，分散持有股票没有好处。实际上，大部分股票都是正相关的，但不是完全正相关。一般来说，随机取两种股票，其相关系数一般在+0.6 左右的最多，而绝大多数情况下，两种股票的 ρ 的取值一般在+0.5～+0.7。在这种情况下，把两种股票组合成证券组合能抵减一部分风险，但不能消除风险。不过，如果股票种类较多，则能分散掉大部分风险，而当股票种类足够多时，几乎能把所有的非系统风险分散掉。

从上面的分析也可以看出，要想通过证券组合来分散风险，可以通过寻求相关系数相对较小，甚至呈负相关的一些股票进行组合。

思考题：

1. 什么是相关系数？两只股票的相关系数跟哪些因素相关？
2. 如果仅针对股票投资，应该如何进行投资组合？
3. 如果你有 1 000 万元现金，会如何进行投资组合？

案例 3.3 多元化经营的陷阱：巨人集团失败的财务分析

史玉柱是当今中国商界具有传奇色彩的人物。早年，史玉柱凭借巨人汉卡和脑黄金迅速“飞腾”，然后因巨人大厦而迅速“坠落”。经过几年的蛰伏之后，史玉柱依靠“脑白金”和“征途”重新崛起，人生呈现一个精彩的“N”形转折，被誉为当代中国企业界的传奇人物。

近年来，我国不少企业追求多元化经营模式，试图通过多元化经营减少企业经营风险，使企业走上健康稳定发展的道路。然而，现实却让人们看到多元化经营使许多企业走上了加速陷入财务危机甚至破产之路。巨人集团的兴衰就是许许多多例子中的一个。其原因何在？学术界有各种分析。本文试图以巨人集团的兴衰为例，从财务管理的角度，对此问题进行分析。

1. 巨人集团的兴衰史

1989 年 8 月，深圳大学软件科学管理系硕士毕业的史玉柱和三个伙伴，用借来的 4 000 元钱承包了天津大学深圳科技工贸发展公司电脑部，并用手头仅有的钱在《计算机世界》利用先打广告后付款的方式做了 8 400 元的广告，将其开发的 M-6401 桌面排版印刷系统推向市场。广告打出后 13 天，史玉柱的银行账户第一次收到三笔汇款，共 15 820 元，巨人事业由此起步。到 9 月下旬，史玉柱将收到的款项全部再次投入广告。4 个月后，M-6401 的销售额一举突破百万大关，从而奠定了巨人集团创业的基石。

1991 年 4 月，珠海巨人新技术公司注册成立，公司共 15 人，注册资金 200 万元，史玉柱任总经理。8 月，史玉柱投资 80 万元，组织 10 多个专家开发出 M-6401 汉卡上市。11 月，公司员工增加到 30 人，M-6401 汉卡销售量跃居全国同类产品之首，获纯利达 1 000 万元。

1992 年 7 月，巨人公司实行战略转移，将管理机构和开发基地由深圳迁往珠海。9 月，巨人公司改称珠海巨人高科技集团公司，注册资金 1.19 亿元，史玉柱任总裁，公司员工发展到 100 人。12 月底，巨人集团主推的 M-6401 汉卡年销售量 2.8 万套，销售产值共 1.6 亿元，实现纯利 3500 万元，年发展速度达 500%。

1993 年 1 月，巨人集团在北京、深圳、上海、成都、西安、武汉、沈阳、香港成立了 8 家全资子公司，员工增至 190 人。12 月，巨人集团发展到 290 人，在全国各地成立了 38 家全资子公司。集团在一年之内推出中文手写电脑、中文笔记本电脑、巨人传真卡、巨人中文电子收款机、巨人钻石财务软件、巨人防病毒卡、巨人加密卡等产品。同年，巨人实现销售额 300 亿元，利税 4 600 万元，成为中国极具实力的计算机企业。

由于国际电脑公司的进入，我国电脑行业于 1993 年步入低谷，巨人集团也受到重创。1993 年、1994 年，全国兴起房地产和生物保健品热，为了寻找新的产业支柱，巨人集团开始迈向多元化经营之路——计算机、生物工程和房地产。在 1993 年开始的生物工程刚刚打开局面但尚未巩固的情况下，巨人集团毅然进军房地产行业。想在房地产行业中大展宏图的巨人集团一改初衷，拟建的巨人科技大厦设计一变再变，楼层节节拔高，从最初的 18 层一直增加到 70 层，投资也从 2 亿元增加到 12 亿元。1994 年 2 月破土动工，气魄越来越大。对于当时仅有 1 亿资产规模的巨人集团来说，单凭巨人集团的实力，根本无法承受这项浩大的工程。对此，史玉柱的想法就是：1/3 靠卖楼花，1/3 靠贷款，1/3 靠自有资金。但令人惊奇的是，大厦从 1994 年 2 月破土动工到 1996 年 7 月，巨人集团未申请过一分钱的银行贷款，全凭自有资金和卖楼花的钱支撑。1994 年 3 月，巨人集团推行体制改革，公司实行总裁负责制，史玉柱出任集团董事长。1994 年 8 月，史玉柱突然召开全体员工大会，提出“巨人集团第二次创业的总体构想”，其总目标是：跳出电脑产业，走产业多元化的扩张之路，以发展寻求解决矛盾的出路。

1995 年 2 月，巨人集团隆重召开表彰大会，对在巨人脑黄金战役第一阶段做出重大贡献的一批“销售功臣”予以重奖。5 月 18 日，巨人集团在全国发动促销电脑、保健品、药品的“三大战役”。霎时间，巨人集团以集中轰炸的方式，一次性推出电脑、保健品、药品三大系列的 30 个产品。巨人产品广告同时以整版篇幅跃然于全国各大报刊。不到半年，巨人集团的子公司就从 38 个发展到 228 个，人员也从 200 人发展到 2 000 人。

多元化的快速发展使得巨人集团自身的弊端一下子暴露无遗。1995 年 7 月 11 日，史玉柱在提出第二次创业的一年后，不得不再次宣布进行整顿，在集团内部进行了一次干部大换血。8 月，集团向各大销售区派驻财务和监察审计总监，财务总监和监察审计总监直接对总部负责，同时，两者又各自独立，相互监控。但是，整顿并没有从根本上扭转局面。1995 年 9 月，巨人的发展形势急转直下，步入低潮。伴随着 10 月发动的“秋季战役”的黯然落幕，1995 年底，巨人集团面临前所未有的严峻形势，财务状况进一步恶化。

1996 年初，史玉柱为挽回局面，将公司重点转向减肥食品“巨不肥”。同年 3 月，“巨不肥”营销计划顺利展开，销售大幅上升，公司情况有所好转。可是，一种产品销售得不错并不代表公司整体状况好转，公司旧的制度弊端、管理缺陷并没有得到解决。集团公司内各种违规违纪、挪用贪污事件层出不穷。其属下的全资子公司康元公司，由于公司财务管理混乱，集团公司也未派出财务总监对其进行监督，导致公司浪费严重，债台高筑。至 1996 年底，康元公司累计债务已达 1 亿元，且大量债务存在水分，相当一部分是由公司内部人员侵吞造成的，公司的资产流失严重。此时，让史玉柱更焦急的是预计投资过亿元的巨人大厦。他决定将生物工程的流动资金抽出投入大厦的建设，而不是停工。1996 年 7 月，全国保健品市场普遍下滑，巨人保健品的销量也急剧下滑，维持生物工程正常运作的基本费用和广告费用不足，生物产业的发展受到了极大的影响。

按原合同，大厦施工 3 年盖到 20 层，1996 年底兑现，但由于施工不顺利，而没有完工。大厦动工时，为了筹措资金，巨人集团在香港卖楼花拿到了 6 000 万港币，在内地卖楼花拿到了 4 000 万元。其中，在内地签订的楼花买卖协议规定，如未能如期完工，应退还定金并给予经济补偿。由于大楼一期工程未能完成，4 000 万元楼花就成了导致巨人集团财务危机的导火索。巨人集团终因财务状况不良而陷入了破产的危机。

2. 多元化经营的陷阱何在

(1) 多元化生产经营的理论基础。

多元化经营实际上是证券投资组合理论在生产经营活动中的应用，因此，证券投资组合理论是多元化经营的理论基础。

证券投资组合理论认为，金融资产投资组合可以由一种以上的金融证券构成。投资人可以通过持有多种不同证券的方式，将隐含在个别证券中的风险分散掉，但存在于证券与证券之间的共同风险则无法分散。通过多角化投资来分散的个别证券风险，称为“可分散风险”(或“非系统风险”)。至于那些无法用多角化投资分散的风险，称为“不可分散风险”(或“系统风险”)。当这一原理应用到企业生产经营活动中时，即为企业的多元化经营活动。

然而，证券组合投资具有其特定的条件，如果不加分析地盲目应用，很容易陷入多元化经营的陷阱——丧失核心竞争能力、资金短缺和协调困难、财务失控。

(2) 多元化经营与核心竞争能力的矛盾。

运用证券投资组合理论来分散风险的要点之一在于，只有非完全相关的证券所构成的投资组合，方可分散部分投资风险。这项原理应用于生产经营活动时，就要求企业在一定程度上放弃部分原有业务(甚至可能是核心业务)，在此基础上从事与原有业务不相关的陌生业务。但是，这样可能不仅不能降低风险，反而会使原来的竞争优势丧失殆尽。这与多元化经营的目的相矛盾。

在企业发展过程中，对企业影响最深远的是核心竞争能力，即企业面对市场变化做出反应的能力。企业核心竞争能力是企业的一项竞争优势资源和企业发展的长期支撑力。它可能表现为先进的技术，或一种服务理念，其实质就是一组先进技术和能力的集合体。尽管企业之间的竞争通常表现为核心能力所衍生出来的核心产品、最终产品的市场之争，但其实质归结为核心能力之间的竞争。企业只有具有核心竞争能力，才能具有持久的竞争优势。否则，只能“昙花一现”。企业一时的成功并不表明企业已经拥有了核心竞争能力。企业的核心竞争能力要靠企业的长期培植。

在企业的经营中，获取企业核心竞争能力的基本途径有：内部管理型战略和外部交易型战略。内部管理型战略是一种产品扩张战略，在现有资本结构下，通过整合内部资源(包括控制成本、提高生产效率、开发新产品等)，维持并发展企业竞争优势，横向延伸企业生命周期线。内部管理型战略通过企业内部力量培植、巩固和发展企业核心能力，创造竞争优势。外部交易型战略是一种资本扩张战略，通过吸纳外部资源，推动企业生命周期线的纵向延伸。外部交易型战略可以借助外力来培植、巩固和发展企业核心能力，创造竞争优势。企业经营的精髓就是内部管理型战略和外部交易型战略的有效应用。从国际著名企业的发展中可以看到，企业在其持续经营和长期发展的过程中，始终在综合运用这两种发展战略。

内部管理型战略与外部交易型战略共同作用于企业，通过有机配合、有效运用，才能使企业生命周期曲线不断得以延伸，核心能力得以巩固和发展，竞争优势将持续存在。否则，企业难以维持原有的竞争优势，更不可能培育出可以长期拥有竞争优势的核心能力。

由此可见，企业应该根据其所拥有的核心能力和竞争优势做出是否采取多元化经营的策略。从这个角度说，企业首先必须有一个具有竞争力的核心产品，围绕核心产品、核心能力和竞争优势再考虑是否应该多元化经营。企业若没有基于核心能力进行多元化经营，又不能在外部扩张战略中培植新的核心能力，很有可能会失败，甚至丧失原来的竞争优势。

巨人集团在现有主业的基础上，未能有效运用内部管理型战略与外部交易型战略延伸企业生命周期曲线，巩固和发展核心能力，而贸然跨入一个自己完全陌生的行业，从而使企业的竞争优势无法得以持续存在。尽管这种外延式扩张的道路暂时掩盖了各种矛盾，但因缺乏培植企业新的核心竞争能力，为企业埋下了致命的隐患。

(3) 资金短缺与协调困难的矛盾。

无论是实物资产投资，还是金融资产投资，都以盈利为目的，即不以投资的盈利性与风险性比较为基础进行决策。但由于投资对象的不同，决定了两者具有完全不同的特点。金融资产投资具有可分割性、流动性和相容性等特点。因而，在进行金融资产投资时，不必考虑投资的规模、投资的时间约束以及投资项目的多少等因素。只要考虑各金融资产之间的相关性、风险、报酬及其相互关系问题，并依据风险—报酬的选择，实现金融资产投资的优化选择。而实物资产投资则具有整体性、时间约束性和互斥性等特点。因此，进行实物资产的投资时，不仅要考虑投资的规模，还要考虑资金的时间因素，更要考虑在资金约束条件下各项目的比较选优问题。

由此可见，在财务资源有限的条件下，实行多元化投资，必须充分考虑并合理解决企业资产结构与资本结构的有机协调、盈利性与流动性的有机协调等财务问题。从盈利性上看，基于流动资产与固定资产盈利能力上的差别，以及短期资金与长期资金筹资成本上的差别，“净营运资本”越多，意味着企业是以更大份额的筹资成本、较高的长期资金运用到盈利能力较低的流动资产上，从而使企业整体的盈利水平相应地降低，反之亦然。从风险性上看，企业的净营运资本越多，意味着流动资产与流动负债之间的差额越大，则企业陷入无力清偿困境的可能性也就越小，反之亦然。因此，资产结构性管理的目的在于，在既能维持企业的正常生产经营活动，又能减少或不增加风险的前提下，使企业拥有较高的流动资金水平。由于预期现金流动很难与债务的到期及数量保持协调一致，应把重点放在负债到期结构问题上，即明确在允许现金流动波动的前提下，在负债到期结构上应保持多大的安全边际。由于长、短负债的盈利能力与风险各不相同，在实施负债的结构性管理中，应对其盈利能力与风险进行权衡，以确定既能使风险最小，又能使企业盈利最大化的负债结构。

巨人集团为追求资产的盈补性，以超过其资金实力十几倍的规模投资于一个自己陌生且资金周转周期长的房地产行业。实物资产的整体性和时间约束性，使公司有限的财务资源被冻结，从而使公司的资金周转产生困难，并因此形成十分严峻的资产盈利性与流动性之间的矛盾。最后因实物资产的互斥性，生物工程因正常运作的基本费用和广告费用不足而深受影响。与此同时，巨人集团从事房地产开发和建设，却未向银行申请任何贷款，不仅使企业白白浪费了合理利用财务杠杆作用给企业带来效益的可能机会，还使企业因放弃举债而承担高额的资本成本。最后，企业在资产结构与资本结构、盈利性与流动性的相互矛盾中陷入难以自拔的财务困境。

(4) 多元化经营与财务失控的矛盾。

随着多元化经营道路的发展，企业规模急速扩大，集团化管理成为必然。集团公司管理的主要任务是集团公司的整合。没有整合的集团公司难以发挥集团的整体优势，充其量是一个大拼盘，属下各自为政，集团内部难以协调运作，财务失控也就在所难免。

集团公司组织形式不同，其财务控制的方式也不相同。集团公司就其组织形式而言，分为U形组织结构(直线职能制)、H形组织结构(控股公司制)和M形组织结构(事业部制)三种。其中，U形组织结构是一种中央集权式结构。企业内部按职能(如制造、销售等)划分为若干部门，各部门只有很弱的独立性，权力集中在企业最高决策者手中。H形组织结构较多地出现于由横向合并而形成的企业中，这种结构使合并后的子公司保持了较强的独立性。M形组织结构是一种分权式结构。这种结构中的基本单位是半自主的利润中心，按成品的商标或地区设立，每个利润中心内部通常都是按U形结构来组织的。在利润中心之上，是一个由高级经理人员组成的总部，负责整个公司的资源分配和对下级单位的监督协调。这种组织结构已经成为各国大公司的基本组织形式。对M形组织结构而言，财务控制的关键在于解决好集权与分权的问题。目前比较普遍的做法是：在集中控制资金、财务信息和人事等方面的基础上，充分实行分权管理制度；在财务控制上，形成一套包括财务激励机制、财务监控机制和资金运作机制在内的集团公司财务管理体系，从而在制度上保证集团公司资金的合理配置和有效利用，确保集团公司战略目标的实现，如投资行为约束制度、筹资行为约束制度、成本费用约束制度、内部控制制度、财务报告制度、预算约束制度、现金集中存储和调度制度等。

巨人集团采用的是控股型组织结构形式，在使各厂属单位(子公司)保持较强独立性的同时，缺乏相应的财务控制制度，导致公司违规违纪、挪用贪污事件层出不穷。这在一定程度上加速了巨人集团陷入财务困境的步伐。

3. 经验与教训

通过上述分析，可以得出以下几点经验与教训。

(1) 公司的多元化发展必须与其核心竞争能力紧密联系，并以培植公司新的核心竞争能力为中心，从而有助于维持和发展公司的竞争优势，确保公司长期、稳定地发展。

(2) 确保公司有限财务资源的合理配置和有效利用，保持资产结构与资本结构、资产盈利性与流动性的有机协调，从而在资金上保证公司的健康发展。

(3) 公司集团化必须与财务控制制度建设保持同步发展，集团公司能否稳定健康发展的关键在于能否有效整合集团，而财务控制制度建设是集团公司整合的重要且关键的一个环节。

思考题：

1. 多元化经营能够降低企业的经营风险吗？
2. 企业到底应该专注于本行业核心竞争能力的提升，还是应该开展多元化经营？
3. 中国企业参与国际竞争时，应该如何选择企业的经营战略？

案例 3.4 风险度量：β 系数的测算

3.4.1 资料：β 系数的相关理论

现代金融学理论的核心问题之一是权衡金融资产风险和收益之间的关系。经典的资本资产定价模型(CAPM)将资产的风险分为可以通过充分分散投资加以消除的特质风险和无法通过分散投资加以消除的系统风险。这一模型显示，一项资产的特定风险能够使用多元化分散投资完全消除，然而系统性风险无法完全清除，需要得到补偿。此时，该项资产的投资预期收益只由无风险利率、市场风险溢价以及用于描述该项资产市场风险程度的 β 系数决定。因此，准确预测 β 系数，探究股票市场的预期收益率与其风险之间的关系至关重要。

β 系数体现了特定资产的价格对整体经济波动的敏感性，即股票与大盘之间的联动性，系统风险比例越高，联动性越强。它的绝对值越大，显示其收益变化幅度相对于大盘的变化幅度越大；绝对值越小，显示其变化幅度相对于大盘越小。β 值可能大于、等于或小于 1(也可能是负值)。当 β=1 时，表示该资产的风险收益率与市场组合平均风险收益率呈同方向同比例变化，其风险情况与市场投资组合的风险情况一致；当 β>1 时，说明该单项资产的风险收益率高于市场组合平均风险收益率，则该单项资产的风险大于整个市场投资组合的风险；当 β<1 时，说明该单项资产的风险收益率小于市场组合平均风险收益率，则该单项资产的风险程度小于整个市场投资组合的风险。

投资组合的 β 系数是所有单项资产 β 系数的加权平均数，权数为各种资产在投资组合中所占的比重，具体表示为

$$\beta_p=\sum X_i\beta_i$$

如果一个高 β 值股(β>1)被加入到一个平均风险组合(β_p)中，则组合风险将会提高；反之，一个低 β 值股(β<1)被加入到一个平均风险组合中，则组合风险将会降低。所以一种股票的 β 值可以度量该股票整个组合风险的贡献，β 值可以作为对这一股票风险程度的一个大致度量。

在实际工作中，可以通过对某种股票以及整个股票市场的历史数据进行直线回归分析，计算得到该股票的 β 系数，其直线回归方程式为

$$Y=\alpha+\beta X+\varepsilon$$

式中：Y 为个股收益率；X 为在某时间间隔期内的市场平均收益率(用综合指数收益率代替)；α 为 Y 轴的截距；β 为回归线的斜率；ε 为随机因素产生的收益调整。

这样，就可以根据 X 和 Y 的历史数据，计算出 α 和 β 的值。β 系数和报酬率之间的关系如图 3-3 表示。

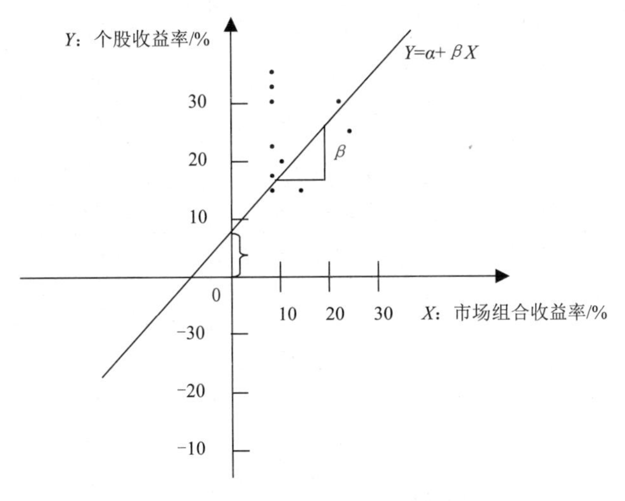

图 3-3　贝塔系数回归分析图

3.4.2　资料：格力电器的 β 系数测算

珠海格力电器股份有限公司成立于 1991 年，1996 年 11 月在深交所挂牌上市。公司成立初期，主要业务为组装生产家用空调，现已发展成为多元化、科技型的全球工业集团，产业覆盖空调、生活电器、高端装备、通信设备等领域，产品远销 160 多个国家和地区。公司现有 9 万多名员工，其中有 1.4 万名研发人员和 3 万多名技术工人，在国内外建有 14 个生产基地，分别坐落于珠海、重庆、合肥、郑州、武汉、石家庄、芜湖、长沙、杭州、洛阳、南京、成都以及巴西的亚马逊州、巴基斯坦的拉合市；同时建有长沙、郑州、石家庄、芜湖、天津 5 个再生资源基地，覆盖从上游生产到下游回收全产业链，实现了绿色、循环、可持续发展。

这里选取 2015—2018 年的 48 组有效数据(见图 3-3)，来测算格力电器的 β 系数。原始数据包括格力电器 2015—2018 年每月的收盘价格，以及同期上证指数的收盘点位，从而可以计算出格力电器股票每月的收益率以及市场每月的收益率。我们令格力电器股票每月收益率为纵轴 y，每月市场收益率为横轴 x，进行线性回归分析，得到的回归线斜率就是格力电器的 β 系数。

表 3-3　β 系数计算的原始数据

日期	股票价格	上证指数	回归(MKT)x	回归(股票)y
2015.1.30	15.40	3210.36		
2015.2.27	15.46	3310.30	3.11%	0.39%
2015.3.31	17.09	3747.90	13.22%	10.54%
2015.4.30	23.70	4441.65	18.51%	38.68%
2015.5.29	26.30	4611.74	3.83%	10.97%

(续表)

日期	股票价格	上证指数	回归(MKT)x	回归(股票)y
2015.6.30	27.15	4277.22	−7.25%	3.23%
2015.7.31	19.01	3663.73	−14.34%	−29.98%
2015.8.31	15.15	3205.99	−12.49%	−20.31%
2015.9.30	12.88	3052.78	−4.78%	−14.98%
2015.10.30	14.05	3382.56	10.80%	9.08%
2015.11.30	15.03	3445.40	1.86%	6.98%
2015.12.31	19.05	3539.18	2.72%	26.75%
2016.1.29	15.43	2737.60	−22.65%	−19.00%
2016.2.19	15.92	2687.98	−1.81%	3.18%
2016.9.30	20.42	3004.70	11.78%	28.27%
2016.10.28	20.60	3100.49	3.19%	0.88%
2016.11.28	26.67	3250.03	4.82%	29.47%
2016.12.30	22.82	3103.64	−4.50%	−14.44%
2017.1.26	23.98	3159.17	1.79%	5.08%
2017.2.28	25.64	3241.73	2.61%	6.92%
2017.3.31	29.89	3222.51	−0.59%	16.58%
2017.4.28	31.20	3154.66	−2.11%	4.38%
2017.5.31	32.28	3117.18	−1.19%	3.46%
2017.6.30	39.37	3192.43	2.41%	21.96%
2017.7.31	39.24	3273.03	2.52%	−0.33%
2017.8.31	38.65	3360.81	2.68%	−1.50%
2017.9.29	37.90	3348.94	−0.35%	−1.94%
2017.10.31	42.55	3393.34	1.33%	12.27%
2017.11.30	42.45	3317.19	−2.24%	−0.24%
2017.12.29	43.70	3307.17	−0.30%	2.94%
2018.1.31	55.94	3480.83	5.25%	28.01%
2018.2.28	51.69	3259.41	−6.36%	−7.60%
2018.3.30	46.90	3168.90	−2.78%	−9.27%
2018.4.27	44.08	3082.23	−2.74%	−6.01%
2018.5.31	47.50	3095.47	0.43%	7.76%
2018.6.29	47.15	2847.42	−8.01%	−0.74%
2018.7.31	44.17	2876.40	1.02%	−6.32%

(续表)

日期	股票价格	上证指数	回归(MKT)*x*	回归(股票)*y*
2018.8.31	38.95	2725.25	−5.25%	−11.82%
2018.9.28	40.20	2821.35	3.53%	3.21%
2018.10.31	38.06	2602.78	−7.75%	−5.32%
2018.11.30	36.85	2588.19	−0.56%	−3.18%
2018.12.28	35.69	2493.90	−3.64%	−3.15%

注：股票收盘价格数据应考虑到分红、转增、配股等情况采用复权后的价格(前复权或后复权均可)。

根据以上原始数据得到格力电器β系数的回归结果，如图3-4所示。其中，回归线的斜率为格力电器的β系数，即β=1.5423。

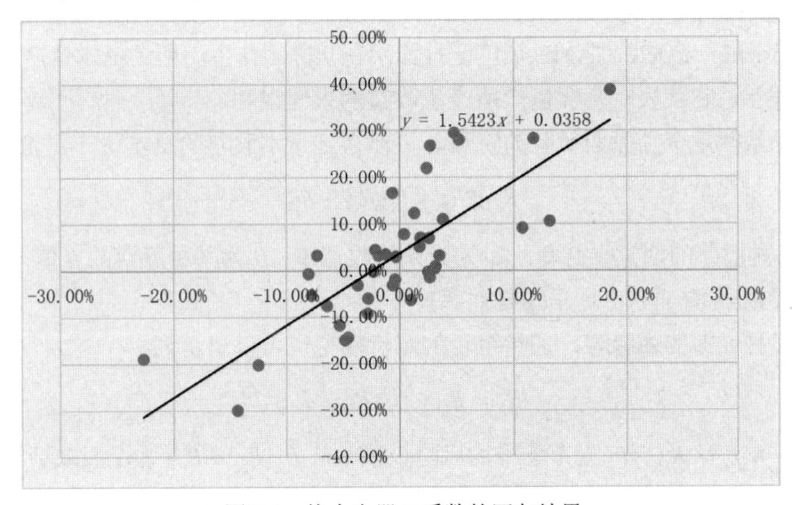

图3-4 格力电器β系数的回归结果

β=1.5423说明格力电器的这一风险资产的市场风险要大于股票市场的平均风险，如果上证指数波动幅度为1%，格力电器股票的波动幅度会达到1.5423%。

这个研究结论会受到原始数据获取局限性的影响。第一，这里选择了4年的数据，研究结论只是反映了这4年中格力电器的风险情况，可以作为后续投资或者其他决策的参考。第二，行业和企业的β系数(或市场风险程度)可能会随着时间的推移发生变化，从这个角度来说，选择样本数据时也不一定是数据期限越长越好。

思考题：

1. 为什么在进行回归分析时，需要考虑到分红、转增、配股等情况对股票价格的复权处理？

2. 你觉得哪些行业的企业β系数会比较大？哪些行业的企业β系数会比较小？

3. 你觉得在β系数测算时，样本公司的原始数据取多长时间较为合适？

4. 企业的β系数大小往往与行业本身的特点有关，也与企业自身的经营风险、财务风险相关。但是有些企业（如瑞幸咖啡、乐视等）由于财务造假，导致β值激增，如何看待人为操纵业绩的行为？

案例 3.5 风险资产收益：资本资产定价模型

3.5.1 资料：资本资产定价模型

应用现代投资组合理论进行风险分散分析，并据此进行投资组合选择，需要面对大量而复杂的计算。于是，人们提出了投资组合的一些简化分析模型。其中，美国经济学家威廉·夏普(William E. Sharpe)在马柯威茨投资组合理论的基础上开发出来的资本资产定价模型(capital asset pricing model，CAMP)被广泛地应用在实际工作中。所谓资本资产，是指股票、债券等有价证券，它代表对真实资产所产生收益的求偿权利。

按照β系数衡量个别股票风险的特点，可以得到个别股票的资本资产定价模型为

$$R_i = R_F + \beta_i(R_M - R_F)$$

式中：R_i为某种股票的期望收益率；R_F为无风险收益率；β_i为某种股票的β值；R_M为平均风险股票的必要报酬率(证券市场平均收益率)。

当进行多种证券的组合时，证券组合的定价模型也可以表示为

$$R_P = R_F + \beta_P(R_M - R_F)$$

式中：$\beta_P = \sum W_i\beta_i$；$R_M - R_F$为市场平均风险报酬率；$\beta_P(R_M - R_F)$为个股或证券组合的风险报酬率。

资本资产定价模型可以用来确定单一证券的报酬率，进而确定投资组合的报酬率，以解决如何进行投资组合才能在令人满意的风险水平下取得最大收益率的问题。

3.5.2 资料：G 公司投资的贴现率如何确定

假定依据 CAPM，G 公司的资本成本为 17%，无风险利率为 4%，市场风险溢价为 10%，企业的β值为 1.3，则

$$17\% = 4\% + 1.3 \times (14\% - 4\%)$$

G 公司的业务有 3 个板块，分别属于 3 个不同的行业，3 个板块的业务各占 1/3。3 个业务板块的行业β值为：汽车零售业β= 2.0，计算机硬盘制造β= 1.3，电力设备β= 0.6。因此，该企业资产的平均β值为

$$\beta = 2.0 \times 1/3 + 1.3 \times 1/3 + 0.6 \times 1/3 = 1.3$$

现在，公司准备投资一个电力设备项目，如图 3-5 所示，在进行项目评价时，应该用哪一项资本成本作为贴现率呢？

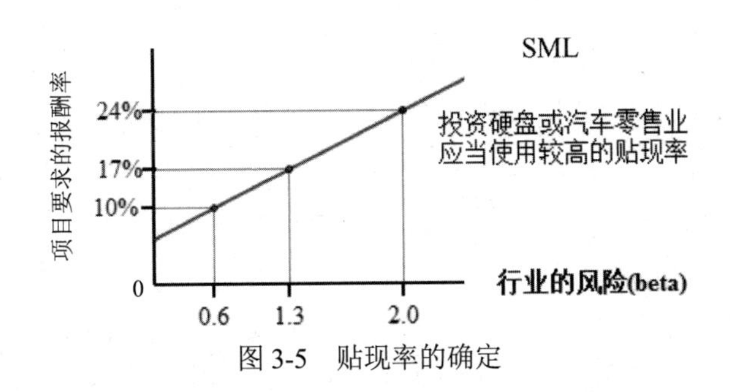

图 3-5 贴现率的确定

思考题：

1. 计算该公司评价电力设备项目时应该采用的资本成本。
2. 投资要求的最低报酬率与公司所承担的风险之间是什么关系？

第4章

财 务 分 析

案例 4.1 短期偿债能力：两倍的流动比率真的是最合理的吗

4.1.1 资料：站在不同视角来看，合理的流动比率范围可能不同

企业短期债务的期限短，一般只能用变现时间短的流动资产来偿付。因此，一般用流动资产对流动负债及时足额偿还的保证程度，来衡量企业的短期偿债能力。主要衡量指标有流动比率、速动比率和现金比率。

1. 流动比率

流动比率是流动资产与流动负债之比。一般认为，工业生产性企业合理的流动比率最低应该是 2。这是因为流动资产中变现能力最差的存货金额约占流动资产总额的一半，剩下的流动性较强的流动资产至少要等于流动负债，这样企业的短期偿债能力才会有保证。格雷厄姆在《聪明的投资者》中提出的防御型投资者选股标准是：对于工业企业而言，流动资产应该至少是流动负债的两倍，即流动比率不低于 2。

但这是一个长期以来形成的经验性标准，并不能从理论上证明，也无法在实践中形成统一标准。尤其需要说明的是，流动比率不低于 2，适用于一般性的企业，并不完全适用于巴菲特最喜欢选择的具有强大持续性竞争优势的超级明星公司。

巴菲特持股的很多具有持续性竞争优势的超级明星公司，流动比率都低于 2，甚至低于 1。比如 IBM 为 1.26，可口可乐为 1.1，沃尔玛为 0.88，卡夫为 0.85，宝洁为 0.83。一般的企业流动比率低于 2，意味着可能难以偿还短期债务。但这些超级明星公司具有强大的销售渠道，

销售回款速度很快，能够产生充足的现金流量，保证按期偿还流动负债；而且公司盈利能力非常强，能够快速产生较多的利润，足以保证还债能力；同时公司信用评级很高，短期融资能力强，公司可以利用短期商业票据或信用贷款等手段迅速融资还债。越是赚钱的公司，流动资产周转速度越快，流动资产占用资金量越小，流动比率反而越低，低于 2 甚至低于 1。当然，这只限于少数非常优秀的公司。

另外，不同行业的流动比率差别较大。因此，计算出来的流动比率，需要和同行业平均流动比率进行比较，并与本企业的历史流动比率进行比较，才能判断公司的流动比率是否过高或者过低。在此基础上，进一步分析流动资产和流动负债所包括的项目以及经营上的因素，才能确定流动比率过高或过低的原因。一般情况下，营业周期、流动资产中的应收账款和存货的周转速度是影响流动比率的主要因素。

流动比率高，一般表明偿债保证程度较强。但是有些企业虽然流动比率较高，但账上没有多少真正能够迅速用来偿债的现金和存款，其流动资产中大部分是变现速度较慢的存货、应收账款、待摊费用等。所以，在分析流动比率时，还需进一步分析流动资产的构成项目，计算并比较公司的速动比率和现金比率。

2. 速动比率

速动比率是企业速动资产与流动负债之比。速动资产是指流动资产减去变现能力较差且不稳定的存货、待摊费用等后的余额。由于剔除了存货等变现能力较差的资产，速动比率比流动比率能更准确可靠地评价企业资产的流动性及偿还短期债务的能力。一般认为速动比率为 1 较合适。速动比率过低，企业面临偿债风险；速动比率过高，账上现金及应收账款占用资金过多，会增加企业的机会成本。

3. 现金比率

现金比率是企业现金类资产与流动负债的比率。现金类资产包括企业所拥有的货币资金和持有的有价证券。现金类资产是速动资产扣除应收账款后的余额，最能反映企业直接偿付流动负债的能力。一般认为现金比率高于 20%为好。但现金类资产获利能力极低，现金比率过高意味着企业现金类资产过多，机会成本增加，而且表明企业未能合理利用流动负债，以减少资金成本。

4.1.2 资料：我国上市企业流动比率情况分析

表 4-1 是截至某一特定时点沪深股市 1 581 家非金融类上市公司的流动比率统计结果。

表4-1 截至某一特定时点沪深股市1 581家非金融类上市公司的流动比率统计结果

序号	流动比率	上市公司数量	占比
1	小于0.5	121	7.65%
2	0.5～1.0	384	24.29%
3	1.0～1.5	464	29.35%
4	1.5～2.0	259	16.38%
5	2.0～2.5	125	7.91%
6	2.5～3.0	63	3.98%
7	3.0～3.5	39	2.47%
8	3.5以上	126	7.97%
合计		1 581	100.00%

思考题：

1. 按照教材上的说法，合理的流动比率应保持在2倍左右比较合适，但是从统计结果来看，上市公司流动比率低于1.5倍的比例高达61.29%，公司流动比率相对偏低，对企业有什么好处？

2. 请考虑，可能是什么样的原因使得我国上市公司流动比率相对偏低？

案例4.2 长期偿债能力：资产负债率比例多高更合适

4.2.1 资料：资产负债率的合理范围是多少

当人们听到“负债”这个词时，第一反应是这是危险的情况，是坏事，但大多数企业在经营的时候，都会保持一定的资产负债率。为什么经营企业需要负债？资产负债率多少比较好？在当下的大环境之中，货币的价值在不断下降，通货膨胀正在缓慢持续地发生，企业保持一定的负债，从长远的角度来看是一种可持续发展策略。但是，企业的资产负债率也是有一个合理范围的。

资产负债率是评价企业负债水平的综合指标，同时也是衡量企业利用债权人资金进行经营活动能力的指标，它还能反映债权人发放贷款的安全程度。对企业来说，一般认为，资产负债率的适宜水平是40%～60%。

资产负债率的警戒线是70%。但是，不同行业资产负债率的指标不相同。要判定资产负债率是否合理，可从以下几个不同角度判断。

(1) 从债权人的角度看，他们最关心的是能否按期收回本金和利息，他们希望债务比例越低越好，企业偿债有保证，贷款的风险就不会太大。

(2) 从股东的角度看，他们关心的是借入资本的代价，当全部资本利润率高于借款利息率时，负债比例越大越好，反之亦然。

(3) 从经营者的角度看，如果举债很多，超出债权人的心理承受能力，企业就无钱可借；如果不举债，则说明企业经营保守或者信心不足，利用债权人的资本进行经营活动的能力不足。所以企业经营者要权衡利弊得失，界定合理的资产负债率区间。

企业负债，有利于解决企业资金不足的问题，促进企业发展。企业必须不断开拓和发展新品种，采取新工艺，这些都需要大量资金，而单纯依靠企业自有资金有时候难以应付。但是企业在负债经营的同时，也要注意负债率的大小，注意警戒线，以免出现破产等情况。如果资产负债比率达到 100%或超过 100%，说明企业已经没有净资产或资不抵债！

此外，确定真实的资产负债率也极为重要。根据“资产=负债+所有者权益”，为了降低资产负债率，可以增加资产或者减少负债。但是，资产负债表所体现的资产经常含有一定水分，如果单纯使用资产负债表的数据进行资产负债率分析，未免有些牵强。因此，分析时应还原资产和负债的真实情况，挤干水分。

4.2.2 资料：我国上市企业资产负债率情况分析

图 4-1 和表 4-2 为截至某一特定时点沪深股市 1 593 家非金融类上市公司的资产负债率统计结果。

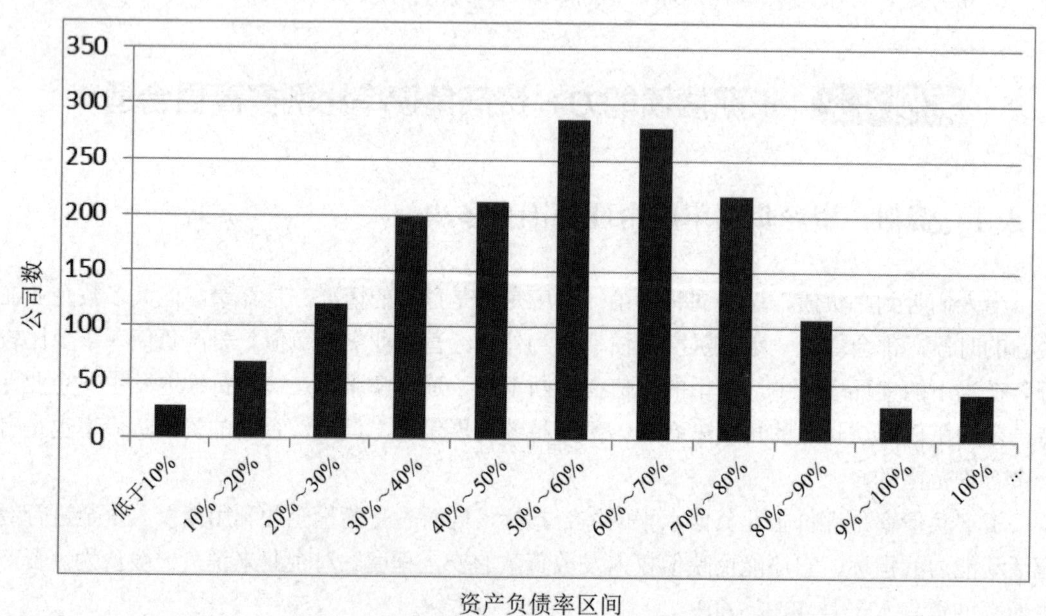

图 4-1 截至某一特定时点沪深股市 1 593 家非金融类上市公司的资产负债率统计结果

表 4-2 截至某一特定时点沪深股市 1 593 家非金融类上市公司的资产负债率统计结果

资产负债率区间	公司数
低于 10%	28
10%～20%	68
20%～30%	121
30%～40%	199
40%～50%	213
50%～60%	286
60%～70%	279
70%～80%	218
80%～90%	108
90%～100%	31
100%以上	42
共计	1 593

思考题：

1. 根据统计结果，有 217 家企业的资产负债率低于 30%。一方面，这说明这些企业自有资金充足；另一方面，这说明它们没有很好地利用负债的财务杠杆作用。作为企业的财务顾问，你对企业有什么样的建议？

2. 有 42 家企业资产负债率超过 100%，从账面上看处于资不抵债的状况，这些企业还能继续经营吗？

3. 从统计结果看，上市企业中资产负债率超过 60%的企业数量不少，你认为造成我国上市企业资产负债率相对偏高的原因是什么？

案例 4.3 企业营运能力：实现销售收入目标需要占用多少资产

企业营运能力(enterprises operating capacity)，主要指企业资产的营运效率。企业资产的营运效率主要指资产的周转率或周转速度，通常是指企业的产出量(可以用营业收入表示)与资产占用量之间的比率，也可以理解为，企业为了实现一定的产出量(营业收入)需要占用多少资产。这里的资产可以是总资产、固定资产、流动资产或者存货、应收账款的占用额，从而相应地就有总资产周转率、固定资产周转率、流动资产周转率、存货周转率和应收账款周转率等不同的指标。

这里选择了规模相近的两家冶金类上市企业来进行营运能力的比较分析。表 4-3 是 2017

年度和 2018 年度鞍钢股份和河钢股份的部分资产负债表和利润表数据(单位：百万元，取自合并会计报表数据)。

表 4-3　2017 年度和 2018 年度鞍钢股份和河钢股份部分资产负债表和利润表数据

合并资产负债表主要数据

项目	鞍钢股份		河钢股份	
	2018 年末	2017 年末	2018 年末	2017 年末
货币资金	2 154	2 670	28 150	17 014
应收账款及应收票据	9 644	13 373	13 175	8 833
存货	13 125	12 269	22 248	23 146
其他流动资产	1 985	1 690	2 493	3 240
流动资产合计	26 908	30 002	66 066	52 233
固定资产	50 064	50 875	118 387	111 109
其他非流动资产	13 052	13 929	24 291	26 805
非流动资产合计	63 116	64 804	142 678	137 914
资产合计	90 024	94 808	208 746	190 147
负债合计	37 559	42 226	149 794	142 488
股东权益合计	52 465	52 580	58 951	47 659
负债和股东权益合计	90 024	94 806	208 746	190 147

合并利润表主要数据

项目	鞍钢股份		河钢股份	
	2018 年末	2017 年末	2018 年末	2017 年末
营业收入	105 157	91 683	120 956	108 983
营业总成本	95 533	85 831	115 841	106 040
其中：营业成本	88 126	78 707	103 663	95 505
营业利润	10 088	6 359	5 373	3 095
营业外收支净额	−80	−46	55	−40
利润总额	10 008	6 313	5 428	3 055
所得税费用	2 056	−332	1 407	929
净利润	7 952	6 645	4 381	2 125

思考题：

1. 计算 2018 年度两家企业的总资产周转率、固定资产周转率、流动资产周转率、存货周转率和应收账款周转率。

2. 比较两家企业的营运能力，从营运能力看，两家企业中哪家的资产周转能力更强？好的营运能力是否实现了更好的盈利能力？

3. 计算并比较2018年度和2017年度鞍钢股份的营运能力变化。

4. 这里计算分析了两家冶金企业的营运能力情况。请考虑：不同行业的企业，其营运能力指标之间是否具有可比性？如果有兴趣，可以找两家软件行业、电子行业或其他不同行业的企业数据进行比较分析。

案例4.4 企业盈利能力：不同行业的毛利率可比吗

根据Choice行业分类，零售行业可分为百货、超市、连锁三类。这三大细分门类的上市公司数量及市值情况统计如图4-2所示。

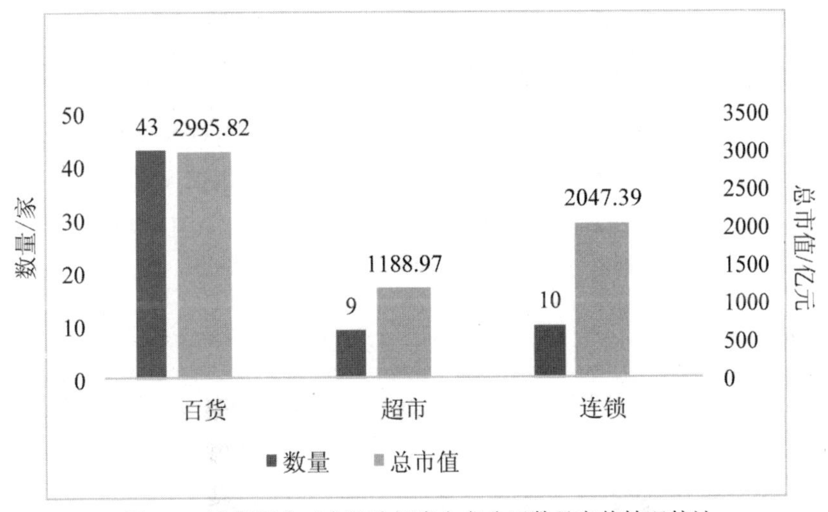

图4-2 零售行业三大细分门类上市公司数及市值情况统计

可以看到，零售行业中，按照数量分类来看，百货类上市公司最多，达到43家，数量最少的是超市，但从平均市值来看，连锁类公司的平均市值规模最大，而百货类上市公司的平均市值规模较小。

造成这一现象的主要原因是百货类上市公司市值分布较为平均；在超市中，永辉超市一骑绝尘；连锁类上市公司中，苏宁易购傲视群雄。接下来，我们将对零售类江湖中的三大门派逐一进行盘点。

1. 百货

百货类是三大零售类别中上市公司数量和总市值最多的一个板块，这一板块中目前仅有1家公司是A+H模式，该公司为上海的百联股份。

从各城市分布情况来看，百货公司分布最多的三大城市为上海、北京和武汉，上市公司数量分别为 6 家、4 家和 3 家，出乎意料的是广州市和深圳市的百货类上市公司都仅有 1 家，而号称新一线城市的成都也仅录得 1 家。各城市百货类上市公司分布情况如图 4-3 所示。

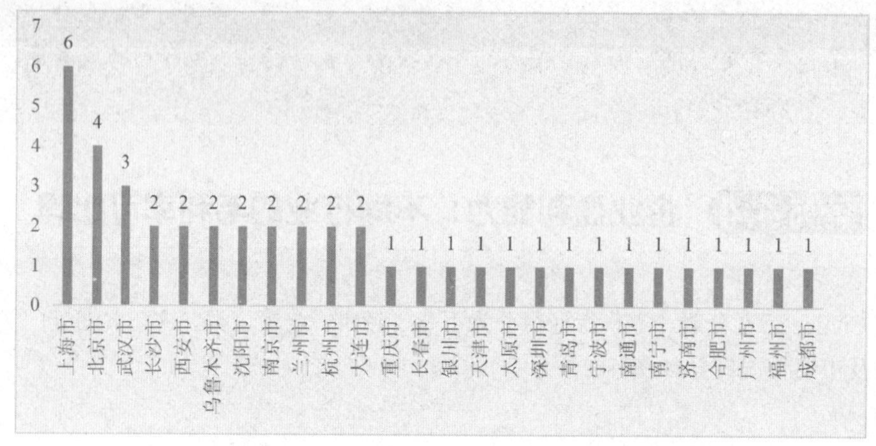

图 4-3　各城市百货类上市公司分布情况

从各城市百货公司的市值规模(单位：亿元)来看，百货公司总市值规模排名前三的城市依次为上海、西安和南京，其中西安只有 1 家百货类公司——供销大集，该公司被海航控股后，2017 年将百货业务装入上市公司。各城市百货公司总市值如图 4-4 所示。

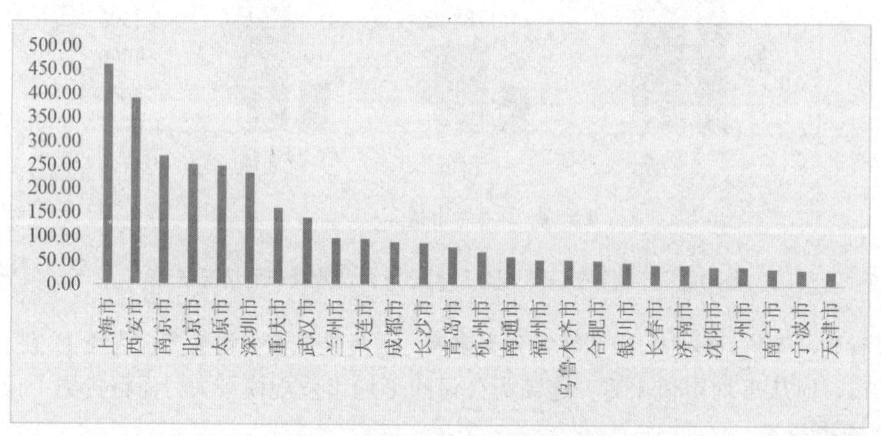

图 4-4　各城市百货公司总市值

从市值规模分布情况来看，市值规模在 100 亿元以上的公司共有 8 家，市值规模在 50 亿～100 亿元的公司共有 10 家，市值规模在 50 亿元以下的公司共有 25 家。可以看出，总体而言，百货公司市值规模较小。

2018 年度各城市的百货公司的营业收入、净利润情况如表 4-4 所示。

表4-4 2018年度各城市的百货公司的营业收入、净利润情况

城市	公司简称	实际控制人类型	营业收入/亿元	营业成本/亿元	毛利/亿元	毛利率/%	净利率/%
北京市	王府井	地方国资委	267.11	210.52	56.59	21.19	4.59
	首商股份	地方国资委	100.71	76.69	24.02	23.85	4.71
	翠微股份	地方国资委	50.07	39.98	10.09	20.15	3.50
	北京城乡	地方国资委	19.19	13.34	5.85	30.48	2.34
成都市	茂业商业	个人(黄茂如)	131.05	92.70	38.35	29.26	9.97
大连市	大商股份	个人(牛刚)	238.67	176.88	61.79	25.89	4.40
	大连友谊	个人(陈志祥)	10.88	9.46	1.42	13.01	-39.71
福州市	东百集团	个人(郑淑芳)	29.97	23.34	6.63	22.11	9.21
广州市	广百股份	地方国资委	76.13	63.46	12.67	16.64	2.65
杭州市	杭州解百	地方国资委	59.09	46.37	12.72	21.52	5.18
	百大集团	个人(陈夏鑫)	8.12	5.71	2.41	29.67	14.29
合肥市	合肥百货	地方国资委	106.82	86.00	20.82	19.49	2.94
济南市	银座股份	地方国资委	132.4	106.76	25.64	19.37	-55.46
兰州市	国芳集团	个人(张国芳、张春芳)	29.27	24.31	4.96	16.96	4.51
	兰州民百	个人(朱宝良)	13.83	9.00	4.83	34.92	114.53
南京市	南京新百	个人(袁亚非)	145.41	81.28	64.13	44.11	-5.50
	中央商场	个人(祝义才)	82.5	66.18	16.32	19.77	-4.21
南宁市	南宁百货	地方国资委	21.29	17.72	3.57	16.80	-2.16
南通市	文峰股份	个人(徐长江)	63.73	51.06	12.67	19.87	3.80
宁波市	宁波中百	个人(徐柏良)	9.98	8.75	1.23	12.31	3.71
青岛市	利群股份	个人(徐恭藻、徐瑞泽、赵钦霞)	114.14	88.52	25.62	22.45	1.77
上海市	百联股份	地方国资委	484.27	382.92	101.35	20.93	1.87
	新世界	地方国资委	27.76	18.97	8.79	31.66	9.83
	徐家汇	地方国资委	20.69	14.73	5.96	28.83	11.79
	益民集团	地方国资委	14.78	8.7	6.08	41.11	7.37
	上海九百	地方国资委	0.71	0.28	0.43	60.58	139.44
深圳市	天虹股份	国务院国有资产监督管理委员会	191.38	139.22	52.16	27.25	4.73
沈阳市	中兴商业	地方国资委	25.51	20.64	4.87	19.10	3.53
	商业城	个人(黄茂如)	9.97	8.38	1.59	15.93	-12.84
太原市	跨境通	个人(杨建新、樊梅花)	215.34	127.95	87.39	40.58	2.85

(续表)

城市	公司简称	实际控制人类型	营业收入/亿元	营业成本/亿元	毛利/亿元	毛利率/%	净利率/%
天津市	津劝业	地方国资委	1.59	1.25	0.34	21.03	-172.33
乌鲁木齐市	友好集团	个人(牛钢)	56.33	42.67	13.66	24.25	0.85
	汇嘉时代	个人(潘锦海)	36.24	30.01	6.23	17.19	1.93
武汉市	鄂武商A	地方国资委	177.06	137.53	39.53	22.32	5.93
	武汉中商	地方国资委	40.44	31.5	8.94	22.10	2.72
	汉商集团	地方国资委	10.82	7.25	3.57	32.96	2.50
西安市	供销大集	基金会	161.53	133.11	28.42	17.60	4.70
	国际医学	个人(刘建申)	20.39	15.89	4.5	22.10	110.00
银川市	新华百货	个人(张文中)	76.26	60.21	16.05	21.05	1.47
长春市	欧亚集团	地方国资委	156	119.68	36.32	23.28	3.91
长沙市	友阿股份	个人(胡子敬)	72.18	57.86	14.32	19.85	5.38
	通程控股	地方国资委	37.65	29.63	8.02	21.30	4.46
重庆市	重庆百货	地方国资委	340.84	278.04	62.8	18.42	2.56
均值	—	—	90.42	68.94	21.48	24.40	5.30

根据表 4-4，从营业收入来看，百亿元级别以上的百货公司共有 15 家。其中，北京有 2 家，分别为王府井和首商股份，这 2 家都为国资背景；上海和深圳都仅有 1 家，即上海的百联股份、深圳的天虹股份。从各企业年报的数据来看，2017 年净利润规模最高的为供销大集，净利润规模达 14.74 亿元，但其构成中有 8.76 亿元的投资收益。如此看来，排名第二的鄂武商 A 的净利润似乎含金量更高。排名第三的是茂业商业，2017 年共实现净利润 10.87 亿元。

从这些百货公司的企业性质来看，43 家百货公司中，地方国资委控股的共有 22 家，个人控股的共有 19 家，基金会持股的仅供销大集，该基金会也是海航集团的实际控制人，而天虹股份的最终实际控制人则为国务院国有资产监督管理委员会，是一家典型的央企。

如果对百货公司也进行资本系分类的话，黄茂如和牛钢都持有两家百货公司。其中，茂业商业和商业城为黄茂如旗下，*ST 友好和大商股份属牛钢旗下。

2. 超市

按照 Choice 分类来看，截至 2018 年，A 股市场上共有 9 家上市公司，这 9 家上市公司 2018 年度的营业收入、净利润情况如表 4-5 所示。

表 4-5 9 家上市公司 2018 年度的营业收入、净利润情况

城市	公司简称	实际控制人类型	营业收入/亿元	营业成本/亿元	毛利/亿元	毛利率/%	净利率/%
北京市	华联综超	民间团体	115.95	90.23	25.72	22.19	0.78
福州市	永辉超市	个人(张轩松、张轩宁)	705.17	549	156.17	22.15	1.41
合肥市	安德利	个人(陈学高)	18.03	14.48	3.55	19.69	0.33
宁波市	三江购物	个人(陈念慈)	41.33	31.4	9.93	24.03	2.71
厦门市	新华都	个人(陈发树)	68.5	53.17	15.33	22.38	0.93
深圳市	*ST 人乐	个人(何金明、宋琦、何浩)	81.31	60.83	20.48	25.18	-4.37
威海市	家家悦	个人(王培桓)	127.31	99.59	27.72	21.77	3.34
武汉市	中百集团	地方国资委	152.08	117.88	34.2	22.49	2.87
湘潭市	步步高	个人(王填)	183.98	141.61	42.37	23.03	0.87
均值	—	—	165.96	128.69	37.27	22.55	0.99

与百货公司不同的是，超市大部分为个人持股。华联综超的实际控制人为海南省文化交流促进会，属于民间团体；而中百集团和鄂武商 A、汉商集团、武汉中商都属于武汉国资委旗下上市公司。

从经营情况来看，9 家超市上市公司中，共有 5 家营收过百亿元，按照规模大小依次排序为永辉超市、步步高、中百集团、华联综超和家家悦。从净利润情况来看，这些公司中，盈利能力表现最好的是以生鲜作为超市经营特色的永辉超市，在与腾讯、京东等形成股东关系后，其业务空间进一步增大。家家悦的净利润规模为 3.11 亿元，与排名第一的永辉超市相差近 5 倍，而排名第三的步步高净利润又仅相当于家家悦的一半。总体看来，不同超市的经营情况相差较大，马云入股的三江购物和新华都经营状况表现一般。

这些超市中，安德利的营收规模最小，也最为特别。该公司过去几十年的发展方向在三、四线城市，活动空间在县城和乡镇，公司业务以自营百货零售为主，具体的零售业态包括购物中心、超市、家电专业店等。公司开设各类商场、门店 46 个(按同一物理体综合计算；按业态口径门店 59 个)，经营网点主要分布在庐江、巢湖、和县、无为、含山、当涂等县城及其下辖乡镇，截至 2017 年末，其营业面积合计达 19.07 万平方米(不含对外租赁)。

这些超市在不同城市的上市情况如图 4-5 所示。

可以看到，并没有一座城市有两家超市上市的情况，而福州市的超市上市公司市值最高的原因则是永辉超市的注册地址位于福州，永辉超市的市值是其他 8 家上市公司市值之和的两倍左右。

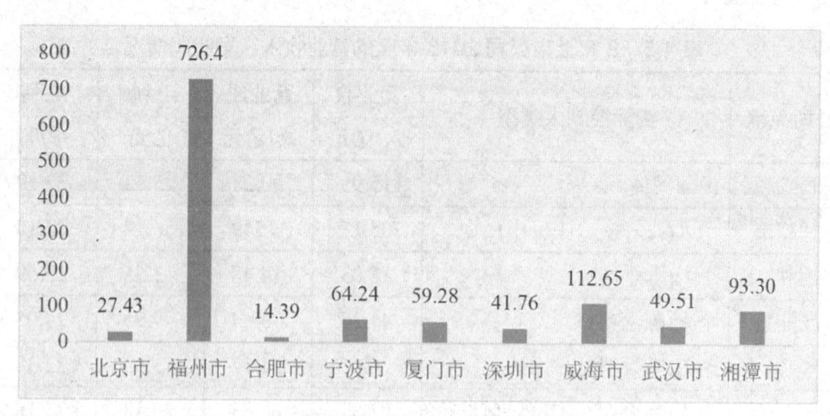

图4-5　各城市超市上市公司市值(单位：亿元)

3. 连锁

按照Choice的定义，连锁类上市公司共有10家，这10家上市公司2017年的营业收入、净利润情况如表4-6所示。

表4-6　10家上市公司的营业收入、净利润情况

城市	公司简称	实际控制人类型	营业收入/亿元	营业成本/亿元	毛利/亿元	毛利率/%	净利率/%
成都市	红旗连锁	个人(曹世如)	72.2	51	21.2	29.36	4.46
	吉峰科技	个人(王新明、王红艳)	29.73	24.88	4.85	16.30	1.08
赣州市	天音控股	地方国资委	424.66	410.6	14.06	3.31	0.54
南京市	宏图高科	个人(袁亚非)	140.18	139.41	0.77	0.55	-14.83
	苏宁易购	个人(张近东)	2449.57	2082.17	367.4	15.00	5.16
青岛市	青岛金王	个人(陈索斌)	54.56	41.48	13.08	23.98	2.84
上海市	爱婴室	个人(施琼、莫瑞强、董勤存、戚继伟)	21.35	15.21	6.14	28.77	6.14
	豫园股份	个人(刘广昌)	337.77	250.89	86.88	25.72	10.13
深圳市	爱施德	个人(黄绍武)	568.08	553.17	14.91	2.62	-0.12
	博士眼镜	个人(ALEXANDDER LIU、LOUISA FAN)	5.66	1.46	4.2	74.12	10.42
均值	—	—	410.38	357.03	53.35	21.97	2.58

10家上市公司中，成都、南京、上海、深圳都各有2家上市公司。赣州的天音控股主要从事手机分销，而青岛的青岛金王是我国从事新材料蜡烛制品生产和销售的龙头企业。从经营状况来看，该公司虽然净利润增长情况较好，但经营性现金流量净额逐年下降。

与超市类似，连锁类上市公司中除天音控股无实际控制人外，其他公司实际控制人均为个人。超市和连锁类上市公司实际控制人分布与百货差异明显，百货类上市公司实际控制人主要以地方国资委为主。

从营业收入来看，收入规模最小的为吉峰科技、爱婴室和博士眼镜，收入规模最大的为苏宁易购、爱施德和天音控股，净利润规模最大的分别为苏宁易购、豫园股份及宏图高科。

资料来源：牛牛金融网[EB/OL]. https://kuaibao.qq.com/s/20180723A06QO900?refer=spider.

思考题：

1. 百货类、超市类和连锁类三类企业的毛利率之间是否具有可比性？
2. 同样是上海地区的百货零售业，上海九百的毛利率为 60.58%，百联股份的毛利率为 20.93%，这两个企业的毛利率是否具有可比性？从中能看出什么问题？
3. 毛利是指营业收入减去营业成本。请考虑：零售企业的营业成本由什么构成？冶金企业的营业成本由什么构成？软件行业的营业成本由什么构成？服务行业的营业成本由什么构成？

案例 4.5 企业盈利能力：哪个子公司应该给予更多的激励

盈利能力是指企业获取利润的能力，也称为“企业的资金”或“资本增值能力”，通常表现为一定时期内企业收益数额的多少及其水平的高低。

上一个案例中的毛利率是反映企业盈利能力的指标之一。直接体现企业盈利能力的绝对数指标是净利润，而净利润可以认为是企业给股东投入(所有者权益)的报酬。因此，可以得到反映企业盈利能力最重要的指标，即净资产收益率(Rate of Return on Equity，ROE)。净资产收益率是企业一定时期净利润与平均净资产的比率，反映了企业自有资金的投资收益水平，其计算公式为

$$净资产收益率=净利润/平均净资产\times 100\%$$

其中

$$平均净资产=(所有者权益年初数+所有者权益年末数)/2$$

一般认为，净资产收益率越高，企业自有资本获取收益的能力越强，运营效益越好，对企业投资人、债权人利益的保证程度越高。

净资产收益率反映了股东投入自有资本(所有者权益或净资产)的报酬率，如果要考虑全部资产的报酬率，上述公式中的分母要改为总资产，而分子则必须反映对股东和债权人的报酬，其中给股东的报酬是净利润，给债权人的报酬则通过利息支出(有时也可以用财务费用替代)来表现。实际上在计算全部资产的报酬率时，往往把向政府缴纳的所得税费用也加上，从而得到了总资产报酬率(Rate of Return on Total Assets，ROA)的计算公式

$$总资产报酬率=息税前利润(EBIT)/资产平均总额\times 100\%$$

式中：资产平均总额为年初资产总额与年末资产总额的平均数。

息税前利润(EBIT)反映了企业总资产创造的报酬，通过利息、所得税和净利润的形式给债权人、政府和股东以相应的回报。它是反映企业资产综合利用效果的指标，也是衡量企业利用债权人和所有者权益总额所取得盈利的重要指标。此比率越高，表明总资产利用的效益越好，整个企业获利能力越强，经营管理水平越高。

总资产报酬率(ROA)和净资产收益率(ROE)都是反映企业盈利能力的重要指标，在企业绩效考核中也是非常重要的。下面来看某集团公司下属两个企业的基本财务信息情况，如表4-7所示。

表4-7　某集团公司下属两个企业的基本财务信息情况

单位：万元

资产负债表	A子公司	B子公司
资产总额	1 000	1 000
负债(利息率8%)	500	0
股东权益	500	1 000
利润表		
营业收入	2 000	2 000
减：营业成本	1 500	1 500
管理费用和营业费用	300	300
息税前利润	200	200
减：财务费用	40	0
利润总额	160	200
减：所得税费用(税率25%)	40	50
净利润	120	150

思考题：

1. 计算和比较两个子公司的净资产收益率和总资产报酬率。

2. 在母公司制定对子公司的激励方案时，需要选择总资产报酬率和净资产收益率两个指标中的某一个指标作为激励的基础，请考虑选择哪一个更为合理？(说明：在该集团公司中，下属子公司没有融资决策权，融资决策由集团公司统一做出)。如果选择ROA或ROE作为考核指标，对两个子公司的激励有没有差异？

3. ROE指标反映了企业给股东的回报情况，ROA除了股东之外还考虑了哪些利益相关者？除此以外，在企业经营管理中，还需要考虑哪些利益相关者的利益？

案例4.6 财务指标与股价：哪只股票更值得投资

4.6.1 资料：关注市盈率和市净率

除了常规的偿债能力、营运能力和盈利能力指标，对于上市公司来说，由于将企业净资产划分成一定数量的股份，就有了每股净资产的概念。同样，将净利润分摊到每一股，就有了每股收益(每股净利润)的概念。在此基础上考虑到股票的每股价格，也就引申出了市净率和市盈率的概念。

每股收益是指本年净收益与年末普通股份总数的比值，它是衡量上市公司盈利能力最重要的财务指标，其计算公式为

每股收益=净利润/年末发行在外的普通股股数

如果公司发行了优先股，则计算时要扣除优先股股数及其分享的股利，以使每股收益反映普通股的收益情况。

市盈率指标是以普通股每股的现行市价除以每股收益所得出的一个倍数，其计算公式为

市盈率=每股市价/每股收益

市盈率比较高，表明投资者对公司的未来充满信心，愿意为每1元盈余多付买价。一般情况下，平均市盈率在10～20之间。

每股净资产，是年度末股东权益与年度末普通股份总数的比值，也称为“每股账面价值”或“每股权益”，其计算公式为

每股净资产=年度末股东权益/普通股股数

把每股净资产和每股市价联系起来，可以体现市场对公司资产质量的评价。反映每股市价和每股净资产关系的比率，称为“市净率”，其计算公式为

市净率=每股市价/每股净资产

式中：每股净资产为股票的账面价值。

4.6.2 资料：贵州茅台和五粮液的分析

每股收益与市盈率、每股净资产和市净率在股票投资分析中有很好的参考作用。图4-6是2019年10月15日贵州茅台和五粮液这两只股票的收盘价格情况。

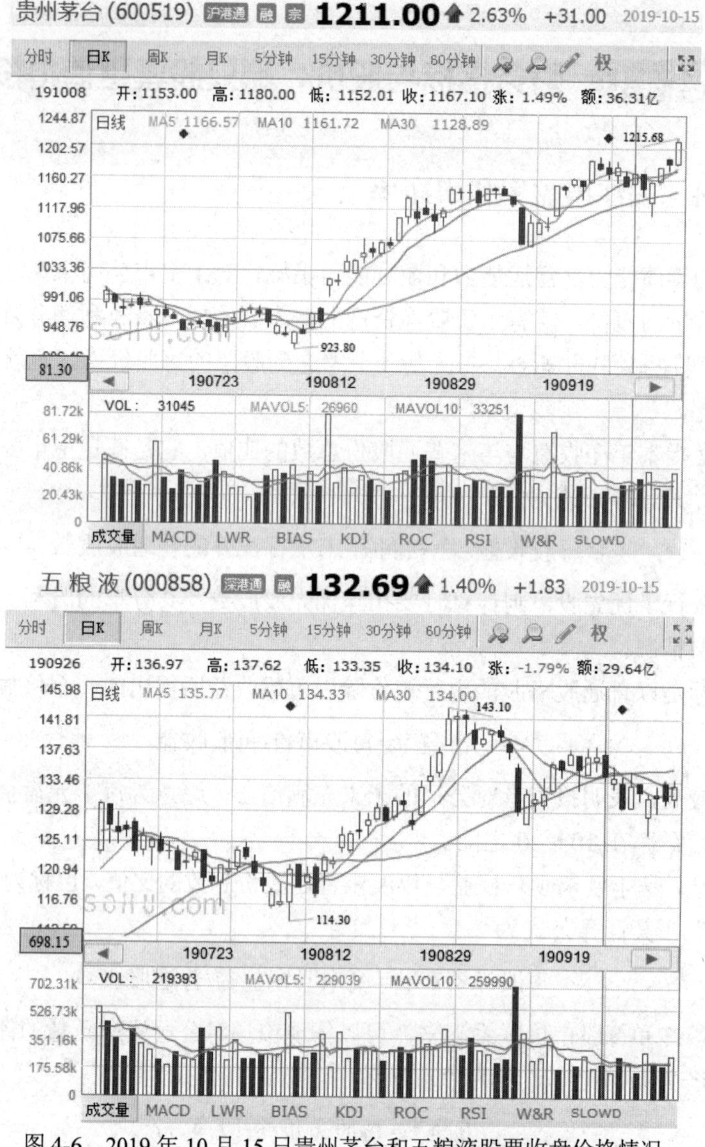

图 4-6　2019 年 10 月 15 日贵州茅台和五粮液股票收盘价格情况

2019 年上半年两家公司的相关财务数据统计见表 4-8。

表 4-8　2019 年上半年两家公司的相关财务数据

股票名称	股票价格/元	2019 年上半年净利润/亿元	2019 年度合理预计净利润/亿元	2019 年 6 月 30 日净资产总额/亿元	股票股数/亿股
贵州茅台(600519)	1211.00	199.51	199.51×2=399.02	1147.55	13.75
五粮液(000858)	132.69	93.36	93.36×2=186.72	880.83	26.83

4.6.3 资料：合理市盈率应该是多少倍

很多教材上都提到，一般情况下平均市盈率为10～20。但是各国股市的平均市盈率有时会偏离10～20倍的合理区间，有时会超过20倍，这时候股市高涨；也有时会低于10倍，这时股市低迷。图4-7是美国、中国香港和内地股市平均市盈率的历年变化情况。

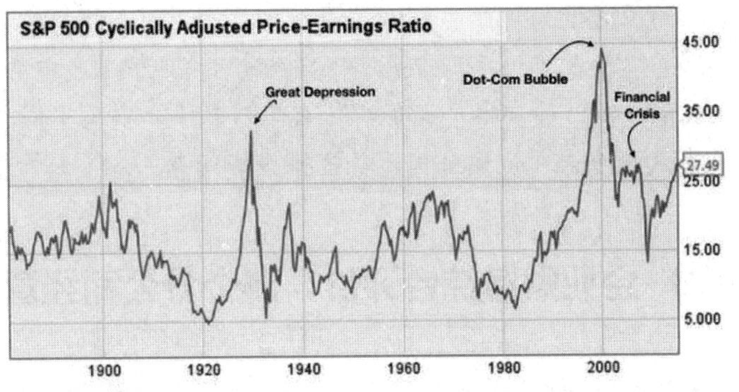

Source: Robert Shiller

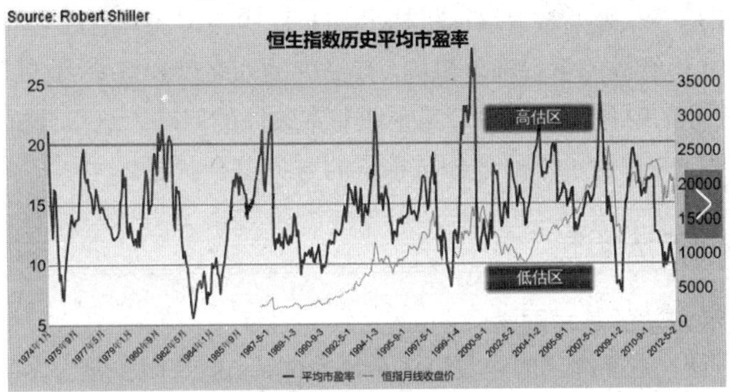

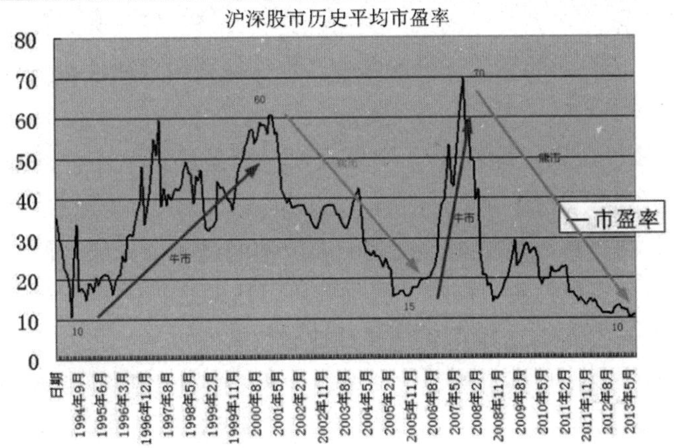

图4-7 美国、中国香港和内地股市平均市盈率历年变化情况

思考题：

1. 为什么这两只股票的价格差距那么大？股票价格跟两种白酒产品的价格有关系吗？如果让你从这两只股票中选择一只进行投资，你会选择股价低的那只吗？

2. 计算两只股票的市盈率(以 2019 年度的预计利润为基数)。从市盈率的角度来看，哪只股票更具有投资价值？

3. 计算两只股票的市净率(以 2019 年 6 月 30 日的净资产总额为基数)。从市净率的角度看，哪只股票更具有投资价值？

4. 在进行股票投资分析时，市盈率和市净率指标哪个更具有参考价值？两个指标在证券估值或者企业估值时的适用性如何？

5. 与美国和中国香港股票市场平均市盈率情况相比，内地沪深股市平均市盈率的波动幅度偏大，且平均市盈率偏高。波动幅度大说明什么问题？平均市盈率偏高说明什么问题？

6. 作为证券市场的投资者，应该如何看待理性投资问题？

案例 4.7 企业财务综合评价：哪个分公司经营得更好

广博教育集团是一家民办教育培训机构，创建于 1999 年，具有独立的法人。广博教育集团作为一个具有 10 年经验的学习辅导机构，其品牌的知名度和竞争力在国内名列前茅。如何做大规模、增强企业的财务管理能力，是企业非常关注的问题。这里分析了企业集团对各个分公司的考核问题，并评价了下属分公司各自的财务综合状况。

1. 多属性决策方法概述

1) 多属性决策方法的基本要素

多属性决策方法，主要解决的是具有多个属性(指标)的有限决策方案的优选或排序问题，因此，又被称为“有限方案多目标决策”。在社会、经济、管理和工程等领域之中，广泛存在多属性决策问题。在企业的绩效评价问题中，也往往采用多属性决策方法对绩效评价对象进行绩效考核。

一般来说，多属性决策问题包含 4 个要素，分别是决策单元、目标集、属性集和决策准则。

(1) 决策单元。决策单元是指制定决策的人，他们是一个人或一群人，即决策群。

(2) 目标集。对于多属性决策问题，必须有可以比较选择的多个方案。如目标集 $P=(P_1, P_2, \cdots, P_m)$，说明有 m 个可行方案可供选择或比较。

(3) 属性集。对于每个目标，都设定一个属性集，决策者基于属性值的大小来做出最后的决策。如属性集为 $X=(x_1, x_2, \cdots, x_n)$，则说明每个备选方案都有 n 个属性 $x_i(i=1, 2, \cdots, n)$。

(4) 决策准则。决策中用于评判排列方案优劣次序的规则称为“决策准则”，它是评判备选方案的有效性或好坏的标准。

2) 多属性决策方法的基本流程

多属性决策方法主要包括以下工作：构造决策矩阵、规范化决策矩阵、确定属性权重和决策方案综合排序，如图 4-8 所示。

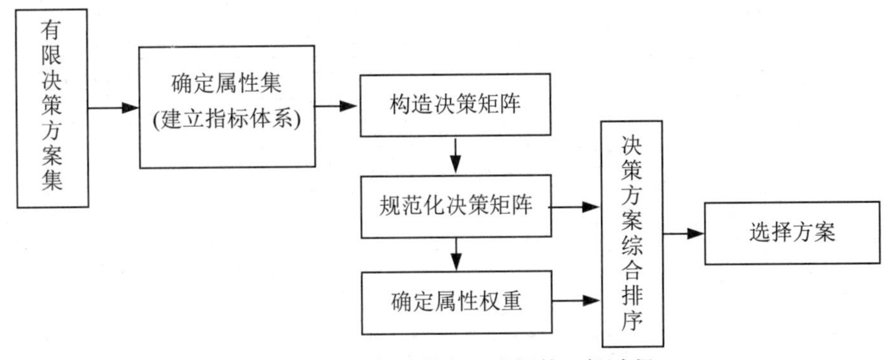

图 4-8 多属性决策问题求解的一般过程

3) 多属性决策方法在广博集团分公司财务状况比较分析中的应用

广博教育集团是以北京三民广博教育科技有限公司为核心的全国 50 余家分公司、子公司、控股公司的统称。该集团在我国华北地区、东北地区等 7 个地区都有自己的独家分公司。本文中，为了便于计算分析，这里仅选取这 7 个地区中的 8 个分公司进行比较，这 8 个分公司分别为：华北地区的北京总部和天津分公司，东北地区的大连分公司，华东地区的苏州分公司，华中地区的武汉分公司，西南地区的成都分公司，西北地区的兰州分公司，以及华南地区的深圳分公司。

运用多属性决策方法，选择适当的财务评价指标体系，对 8 个分公司的财务综合状况进行比较评价分析。

2. 分公司综合财务状况评价指标体系的建立

这里选取的综合财务状况评价指标体系主要分为 4 个部分，每部分又分为 3 个基本项目，共有 12 项指标。4 个主要部分为偿债能力、营运能力、盈利能力和成长性。其中，偿债能力分析内容包括流动比率、速动比率和资产负债率；营运能力分析内容包括应收账款周转率、流动资产周转率和存货周转率；盈利能力分析内容包括净资产收益率、总资产报酬率及营业利润率；成长性分析内容包括营业收入增长率、净利润增长率和总资产周转率。图 4-9 为广博集团各分公司财务状况比较分析指标体系。

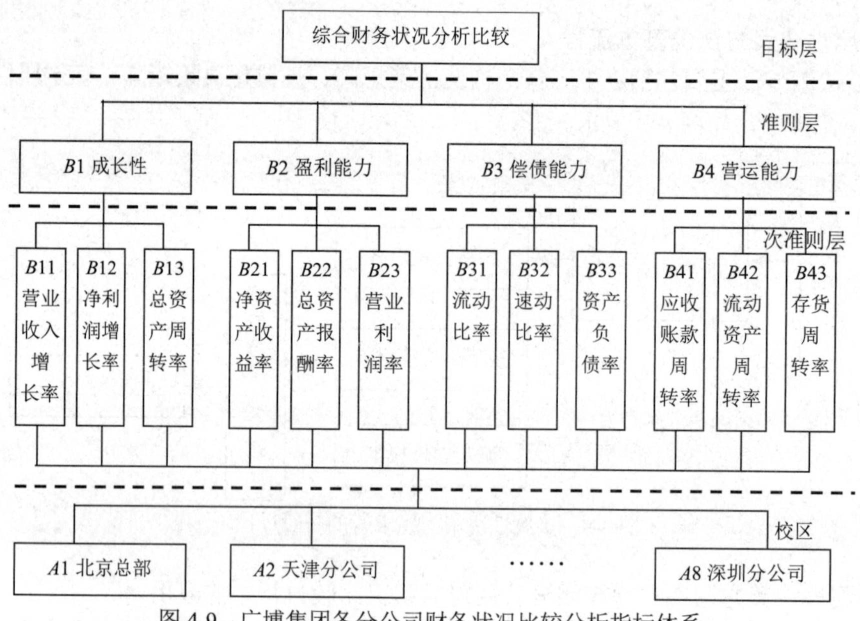

图 4-9　广博集团各分公司财务状况比较分析指标体系

3. 各项指标权重的确定

1) 层次分析法介绍

层次分析法(analytic hierarchy process，AHP)是由美国运筹学家 T. L. Saaty 于 20 世纪 70 年代中期提出的。层次分析法处理决策问题的基本思路是：把多目标、多准则且难以标准量化处理的决策问题转化为多层次的单目标问题，通过两两比较来确定同一层次上各个元素相对上一层次元素的重要程度，最后得到指标的权重。采用层次分析法评价问题的基本步骤如下所述。

(1) 将多属性决策问题中的指标划分为多个层次，确定各个层次之间的关系。

(2) 明确每个层次的多个指标，根据指标的相对重要程度构造判断矩阵。一般是对每个层次的各个指标进行两两比较，根据每两个指标之间的相对重要程度赋予 1～9 的比例标度。可以参考的比例标度见表 4-9。

表 4-9　比例标度的意义

标度值	两个因素相比，一个因素比另一个因素的重要程度
1	同样重要
3	稍微重要
5	明显重要
7	强烈重要
9	绝对重要
2，4，6，8 为上述相邻判断的中值	
若 A_i 与 A_j 比较得 a_{ij}，则 A_j 与 A_i 相比得 $a_{ji}=1/a_{ij}$	

根据两两比较结果，可以得到相关判断矩阵 $A=(aij)n \times n$，见表 4-10。

表 4-10 判断矩阵 *A* 的元素表

CK	*A*1	*A*2	…	*An*
*A*1	1	*A*12	…	*A*1*n*
*A*2	*A*21	1	…	*A*2*n*
…	…	…	…	…
An	*An*1	*An*2	…	1

(3) 根据判断矩阵，可以计算每个层次下各个指标的排序权重。

(4) 为了防止误差太大而使得到的权重结果无法满足一致性要求，要对判断结果进行一致性检验。一致性检验的具体步骤如下所述。

① 计算一致性指标 CI，计算公式为

$$\mathrm{CI}=\frac{\lambda_{\max}-n}{n-1}$$

② 查表 4-11，得到平均随机一次性指标 RI，RI 是多次(>500 次)重复计算随机判断矩阵特征值后，取算术平均值得到的结果。

表 4-11 重复计算 1000 次的 RI

N	1	2	3	4	5	6	7	8	9	10	11	12
RI	0.00	0.00	0.52	0.89	1.12	1.26	1.36	1.41	1.46	1.49	1.52	1.54

③ 计算一致性比例 CR=CI/RI，当 CR<0.1 时，一般认为 *A* 的一致性是可以接受的；否则需要调整 *A*，直到达到满意的一致性为止。

重复上述计算过程，便可确定各项评价因素的权重，据以进行相应的评价与决策。

2) 运用层次分析法确定各项指标的权重

建立分类评价指标体系应科学客观，尽可能全面考虑各种因素，以达到客观评价综合财务状况的目的。这里以广博教育集团财务状况分析指标体系准则层的 4 个指标为例，说明层次分析法主观权重的确定过程。

首先确定广博集团各分公司财务状况比较分析评价准则层 4 个指标的决策判断矩阵，并进行规范化处理，得到

$$\boldsymbol{B}=\begin{pmatrix} 1 & 1/2 & 5 & 4 \\ 2 & 1 & 6 & 5 \\ 1/5 & 1/6 & 1 & 1/3 \\ 1/4 & 1/5 & 3 & 1 \end{pmatrix}$$

$$\overline{\boldsymbol{B}}=\begin{pmatrix}0.2899 & 0.2679 & 0.3333 & 0.3871\\ 0.5797 & 0.5357 & 0.4000 & 0.4839\\ 0.0580 & 0.0893 & 0.0667 & 0.0323\\ 0.0725 & 0.1071 & 0.2000 & 0.0968\end{pmatrix}$$

则有

$$\overline{\boldsymbol{W}}=\begin{pmatrix}1.2781\\ 1.9993\\ 0.2462\\ 0.4764\end{pmatrix},\quad \boldsymbol{W}=\begin{pmatrix}0.3195\\ 0.4998\\ 0.0615\\ 0.1191\end{pmatrix},\quad \boldsymbol{BW}=\begin{pmatrix}1.3536\\ 2.1036\\ 0.2485\\ 0.4836\end{pmatrix}$$

可以计算判断矩阵的最大特征根为

$$\lambda_{\max}=\sum_{i=1}^{n}\frac{(BW)_i}{nw_i}=\frac{1.3536}{4\times0.3195}+\frac{2.1036}{4\times0.4998}+\frac{0.2485}{4\times0.0615}+\frac{0.4836}{4\times0.1191}$$
$$=4.1355$$

从而可以求得一致性检验指标 CI 为

$$\mathrm{CI}=\frac{\lambda_{\max}-n}{n-1}=\frac{4.1355-4}{4-1}=0.0452$$

查表 4-11，得到 RI=0.89，从而计算一致性比率 CR 为

$$\mathrm{CR}=\frac{\mathrm{CI}}{\mathrm{RI}}=\frac{0.0452}{0.89}=0.0508<0.1$$

据此可以看到，广博集团各个分公司财务状况评价的准则层判断矩阵具有满意的一致性，从而确定了准则层 4 个指标的成长性、盈利能力、偿债能力和营运能力之间的相对权重。同样道理，可以确定次准则层各个指标的权重，最终确定所有指标之间的权重关系，如表 4-12 所示。

表 4-12　广博集团分公司财务状况比较分析评价指标的权重

目标层	准则层	次准则层
财务状况	*B*1 成长性 0.319 5	*B*11 营业收入增长率 0.102 3
		*B*12 净利润增长率 0.175 7
		*B*13 总资产周转率 0.041 5
	*B*2 盈利能力 0.499 8	*B*21 净资产收益率 0.199 9
		*B*22 总资产报酬率 0.174 9
		*B*23 营业利润率 0.125 0

(续表)

目标层	准则层	次准则层
财务状况	$B3$ 偿债能力 0.061 5	$B31$ 流动比率 0.020 5
		$B32$ 速动比率 0.026 6
		$B33$ 资产负债率 0.014 5
	$B4$ 营运能力 0.119 1	$B41$ 应收账款周转率 0.024 4
		$B42$ 流动资产周转率 0.042 2
		$B43$ 存货周转率 0.052 5

4. 原始数据的标准化处理

获得各个分公司有关财务指标的原始财务数据后，再结合各指标权重，就可以展开各分公司财务状况的综合评价。

但是，由于各个财务指标具有各种不同的量纲，难以直接进行比较分析。因此，需要将各个财务评价指标的数据进行无量纲化处理。在这里，我们选择标准化方法，把各个指标的值转换到[0，1]范围内。

根据指标取值优劣趋向不同，可将财务指标分为成本型指标和效益型指标。成本型指标是指取值越小越好的指标，效益型指标是指取值越大越好的指标。对于不同类型的指标，应采取不同的无量纲化方法，这里采用极差变换的标准化方法将决策矩阵 $A=[a_{ij}]_{mn}$ 转化为规范化的矩阵 $B=[b_{ij}]_{mn}$，具体的标准化处理方法如下所述。

当 P_j 属性值为效益型属性时，标准化处理办法为

$$b_{ij}=\frac{a_{ij}-a_j^{\min}}{a_j^{\max}-a_j^{\min}}$$

当 P_j 属性值为成本型属性时，标准化处理方法为

$$b_{ij}=\frac{a_j^{\max}-a_{ij}}{a_j^{\max}-a_j^{\min}}$$

其中

$$a_j^{\max}=\max_i\{a_{ij}\} \qquad i=1,2,\cdots,m;\ j=1,2,\cdots,n$$

$$a_j^{\min}=\min_i\{a_{ij}\} \qquad i=1,2,\cdots,m;\ j=1,2,\cdots,n$$

最终，我们得到广博集团各个分公司经过标准化处理的指标值，如表 4-13 所示。

表 4-13　广博集团各个分公司经过标准化处理的指标值

财务指标	北京总部	天津分公司	大连分公司	苏州分公司	武汉分公司	成都分公司	兰州分公司	深圳分公司
流动比率	0.426 5	0.132 4	0.634 8	0.812 5	1.000 0	0.634 8	0.239 3	0.000 0
速动比率	0.627 6	0.812 0	1.000 0	0.443 8	0.418 5	0.000 0	1.000 0	0.432 9
资产负债率	1.000 0	0.333 3	0.000 0	0.498 4	0.173 1	0.242 9	0.289 0	0.675 3
应收账款周转率	0.777 8	0.000 0	0.676 7	0.539 6	0.810 9	1.000 0	0.428 3	0.510 2
流动资产周转率	0.523 0	0.000 0	0.257 6	0.298 4	0.519 2	0.755 4	1.000 0	0.351 7
存货周转率	0.535 6	0.437 0	0.718 8	1.000 0	0.000 0	0.223 6	0.438 1	0.684 7
净资产收益率	0.000 0	0.623 6	0.451 2	0.491 0	1.000 0	0.165 0	0.351 2	0.258 7
总资产报酬率	0.627 6	0.833 3	0.128 4	0.310 9	0.537 2	0.617 3	1.000 0	0.000 0
营业利润率	1.000 0	0.166 7	0.441 8	0.000 0	0.363 2	0.555 6	0.129 3	0.155 6
营业收入增长率	1.000 0	0.993 2	0.724 8	0.000 0	0.752 8	0.453 2	0.727 5	0.801 8
净利润增长率	1.000 0	0.000 0	0.195 6	0.418 3	0.455 3	0.346 4	0.237 4	0.128 5
总资产周转率	0.812 3	0.218 7	0.000 0	0.438 4	0.635 2	0.610 2	0.836 2	1.000 0

5. 各个分公司综合财务状况评价

基于权重及标准化结果，结合各个分公司各指标的初始值，可以利用公式 $Z_i = \sum_{i=1}^{m} w_{0i} r_{ij}$ 计算各个分公司的综合评价值结果，如表 4-14 所示。

表 4-14　广博集团各个分公司综合评价结果

分公司名称	综合评分值	评价结果排名
北京总部	0.395 557	1
天津分公司	0.240 156	5
大连分公司	0.193 942	7
苏州分公司	0.196 288	6
武汉分公司	0.267 616	4
成都分公司	0.293 397	3
兰州分公司	0.347 205	2
深圳分公司	0.152 494	8

按照多属性决策的比较分析结果，在所选择的 8 个样本分公司之中，北京总部的财务状况综合评价排在第 1 位，为最好；其次是兰州分公司，综合绩效排在第 2 位；排名最后的是

深圳分公司。虽然深圳、大连、苏州等地区经济相对较发达，但是由于这些地区市场竞争比较激烈，广博集团在市场开拓上还存在一定的问题，市场拓展不是很理想，导致这几个分公司总体财务状况并不理想，在绩效考核中处于不利位置，在未来的市场开拓方面需要再加强工作。

思考题：

1. 在企业财务综合评价中经常选取哪些方面的指标？

2. 在多指标综合评价中，有两个问题需要解决。第一是指标量纲的归一化处理，第二是指标权重的确定。查阅相关文献资料，了解分别有哪些归一化处理方法和权重确定方法。

3. 从债权人、投资者两个视角进行企业财务综合评价，你觉得在指标体系的选择和权重的确定上会有一些区别吗？

案例4.8 杜邦分析法：企业的问题出在哪里

4.8.1 资料：杜邦分析法的原理

获利能力是评价企业的一项重要的财务指标，对所有者、债权人、投资者及政府来说，分析评价企业的获利能力对其决策至关重要。获利能力分析也是财务管理人员进行企业财务分析的重要组成部分。

传统的评价企业获利能力的指标主要有资产报酬率、边际利润率(或净利润率)、所有者权益报酬率等。对股份制企业来说，还有每股利润、市盈率、股利发放率、股利报酬率等。这些指标分别用来衡量影响和决定企业获利能力的不同因素，包括销售业绩、资产管理水平、成本控制水平等。

企业获利能力评价指标从某一特定的角度对企业的财务状况以及经营成果进行分析，但它们都不足以全面地评价企业的总体财务状况以及经营成果。为了弥补这一不足，就必须有一种方法，它能够进行相互关联的分析，将有关的指标和报表结合起来，采用适当的标准进行综合性的分析评价，既全面体现企业整体财务状况，又指出指标与指标之间和指标与报表之间的内在联系，杜邦分析法就是其中的一种。

杜邦财务分析体系(the du pont system)是一种比较实用的财务比率分析体系。这种分析方法首先由美国杜邦公司的经理创造出来，故称之为“杜邦财务分析体系”。这种财务分析方法，从评价企业绩效最具综合性和代表性的指标——权益净利率出发，层层分解至企业最基本生产要素的使用、成本与费用的构成及企业风险，从而满足通过财务分析进行绩效评价的需要，在经营目标发生异动时，经营者能及时查明原因并加以修正，同时为投资者、债权人及政府评价企业提供依据。

1. 杜邦分析法和杜邦分析图

杜邦模型的显著特点是将若干个用以评价企业经营效率和财务状况的比率按其内在联系有机地结合起来，形成一个完整的指标体系，并最终通过权益收益率来综合反映。采用这一方法，可使财务比率分析的层次更分明、条理更清晰，为报表分析者全面、仔细地了解企业的经营和盈利状况提供方便。

杜邦分析法有助于企业管理层更加清晰地看到权益资本收益率的决定因素，以及销售净利润率与总资产周转率、债务比率之间的相互关联关系，给管理层提供了一张明晰的考查公司资产管理效率和是否最大化股东投资回报的路线图。

杜邦分析法是利用各个主要财务比率之间的内在联系，建立财务比率分析的综合模型，来综合地分析和评价企业财务状况和经营业绩的方法。采用杜邦分析图，将有关分析指标按内在联系加以排列，从而直观地反映企业的财务状况和经营成果的总体面貌。

杜邦财务分析体系如图 4-10 所示。

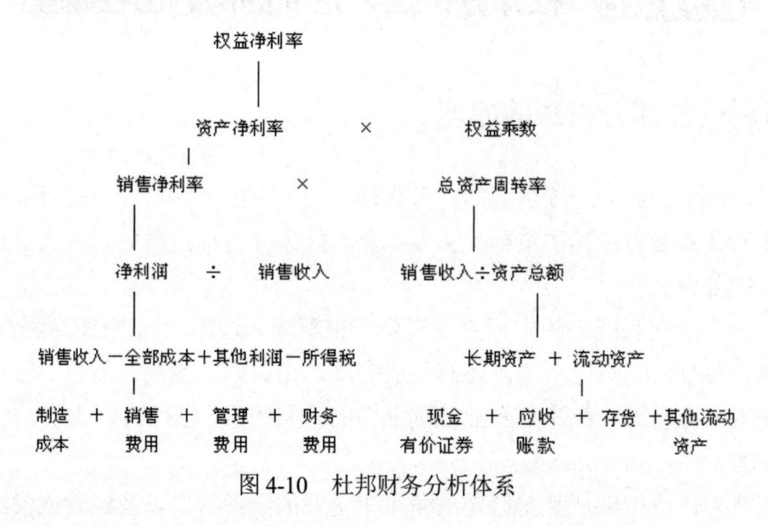

图 4-10 杜邦财务分析体系

2. 对杜邦图的分析

1) 各财务指标之间的关系

杜邦分析法实际上从两个角度来分析财务，一是内部管理因素分析，二是资本结构和风险分析。各指标之间的关系为

权益净利率＝资产净利率×权益乘数

权益乘数＝1/(1－资产负债率)

资产净利率＝销售净利率×总资产周转率

销售净利率＝净利润/销售收入

总资产周转率＝销售收入/总资产

资产负债率＝负债总额/总资产

2) 主要财务指标关系分析

(1) 权益净利率(净资产收益率)是一个综合性最强的财务比率，是杜邦分析系统的核心。它反映所有者投入资本的获利能力，同时反映企业筹资、投资、资产运营等活动的效率，它的高低取决于总资产利润率和权益总资产率的水平。决定权益净利率高低的因素有 3 个——权益乘数、销售净利率和总资产周转率。权益乘数、销售净利率和总资产周转率分别反映了企业的负债比率、盈利能力比率和资产管理比率。

(2) 权益乘数主要受资产负债率影响。负债比率越大，权益乘数越高，说明企业有较高的负债程度，给企业带来较多的杠杆利益，同时也给企业带来了较多的风险。资产净利率是一个综合性指标，同时受到销售净利率和资产周转率的影响。

(3) 资产净利率也是一个重要的财务比率，综合性较强。它是销售净利率和总资产周转率的乘积，因此，要进一步从销售成果和资产营运两方面来分析。

销售净利率反映了企业利润总额与销售收入的关系，从这个意义上看，提高销售净利率是提高企业盈利能力的关键所在。要想提高销售净利率：一是要扩大销售收入；二是降低成本费用。降低成本费用是企业财务管理的一项重要内容。列示各项成本费用开支，有利于企业进行成本费用的结构分析，加强成本控制，以便为寻求降低成本费用的途径提供依据。

企业资产的营运能力，既关系到企业的获利能力，又关系到企业的偿债能力。一般而言，流动资产直接体现企业的偿债能力和变现能力；非流动资产体现企业的经营规模和发展潜力。两者之间应有一个合理的结构比率，如果企业持有的现金超过业务需要，就可能影响企业的获利能力；如果企业占用过多的存货和应收账款，则既会影响获利能力，又会影响偿债能力。为此，就要进一步分析各项资产的占用数额和周转速度。对于流动资产，应重点分析存货是否有积压现象，货币资金是否闲置，针对应收账款情况分析客户的付款能力和有无坏账的可能；对非流动资产，应重点分析企业固定资产是否得到充分利用。

4.8.2 资料：飞跃汽车的杜邦分析

杜邦财务分析法可以解释指标变动的原因和变动趋势，以及为采取措施指明方向。下面以飞跃汽车股份有限公司为例，说明杜邦分析法的运用。飞跃汽车的基本财务数据如表 4-15 所示，按照原始数据计算的各项财务指标如表 4-16 所示。

表 4-15 飞跃汽车的基本财务数据

单位：万元

年份	净利润	销售收入	资产总额	负债总额	全部成本
2018	10 284.04	411 224.01	306 222.94	205 677.07	403 967.43
2019	12 653.92	757 613.81	330 580.21	215 659.54	736 747.24

表 4-16　按照原始数据计算的各项财务指标

年份	权益净利率	权益乘数	资产负债率	资产净利率	销售净利率	总资产周转率
2018	0.097	3.049	0.672	0.032	0.025	1.34
2019	0.112	2.874	0.652	0.039	0.017	2.29

1. 对权益净利率的分析

权益净利率指标是衡量企业利用资产获取利润能力的指标。权益净利率充分考虑了筹资方式对企业获利能力的影响，因此它所反映的获利能力是企业经营能力、财务决策和筹资方式等多种因素综合作用的结果。

该公司的权益净利率在 2018—2019 年出现了一定程度的好转，分别从 2018 年的 0.097 增加至 2019 年的 0.112。企业投资者在很大程度上依据这个指标来判断是否投资或是否转让股份，考察经营者业绩和决定股利分配政策。

这些指标对公司管理者也至关重要。公司管理者为改善财务决策而进行财务分析，可以将权益净利率分解为权益乘数和资产净利率，以找到问题产生的原因，如表 4-17 所示。

表 4-17　权益净利率分析

年份	权益净利率=权益乘数×资产净利率
2018	0.097=3.049×0.032
2019	0.112=2.874×0.039

通过分解可以明显地看出，该公司权益净利率的变动是资本结构(权益乘数)变动和资产利用效果(资产净利率)变动两方面共同作用的结果。该公司的资产净利率太低，表明资产利用效果很差。

2. 分解分析过程

权益净利率＝资产净利率×权益乘数

2018 年：0.097＝0.032×3.049

2019 年：0.112＝0.039×2.874

经过分解表明，权益净利率的改变是由于资本结构的改变(权益乘数下降)，同时资产利用和成本控制出现变动(资产净利率也有改变)。那么，我们继续对资产净利率进行分解，则

资产净利率＝销售净利率×总资产周转率

2018 年：0.034＝0.025×1.34

2019 年：0.039＝0.017×2.29

通过分解可以看出2019年的总资产周转率有所提高，说明资产的利用得到了比较好的控制，效果好于前一年，表明该公司利用其总资产产生销售收入的效率在增加。总资产周转率提高的同时，销售净利率的减少阻碍了资产净利率的增加，我们接着对销售净利率进行分解，则

销售净利率＝净利润/销售收入

2018年：0.025＝10 284.04÷411 224.01

2019年：0.017＝12 653.92÷757 613.81

该公司2019年大幅度提高了销售收入，但是净利润的提高幅度很小，分析其原因是成本费用增多。从表4-15可知：全部成本从2018年的403 967.43万元增加到2019年736 747.24万元，比销售收入的增加幅度要大。下面是对全部成本进行的分解

全部成本＝制造成本＋销售费用＋管理费用＋财务费用

2018年：403 967.43＝373 534.53＋10 203.05＋18 667.77＋1 562.08

2019年：736 747.24＝684 559.91＋21 442.96＋25 718.20＋5 026.17

通过分解可以看出，杜邦分析法有效地解释了指标变动的原因和趋势，为采取应对措施指明了方向。

在本例中，导致权益利润率低的主要原因是全部成本过高，也正是因为全部成本的大幅度提高，导致净利润提高幅度不大，而销售收入大幅度增加，从而引起销售净利率的降低，显示出该公司销售盈利能力的降低。资产净利率的提高当归功于总资产周转率的提高，销售净利率的降低却起到了阻碍的作用。

飞跃汽车下降的权益乘数，说明其资本结构在2018—2019年发生了变动，2019年的权益乘数较2018年有所减小。权益乘数越小，企业负债程度越低，偿还债务能力越强，财务风险程度越低。这个指标同时也反映了财务杠杆对利润水平的影响。财务杠杆具有正反两方面的作用。在收益较好的年度，它可以使股东获得的潜在报酬增加，但股东要承担因负债增加而引起的风险；在收益不好的年度，则可能使股东潜在的报酬下降。该公司的权益乘数一直处于2～5之间，即负债率为50%～80%，属于激进战略型企业。管理者应该准确把握公司所处的环境，准确预测利润，合理控制负债带来的风险。

因此，对于飞跃汽车，当前最为重要的就是努力减少各项成本，在控制成本上下力气，同时要保持较高的总资产周转率。这样，可以提高销售利润率，进而大幅提高资产净利率。

4.8.3 资料：冶金企业的杜邦分析

表4-18是6家冶金类上市企业某年的销售净利率、总资产周转率、权益乘数以及净资产收益率情况。

表 4-18 6 家企业某年销售净利率、总资产周转率、权益乘数以及净资产收益率情况

企业名称	销售净利率	总资产周转率	权益乘数	净资产收益率
武钢股份	8.82%	0.967 9	1.352 1	11.54%
钢联股份	4.77%	0.774 8	2.300 6	8.50%
宝钢股份	12.61%	0.550 9	2.182 1	15.16%
鞍钢新轧	5.52%	0.866 9	1.655 1	7.92%
广钢股份	1.70%	0.852 6	1.926 3	2.80%
马钢股份	3.50%	0.640 3	1.444 4	3.24%

其中，净资产收益率=营业净利率×总资产周转率×权益乘数。

思考题：

1. 提高企业的净资产收益率有 3 条途径，分别是提高销售净利率、提高总资产周转率和提高权益乘数。请思考，企业可以分别通过哪些措施来提高销售净利率、总资产周转率和权益乘数？

2. 如果你是咨询公司的专业人员，为了帮助这 6 家冶金企业提高净资产收益率，你将提出哪些改善建议？

第5章

证券估价与企业价值

案例5.1 债券的估价：国债的类型

5.1.1 资料：理论背景

证券估价是指计算并确定证券发行价格或购买价格的理财活动。证券估价既包括筹资者进行的证券发行价格的确认问题，也包括投资者进行的证券购买价格的确认问题。这是因为证券的价格只有买卖双方同时认可，交易行为才能完成。因此，证券估价是同一问题的两个不同方面：对筹资者来说是证券发行价格的确认，而对投资者来说则是证券购买价格的确认。

证券的价格取决于证券持有期间的现金收入情况，具体讲取决于证券持有期间的利息收入、股利收入及证券转让收回的货币收入。因此，证券估价首先就要估计持有期间和现金流量的分布，然后采用贴现的办法计算证券的价格。

证券估价的步骤：①评估资产内在特征，即该资产预期现金流的水平、持续时间及风险水平；②确定投资要求的最低收益率，包括无风险收益率和风险报酬(体现对风险的态度)；③按收益率对预期现金流贴现得到资产价值。

5.1.2 资料：国债业务公告2019年第61号

根据国家国债发行的有关规定，财政部决定第一次续发行2019年记账式附息(十一期)国债，已完成招标工作。现将有关事项公告如下：

一、本期国债计划发行500亿元，实际发行面值金额505.3亿元。

二、本次续发行国债的起息时间、票面利率等要素均与2019年记账式附息(十一期)国债相同，即起息日为2019年8月8日，票面年利率为2.75%；按年付息，每年8月8日(节假日顺延，下同)支付利息，2022 年 8 月 8 日偿还本金并支付最后一次利息。经招标确定的续发行价格为 100.13 元，折合年收益率为 2.78%。本次续发行的国债从招标结束后至 2019 年 9 月 5 日进行分销，从 9 月 9 日起与之前发行的同期国债 462.1 亿元合并上市交易。

其他事宜按《中华人民共和国财政部公告》(2018 年第 174 号)规定执行。

特此公告。

中华人民共和国财政部

2019 年 9 月 4 日

5.1.3 资料：国债业务公告 2019 年第 59 号

根据国家国债发行有关规定，财政部决定发行 2019 年第五期和第六期储蓄国债(凭证式)(以下称第五期和第六期)，现将有关事宜公告如下：

一、第五期和第六期国债均为固定利率、固定期限品种，最大发行总额 400 亿元。第五期期限 3 年，票面年利率 4.00%，最大发行额 240 亿元。第六期期限 5 年，票面年利率 4.27%，最大发行额 160 亿元。

二、两期国债发行期为 2019 年 9 月 10 日至 9 月 19 日。

三、投资者购买两期国债后，可到原购买机构办理提前兑取。但当期国债发行期最后一天不办理提前兑取。

四、投资者提前兑取两期国债按实际持有时间和相对应的分档利率计付利息，具体为：从购买之日起，两期国债持有时间不满半年不计付利息，满半年不满 1 年按年利率 0.74%计息，满 1 年不满 2 年按 2.47%计息，满 2 年不满 3 年按 3.49%计息；第六期国债持有时间满 3 年不满 4 年按 3.91%计息，满 4 年不满 5 年按 4.05%计息。

其他事宜按《中华人民共和国财政部公告》(2019 年第 26 号)规定执行。

特此公告。

中华人民共和国财政部

2019 年 9 月 3 日

说明：我国国债发行的面值一般为 100 元。

思考题：

1. 债券有 4 个基本要素，即面值、票面利率、期限和还本付息方式。请针对资料 5.1.2 和资料 5.1.3 中的相关内容分析这两种国债的 4 个要素。

2. 资料 5.1.2 中的附息国债和资料 5.1.3 中的储蓄国债在还本付息的方式上有什么不同？

3. 投资者一旦购买资料 5.1.2 中的附息国债，未来可以产生的现金流入有哪些？这些现金流量与确定的发行价格 100.13 元之间是什么关系？

4. 从证券估价的角度来理解，为什么老年人会比年轻人更加偏爱国债投资？老年人和年轻人在进行证券估价时采用的贴现率有差别吗？

5. 资料 5.1.3 中的储蓄国债应该如何进行估价？

6. 2020 年 6 月 15 日，在全球新冠疫情防控背景下，我国财政部发布通知明确，为筹集财政资金，统筹推进疫情防控和经济社会发展，决定发行 2020 年抗疫特别国债(一期)和 2020 年抗疫特别国债(二期)。请查阅相关资料分析发行国债对于政府和投资者都有哪些好处。

案例 5.2　债券的估价：零息债券的发行

零息债券(zero-coupon bond)是指以贴现方式发行，不附息票，而于到期日时按面值一次性支付本利的债券。零息债券按低于票面金额的价格发行，按照票面金额兑付，其利息隐含在发行价格和兑付价格之间。

资料：国债业务公告 2019 年第 75 号

根据国家国债发行的有关规定，财政部决定发行 2019 年记账式贴现(四十三期)国债(以下称本期国债)，已完成招标工作。现将有关事项公告如下：

一、本期国债计划发行 100 亿元，实际发行面值金额 100 亿元。

二、本期国债期限 182 天，经招标确定的发行价格为 98.837 元，折合年收益率为 2.37%，2019 年 10 月 14 日开始计息，招标结束后至 10 月 14 日进行分销，10 月 16 日起上市交易。

三、本期国债低于票面面值贴现发行，2020 年 4 月 13 日(节假日顺延)按面值偿还。

其他事宜按《中华人民共和国财政部公告》(2018 年第 174 号)规定执行。

特此公告。

中华人民共和国财政部

2019 年 10 月 11 日

思考题：

1. 描述本期贴现国债的 4 个要素：面值、票面利率、期限和还本付息方式。
2. 发行价格 98.837 元是如何计算出来的(或者说折合年收益率是如何计算得到的)?

案例 5.3　企业价值评估：顺通物流信息公司的价值评估

企业价值评估是一项综合性的资产、权益评估，是对特定目的下企业整体价值、股东全部权益价值或部分权益价值进行分析和估算的过程。

目前，国际上通行的评估方法主要分为市场法、成本法和收益法三大类。

市场法是将评估对象与可参考企业或者在市场上已有交易案例的企业通过对股东权益、证券等权益性资产进行对比以确定评估对象价值。该方法的应用前提是假设在一个完全市场上相似的资产一定会有相似的价格。市场法中常用的方法是市盈率估值法、市净率估值法和市销率估值法。

成本法是在目标企业资产负债表的基础上，通过合理评估企业各项资产价值和负债，从而确定评估对象价值。理论基础在于任何一个理性人对某项资产的支付价格都不会高于重置或者购买相同用途替代品的价格。成本法的主要方法为重置成本(成本加和)法。

收益法通过将被评估企业预期收益资本化或折现至某特定日期以确定评估对象价值。该方法的理论基础是经济学原理中的贴现理论，即一项资产的价值由利用它所能获取的未来收益的现值来确定，其折现率反映了投资该项资产并获得收益的风险的回报率。收益法的主要方法包括自由现金流量贴现法(DCF)和EVA估价法等。

下面将运用市场法中的市盈率估值法和收益法中的自由现金流量贴现法对目标企业顺通物流信息公司的价值进行评估。

1. 公司简介

顺通物流信息有限公司(以下简称“顺通公司”)成立于2000年7月18日，注册资金5000万元人民币，是一家从事中国交通产业信息和中国交通信息产业开发和建设的大型高新技术企业。

1) 顺通公司的业务范围

顺通公司的业务范围包括物流实体运营、物流和高速公路管理软件开发、物流及物流信息化咨询等。

2) 顺通公司的产品

(1) 顺通物流实体运营的产品包括以下几种。

- 运输：以全国六大城市为起点、以公路运输为主，进行运输调度安排。
- 仓储：包括全国一级及重要二级城市的货物仓储管理，以及相关的简单加工、包装服务。
- 配送：包括基于城际运输和仓储管理服务的延伸配送服务。
- 供应链信息化服务：包括运用与物流相关的信息系统，设计、开发信息平台，提供委托物流业务的动态信息(基于Internet)。
- 物流全环节和单环节的运作方案设计：基于需求方的产品特点、销售网点及营销模式，结合地区物流资源特点，量身定制物流方案，最大化地提供综合成本和运作效率的双重保障。

(2) 顺通物流IT开发及应用的产品包括以下几种。

- 服务于道路运输企业：包括现代物流信息管理系统、租赁车管理信息系统、企业自有车管理信息系统、顺通货运小管家等。

- 服务于商贸流通企业、生产制造企业：包括订单管理系统、合同报批系统、运力调度系统等。
- 服务于现代化高速公路管理：包括高等级公路综合管理信息系统、OA 系统等。

2. 顺通公司价值评估——市盈率估值法

1) 基本思路

市盈率估值法是根据目标公司的估计净收益和市盈率确定其价值的方法，其计算公式为

目标公司的价值=估计净收益×标准市盈率

式中：估计净收益可根据目标公司最近 1 年或最近几年税后净利润的平均值计算，或者按照以与并购方相同的资本收益率计算的税后净利润作为估计净收益。在实际操作中，通常需要将被并购公司的非正常、非持续、非经常性损益从中扣除。标准市盈率通常可选择目标公司在并购时点的市盈率、与目标公司具有可比性的企业的市盈率、目标公司所处行业的平均市盈率等。

2) 利用市盈率估值法进行价值评估

鉴于顺通公司主要业务涉及物流实体及物流软件开发(包括咨询)两大方面，分别选取 8 家物流类上市公司及 10 家软件类上市公司，如表 5-1 和表 5-2 所示。通过其股票价格及每股收益计算出其市盈率，经过汇总后得出物流类上市公司和软件类上市公司平均市盈率情况(市盈率特殊的不计入平均值的计算)，从而由顺通公司利润值和市盈率估算出顺通公司总价值情况。

表 5-1　物流类企业市盈率及其平均值计算

物流类上市公司					
股票代码	股票名称	股票价格(12.20 收盘价)/元	每股收益/元	市盈率	备注
600787	中储股份	6.66	0.1	66.6	
600247	物华股份	3.37	0.05	67.4	
200024	招商局 B	18.65	0.34	54.85	
000996	捷利股份	4.88	0.05	97.6	不计入
600270	外运发展	8.21	0.42	19.54	
600648	外高桥	6.75	0.02	337.5	不计入
000889	渤海物流	2.57	0.004 1	626.83	不计入
600125	铁龙物流	8.64	0.21	41.14	
平均市盈率				49.91	

表 5-2 软件类企业市盈率及其平均值计算

软件类上市公司					
股票代码	股票名称	股票价格(12.20 收盘价)/元	每股收益/元	市盈率	备注
000977	浪潮信息	5.56	0.02	278.00	不计入
600756	浪潮软件	6.83	0.03	227.67	不计入
600718	东软股份	19.56	0.18	108.67	
600588	用友软件	32.2	0.5	64.40	
600845	宝信软件	12.13	0.24	50.54	
002063	远光软件	13.82	0.15	92.13	不计入
600455	交大博通	7.85	0.02	392.50	不计入
000948	南天信息	5.48	0.03	182.67	不计入
600446	金证股份	11.15	0.36	30.97	
600797	浙大网新	5.99	0.11	54.45	
平均市盈率				61.81	

由于顺通公司属于初创期，业务处于发展阶段，在利用市盈率估值法时，以物流业务和IT 业务分别选择过去 3 年实现的利润以及未来 2 年的利润预测平均值作为基础。企业历年的利润以及价值的计算如表 5-3 所示。在表 5-3 中，2004 年和 2005 年 IT 业务的利润中考虑了这两年的研究开发费用调整问题。

表 5-3 利用市盈率估值法的企业价值评估

项目		物流业务/百万元	IT 业务/百万元	合计/百万元
利润或利润预测数	2003 年	323.21		
	2004 年	99.70	92.70	192.40
	2005 年	241.39	144.42	385.82
	2006 年	310.00	160.00	470.00
	2007 年	500.00	220.00	720.00
	2008 年	700.00	300.00	1 000.00
近几年平均利润		362.38	183.43	545.81
现行市盈率		49.91	61.81	
企业价值		18 086.04	11 336.96	29 422.99
低限市盈率		30.00	45.00	
低限企业价值		10 871.48	8 254.13	19 125.61

从表 5-3 中看出，按现行市盈率计算的顺通公司企业市场价值为 2.94 亿元，考虑到目前证券市场市盈率较高的因素，如果按物流业上市公司市盈率 30 倍、软件类上市公司市盈率 45

倍计算，顺通公司低限市场价值估计为 1.91 亿元。

3) 美国相关企业市盈率评价

根据美国软件行业和物流行业上市公司市盈率的情况，也可以对顺通公司的价值评估做进一步参考。表 5-4 是截至 2007 年 1 月 11 日美国相关行业典型上市公司股价及市盈率情况。

表 5-4 美国相关行业典型上市公司股价及市盈率情况

行业	代码	股票名称	每股收益/美元	股价/美元	市盈率
软件行业	ADBE	Adobe Systems Inc.	0.82	39.88	48.63
	ADSK	Autodesk Inc.	1.22	43.92	36.00
	BEAS	BEA Systems Inc.	0.36	12.74	35.39
	BMC	BMC Software Inc.	0.89	34.8	39.10
	CA	CA, Inc.	0.18	24.86	138.11
	CPWR	Compuware Corp.	0.39	8.7	22.31
	CSC	Computer Sciences Corp.	2.37	51.53	21.74
	CTXS	Citrix Systems, Inc.	1.05	29.94	28.51
	ERTS	Electronic Arts Inc.	0.59	52.47	88.93
	INTU	Intuit Inc.	1.13	29.67	26.26
	LNUX	VA Software Corp.	0.18	5.37	29.83
	MSFT	Microsoft Corp.	1.25	30.7	24.56
	NOVL	Novell Inc.	0.09	6.62	73.56
	ORCL	Oracle Corp.	0.7	17.39	24.84
	PMTC	Parametric Technology Corp.	0.54	17.88	33.11
平均市盈率					44.73
物流运输行业	AMR	AMR Corporation	−1.91	37.94	
	ALEX	Alexander & Baldwin Inc.	2.71	45.39	16.75
	BNI	Burlington Northern Santa Fe Corp.	4.81	73.28	15.23
	CSX	CSX Corp.	2.59	34.26	13.23
	FDX	FedEx Corporation	6.36	107.67	16.93
	GMT	GATX Corp.	−0.7	44.13	
	JBHT	JB Hunt Transport Services Inc.	1.47	22.96	15.62
	NSC	Norfolk Southern Corp.	3.49	49.14	14.08
	R	Ryder System Inc.	3.89	52.49	13.49
	UNP	Union Pacific Corp.	5.23	90.5	17.30
平均市盈率					15.33

可以看到，美国软件行业上市公司平均市盈率为44.73倍，与前面估计的低限市盈率45倍相一致。美国物流运输行业平均市盈率为15.33倍，低于国内物流行业的上市公司平均市盈率。考虑到国内物流业的发展处于起步阶段，且近年来成长性较其他行业要好，发展空间较大，因此，国内物流企业市盈率偏大也属于正常，取调整后的物流行业市盈率30倍计算，按美国上市公司市盈率计算的顺通公司价值如表5-5所示。

表5-5 按美国上市公司市盈率计算的顺通公司价值

项目	物流业务/百万元	IT业务/百万元	合计/百万元
顺通公司近几年平均利润	362.38	183.43	545.81
美国同行业市盈率	15.33	44.73	
企业价值	5 555.29	8 204.82	13 760.1
调整后的市盈率	30	45	
调整后计算的企业价值	10 871.5	8 254.13	19 125.6

可以看到，按照美国同行业上市公司市盈率计算，顺通公司价值约为1.38亿元。考虑到我国物流业近些年快速发展的趋势，尽管我国物流行业尚处于起步阶段，但物流行业的增长速度(成长性)应该比美国同行业发展更快一些，因此适当调高物流行业的市盈率到30倍，得到的价值估算结果与前面按国内上市公司市盈率计算的结果相符合。

需要指出的是，由于顺通公司的主要业务在国内展开，在计算顺通公司价值时，国内同行业上市企业的市盈率更具有参考意义。

3. 顺通公司价值评估——自由现金流量贴现法

1) 基本原理

采用自由现金流量贴现模型作为公司价值评估的基本量化模型，即公司的内在价值等于其未来能产生的自由现金流量贴现值的总和。在处理方法上采用了二阶段增长模型，第一阶段为2006—2015年，为高速增长区，其贴现价值为公司增长价值；2016年以后为连续低速增长区，其贴现价值为连续价值。自由现金流量贴现法基本原理如图5-1所示。

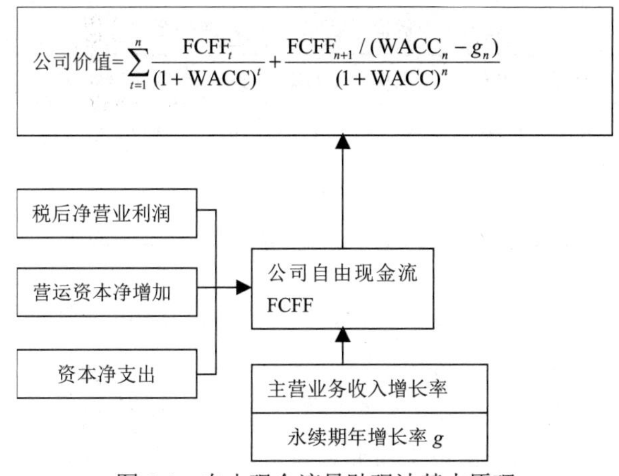

图 5-1　自由现金流量贴现法基本原理

2) 公司自由现金流(FCFF)的计算

(1) 基本公式。麦肯锡公司(McKinsey & Company, Inc.)的资深领导人——科普兰(T. Copeland)教授阐述了自由现金流量的计算方法："自由现金流量等于企业的税后净营业利润(Net Operating Profit less Adjusted Tax, NOPAT，即将公司不包括利息收支的营业利润扣除实付所得税税金之后的数额)加上折旧及摊销等非现金支出，再减去营运资本的追加和物业厂房设备及其他资产方面的投资。它是公司所产生的税后现金流量总额，可以提供给公司资本的所有供应者，包括债权人和股东。"

自由现金流量 =(税后净营业利润+折旧及摊销)-(资本支出+营运资本增加)
= 税后净营业利润-营运资本净增加-资本净支出

(2) 计算步骤。历史自由现金流量计算表→历史自由现金流量比率分析→未来自由现金流量比率预测→未来自由现金流量预测表

(3) 基本假设。

① 主营业务收入增长率。凭借顺通的竞争优势和潜在的巨大市场，2006—2015 年，顺通公司主营业务(包括物流和 IT 业务)持续增长，继续在同行业中处于领先地位，如表 5-6 所示。

2006 年度，公司在物流实体运营业务上继续扩大客户群，收入增长率为 50%，在未来 10 年里，物流业务增长率将维持在 5%～50%。

在 IT 业务上，顺通公司在物流实体业务的基础上开发物流软件，更了解客户的需求；公司从事物流信息化咨询业务时间不长(自 2003 年开始)，但公司在这方面已取得很大的成绩并得到业内的认可，业务收入也随着客户数量的增加而不断增长。预计 IT 业务增长率在未来 10 年内将维持在 5%～70%。

(注：假设物流行业未来 10 年的平均年增长率基本符合行业增长趋势，并且在 2016 年以后处于永久低速持续增长状态，增长率恒定为 1.5%。)

表 5-6 顺通公司营业收入增长预测

年份	2006	2007	2008	2009	2010	2011	2012	2013	2014	2015	2016
物流业务	50%	50%	40%	30%	20%	10%	10%	5%	5%	5%	1.5%
IT 业务(包括软件和咨询)	70%	60%	60%	50%	30%	20%	20%	10%	10%	5%	1.5%

② 主营业务成本，主营业务成本较为稳定，假设在未来 10 年平均销售成本率为 75.2%(过去 3 年该比率的算术平均数)。

③ 主营业务税金及附加，假设占主营业务收入的 1.9%(按 2006 年比率计算)。

④ 营业费用与管理费用，假设占主营业务收入的 10.9%(过去 3 年该比率的算术平均数)。

⑤ 营业必要货币资金。根据行业一般经营要求，设定营业现金为占主营业务收入 6%的恒值。

⑥ 营运资本。随着公司进一步优化管理，带动资金使用效率的提升，预计营运资本占主营业务收入的 14.5%～20%。

⑦ 存货净额，假设占主营业务收入的 0.6%(过去 3 年该比率的算术平均)。

⑧ 应收款项净额。企业应加强应收账款的信用管理，加快应收账款的周转。假设应收款项占主营业务收入的比例随着信用管理水平的提高逐年下降，从 2006 年的 42.4%下降到 2010 年的 20%。

⑨ 在建工程及固定资产净值。随着企业营业收入的增加，固定资产的规模效应得到发挥，从而使得固定资产净值占主营业务收入的比例也逐年下降，假定该比例从 2006 年的 40.3%下降至 2010 年的 23%。

基于上述条件，计算结果如表 5-7 所示。

表 5-7 计算结果

项目	年份									
	2006	2007	2008	2009	2010	2011	2012	2013	2014	2015
主营业务成本/主营业务收入	0.752	0.752	0.752	0.752	0.752	0.752	0.752	0.752	0.752	0.752
主营业务税金及附加/主营业务收入	0.019	0.019	0.019	0.019	0.019	0.019	0.019	0.019	0.019	0.019
(营业费用+管理费用)/主营业务收入	0.109	0.109	0.109	0.109	0.109	0.109	0.109	0.109	0.109	0.109
息税前利润/主营业务收入	0.120	0.120	0.120	0.120	0.120	0.120	0.120	0.120	0.120	0.120
税后净营业利润/主营业务收入	0.102	0.102	0.102	0.102	0.102	0.102	0.102	0.102	0.102	0.102
税后净营业利润增长率	−0.331	0.513	0.427	0.330	0.217	0.118	0.119	0.060	0.061	0.050
投资回报率										

(续表)

项目	年份									
	2006	2007	2008	2009	2010	2011	2012	2013	2014	2015
营运资本增长率	−0.501	0.361	0.268	0.205	0.217	0.118	0.119	0.060	0.061	0.050
营运资本/主营业务收入	0.200	0.180	0.160	0.145	0.145	0.145	0.145	0.145	0.145	0.145
营业现金/主营业务收入	0.060	0.060	0.060	0.060	0.060	0.060	0.060	0.060	0.060	0.060
存货净额/主营业务收入	0.006	0.006	0.006	0.006	0.006	0.006	0.006	0.006	0.006	0.006
应收款项净额/主营业务收入	0.424	0.350	0.300	0.250	0.200	0.200	0.200	0.200	0.200	0.200
资本净支出/主营业务收入	0.070	0.083	0.055	0.024	0.025	0.024	0.025	0.013	0.013	0.011
资本净额/主营业务收入	0.403	0.350	0.300	0.250	0.230	0.230	0.230	0.230	0.230	0.230
在建工程及固定资产净值/主营业务收入	0.403	0.350	0.300	0.250	0.230	0.230	0.230	0.230	0.230	0.230
资本净额增长率	0.209	0.312	0.223	0.108	0.119	0.118	0.119	0.060	0.061	0.050
固定资产折旧/主营业务收入	0.008	0.008	0.008	0.008	0.008	0.008	0.008	0.008	0.008	0.008

3) 公司价值计算

根据以上对顺通公司关键财务指标的假定，预测出顺通公司未来 10 年的自由现金流量情况。我们以 8%作为公司的综合资本成本(WACC)，采用它作为贴现率，则有

$$公司价值=预测期价值+连续价值=\sum_{t=1}^{n}\frac{\text{FCFF}_t}{(1+\text{WACC})^t}+\frac{\text{FCFF}_{n+1}/(\text{WACC}_n-g_n)}{(1+\text{WACC})^n}$$

预测期内(2006—2015 年)公司的价值为 63 102 879.48 元；假定公司从 2016 年开始处于低速连续增长状态(1.5%的恒定增长率)，此后公司的连续价值为 147 107 829.71 元，由此可得公司市场价值为 210 210 709.19 元。计算过程及计算结果参见表 5-8。

表 5-8　公司价值计算表

项目	年份									
	2006	2007	2008	2009	2010	2011	2012	2013	2014	2015
主营业务收入	47 014 701.67	71 112 198.66	101 445 545.83	134 900 757.92	164 147 070.76	183 507 787.47	205 393 777.77	217 784 593.59	231 007 062.90	242 557 416.05
减：主营业务成本	35 342 168.86	53 456 881.44	76 259 244.11	101 408 393.48	123 393 604.28	137 947 556.45	154 399 822.18	163 714 319.34	173 653 991.96	182 336 691.56
减：税金及附加	912 404.30	1 380 059.29	1 968 732.09	2 617 990.27	3 185 567.23	3 561 296.53	3 986 033.28	4 226 499.21	4 483 104.85	4 707 260.09
减：营业费用、管理费用	5 134 530.26	7 766 245.94	11 078 986.06	14 732 668.69	17 926 692.54	20 041 098.93	22 431 293.39	23 784 508.80	25 228 550.05	26 489 977.56
息税前利润	5 625 598.25	8 509 011.99	12 138 583.57	16 141 705.48	19 641 206.71	21 957 835.56	24 576 628.92	26 059 266.25	27 641 416.04	29 023 486.84
减：所得税	843 839.74	1 276 351.80	1 820 787.54	2 421 255.82	2 946 181.01	3 293 675.33	3 686 494.34	3 908 889.94	4 146 212.41	4 353 523.03
税后净营业利润	4 781 758.51	7 232 660.19	10 317 796.03	13 720 449.66	16 695 025.70	18 664 160.22	20 890 134.58	22 150 376.31	23 495 203.63	24 669 963.81
营业现金	2 820 882.10	4 266 731.92	6 086 732.75	8 094 045.48	9 848 824.25	11 010 467.25	12 323 626.67	13 067 075.62	13 860 423.77	14 553 444.96
应收款项净额	19 931 721.36	24 889 269.53	30 433 663.75	33 725 189.48	32 829 414.15	36 701 557.49	41 078 755.55	43 556 918.72	46 201 412.58	48 511 483.21
存货净额	268 602.56	406 275.44	579 574.73	770 709.74	937 798.63	1 048 409.52	1 173 447.71	1 244 238.43	1 319 780.53	1 385 769.55
营运资本	9 402 940.33	12 800 195.76	16 231 287.33	19 560 609.90	23 801 325.26	26 608 629.18	29 782 097.78	31 578 766.07	33 496 024.12	35 170 825.33
营运资本净增加	−9 447 437.46	3 397 255.43	3 431 091.57	3 329 322.57	4 240 715.36	2 807 303.92	3 173 468.59	1 796 668.29	1 917 258.05	1 674 801.21
固定资产折旧	390 821.03	591 137.28	843 290.53	1 121 395.04	1 364 512.05	1 525 452.67	1 707 385.24	1 810 386.88	1 920 301.84	2 016 316.93
在建工程及固定资产净值	18 967 467.56	24 889 269.53	30 433 663.75	33 725 189.48	37 753 826.27	42 206 791.12	47 240 568.89	50 090 456.53	53 131 624.47	55 788 205.69
无形资产及其他资产合计										
资本净额合计	18 967 467.56	24 889 269.53	30 433 663.75	33 725 189.48	37 753 826.27	42 206 791.12	47 240 568.89	50 090 456.53	53 131 624.47	55 788 205.69
资本净支出	3 282 243.02	5 921 801.97	5 544 394.22	3 291 525.73	4 028 636.79	4 452 964.84	5 033 777.77	2 849 887.64	3 041 167.94	2 656 581.22
预测期自由现金流量	10 946 952.95	−2 086 397.21	1 342 310.24	7 099 601.36	8 425 673.55	11 403 891.46	12 682 888.22	17 503 820.38	18 536 777.64	20 338 581.38

4. 结论

利用市盈率估值法对顺通公司进行价值评估，可以看到公司的市场价值在 1.91 亿～2.94 亿元之间。利用自由现金流量贴现法对顺通公司进行价值评估，计算得到企业价值为 2.10 亿元。

综合两种方法的计算结果，考虑到目前我国证券市场市盈率相对较高的因素，估计顺通公司市场价值在 1.9 亿～2.5 亿元之间。

顺通公司在成立后的短短几年内，在业务开拓上取得了快速的发展，特别是随着软件和咨询服务业务的开发，在强大的行业背景支持下，不断开拓进取，必然在未来取得更长足的收入和利润增长。另外，外资的引进，物流和供应链管理理念的引入，对物流运作业务的开展以及软件系统的完善起到重要的推进作用。

思考题：

1. 本案例运用市盈率对目标企业进行了估值。运用市盈率估值法时，目标企业必须处于盈利状态或者有预期的净利润。当目标企业处于亏损状态或者新创企业还没有利润时，如何运用市场法进行企业价值评估？分析运用市盈率、市净率以及市销率进行企业估值的适用性。

2. 什么是自由现金流量？如何计算企业的自由现金流量？

3. 本案例中以 8%作为企业的加权平均资本成本。在企业价值评估实践工作中，如何考虑负债成本和股权成本来确定加权平均资本成本？

第 6 章

长期筹资方式

案例 6.1 企业长期筹资方式：南方航空股份有限公司的分析

6.1.1 资料：理论基础

企业筹集的资金按其性质不同，可分为权益资金和债务资金。权益资金又称“权益资本”或“自有资本”，是指企业依法筹集并可长期占有、自由支配的资金，其所有权属于企业的投资者，它包括企业的资本金、资本公积金、盈余公积金和未分配利润。权益资金是企业基本的资金来源，它体现企业的经济实力和抵御经营风险的能力，它也是企业举债的基础。债务资金又可称为“借入资金”，是指企业依法筹措、须按期偿还的资金，其所有权属于企业的债权人。债务资金主要包括各种借款、应付债券、应付票据等，它也是企业资金的主要来源之一，在资产负债表上体现为流动负债和非流动负债两个部分。

企业筹集的资金按其期限不同，可分为长期资金和短期资金。长期资金是指使用期限在 1 年以上的资金。长期资金主要用于企业购建固定资产、取得无形资产、开展长期投资以及垫支于长期性流动资产方面，通常可采用吸收直接投资、发行股票、发行债券、融资租赁、长期银行借款等方式筹资。短期资金是指企业筹集的期限在 1 年以内的资金，短期资金主要用于满足企业生产经营过程中波动性流动资产的需求以及零星技术改造的资金需求等，一般可通过短期借款、商业信用等方式筹资。

6.1.2 资料：中国南方航空股份有限公司的筹资方式

表 6-1 是中国南方航空股份有限公司 2018 年 12 月 31 日的合并资产负债表。

表 6-1 中国南方航空股份有限公司合并资产负债表

(除特别注明外，金额单位为人民币百万元)

项目	附注	2018 年 12 月 31 日	2017 年 12 月 31 日	2017 年 1 月 1 日
流动资产：				
货币资金	四(1)	7 308	7 250	4 895
交易性金融资产	四(2)	440	—	—
应收票据及应收账款	四(3)	2 929	2 690	3 012
预付款项	四(4)	3 695	1 358	1 479
其他应收款	四(5)	2 338	1 160	1 418
存货	四(6)	1 699	1 622	1 588
持有待售资产	四(7)	224	8	—
其他流动资产	四(8)	5 439	3 796	1 415
流动资产合计		24 072	17 884	13 807
非流动资产：				
可供出售金融资产	四(9)	—	725	602
长期股权投资	四(10)	5 992	4 045	4 098
其他权益工具投资	四(11)	1 080	—	—
其他非流动金融资产	四(12)	103	—	—
投资性房地产	四(13)	499	524	440
固定资产	四(14)	170 039	158 255	146 388
在建工程	四(15)	37 881	30 193	28 948
无形资产	四(16)	3 349	3 334	3 152
设备租赁定金	四(17)	594	642	725
长期待摊费用	四(18)	732	610	568
套期工具	四(19)	75	46	21
递延所得税资产	四(20)	1 574	1 698	1 721
其他非流动资产	四(21)	665	373	—
非流动资产合计		222 583	200 445	186 663
资产总计		246 655	218 329	200 470
流动负债：				
短期借款	四(23)	20 739	20 626	4 195
衍生金融负债	四(24)	44	64	—

(续表)

项目	附注	2018年 12月31日	2017年 12月31日	2017年 1月1日
应付票据及应付账款	四(25)	14 071	13 432	13 425
合同负债	四(26)	1 693	—	—
票证结算	四(27)	8 594	7 853	8 420
应付职工薪酬	四(28)	3 214	3 366	2 858
应交税费	四(29)	554	1 182	899
其他应付款	四(30)	7 221	6 269	5 597
一年内到期的非流动负债	四(31)	23 557	16 785	10 559
其他流动负债	四(32)	4 000	—	21 986
流动负债合计		83 687	69 577	67 939
非流动负债:				
长期借款	四(33)	9 422	6 023	1 069
应付债券	四(34)	6 254	14 696	17 689
应付融资租赁款	四(35)	62 666	59 583	53 527
大修理准备	四(36)	2 831	2 808	2 089
其他非流动负债	四(39)	2 036	—	—
递延收益	四(37)	906	2 902	2 600
长期应付职工薪酬	四(38)	2	3	6
递延所得税负债	四(20)	688	572	841
非流动负债合计		84 785	86 587	77 821
负债合计		168 472	156 164	145 760
股东权益:				
股本	四(40)	12 267	10 088	9 818
资本公积	四(41)	25 589	15 115	13 977
其他综合收益	四(42)	494	278	211
盈余公积	四(43)	2 670	2 449	1 957
未分配利润	四(44)	23 983	21 664	17 224
归属母公司股东权益合计		65 003	49 594	43 187
少数股东权益		13 180	12 571	11 523
股东权益合计		78 183	62 165	54 710
负债和股东权益合计		246 655	218 329	200 470

以下截取原会计报表附注中有关项目的部分说明。

四、合并财务报表项目注释(续)

(33) 长期借款

长期借款分类	2018年12月31日	2017年12月31日
抵押借款(a)	605	804
信用借款	9 719	9 161
	10 324	9 965
减：一年内到期的长期借款		
[附注四(31)]		
抵押借款	94	208
信用借款	808	3 734
	902	3 942
	9 422	6 023

(a) 2018年12月31日，长期抵押借款系由本集团的若干飞机[附注四(14)(c)]、投资性房地产[附注四(13)(a)]、无形资产[附注四(16)(b)]做抵押。

(b) 2018年12月31日，长期借款的年利率区间为1.20%~4.75%(2017年12月31日：1.20%~4.99%)

(34) 应付债券

面额总值	折价额	年初已摊销额	本年折价摊销额	2018年12月31日
6 255	(4)	3	—	6 254

债券有关信息如下：

债券名称	注	面值	发行日期	债券期限	账面价值
公司债券					
第一期(15南航01)	(a)	3 000	2015年11月20日	5年期	3 000
第一期(16南航01)	(a)	5 000	2016年3月3日	3年期	5 000
第二期(16南航02)	(a)	5 000	2016年5月25日	5年期	5 000
第一期(18南航01)	(a)	2 000	2018年11月26日	3年期	2 000
减：已回售的公司债券					
(15南航01)	(a)	(345)			(345)
减：一年内到期的部分		(10 000)			(10 000)
		4 655			4 655
中期票据					
第一期(16厦门航空MTN001)	(b)	1 300	2016年8月15日	3年期	1 300
第二期(16厦门航空MTN002)	(b)	1 600	2016年10月20日	5年期	1 600

(续表)

债券名称	注	面值	发行日期	债券期限	账面价值
第三期(16厦门航空MTN003)	(b)	1 800	2016年11月21日	3年期	1 800
减：未摊销折价额		—			(1)
减：一年内到期的部分		(3 100)			(3 100)
		1 600			1 599
		6 255			6 254

(a) 经中国证监会证监〔2015〕2581号文核准，本公司分别于2015年11月20日和2016年5月25日发行5年期公司债券(15南航01和16南航02)，均采用单利按年计息，固定年利率分别为3.63%和3.12%，每年付息一次，附有第3年末发行人上调票面利率选择权及投资者回售选择权；于2018年11月20日，本公司行使发行人上调票面利率权，15南航01公司债券票面利率上升至4.15%，同时部分投资者行使回售选择权，向本公司回售该债券人民币约345 000 000元。

本公司分别于2016年3月3日和2018年11月26日发行3年期公司债券(16南航01和18南航01)，均采用单利按年计息，固定年利率分别为2.97%和3.92%，每年付息一次。

(b) 经中国银行间市场交易商协会注册通知书中市协注〔2016〕MTN324号核准，厦门航空有限公司(以下简称"厦门航空")于2016年8月15日发行第一期中期票据，此债券采用单利按年计息，固定利率2.97%，每年付息一次。厦门航空于2016年10月20日发行第二期中期票据，此债券采用单利按年计息，固定利率3.11%，每年付息一次。厦门航空于2016年11月21日发行第三期中期票据，此债券采用单利按年计息，固定利率3.38%，每年付息一次。

(c) 2018年12月31日，本集团及本公司分别将人民币13 100 000 000元以及人民币10 000 000 000元应付债券划分为一年内到期的公司债券[附注四(31)]。

(d) 2018年12月31日，本集团计提的应付债券利息为人民币约268 000 000元(2017年12月31日：人民币约260 000 000)元[附注四(30)(a)]。

(35) 应付融资租赁款

本集团于2018年12月31日以后需支付的最低融资租赁付款额如下：

最低融资租赁付款额	2018年12月31日	2017年12月31日
1年以内(含1年)	12 062	10 764
1年以上2年以内(含2年)	11 738	10 257
2年以上3年以内(含3年)	12 003	9 937
3年以上	46 962	47 941
	82 765	78 899
减：未确认融资费用	10 544	10 975
应付融资租赁款净额	72 221	67 924
减：一年内到期的应付融资租赁款净额[附注四(31)]	9 555	8 341
	62 666	59 583

2018年12月31日，本集团用作抵押飞机的账面值列于附注四(14)(c)。

本集团的飞机及有关设备的融资租赁将于2019—2030年期满。于2018年12月31日，这些融资性租赁的年利率为0～6.19%(2017年12月31日：0～5.22%)。根据部分融资性租赁协议的安排，本集团拥有该等融资性租赁飞机的认购权，在租赁期满或将届满时以合同中约定的固定价格或出租人所定的飞机成本的若干百分比购买飞机。

(40) 股本

有限售条件股份	2018年12月31日	2017年12月31日
人民币普通股(A股)(a)	1 578	—
——南航集团	489	—
——社会公众股东持有的A股	1 089	—
境外上市的外资股(H股)	601	—
——南龙控股持有的H股(a)(b)	601	—
无限售条件股份		
人民币普通股(A股)	7 023	7 023
——南航集团	4 039	4 039
——社会公众股东持有的A股	2 984	2 984
境外上市的外资股(H股)	3 065	3 065
——南龙控股持有的H股(b)	1 034	1 034
——社会公众股东持有的H股	2 031	2 031
股本总额	12 267	10 088

(a) 2018年9月，本公司向南航集团等7名发行对象非公开发行1 578 073 089股A股股票，发行价格为每股人民币6.02元；向南龙控股非公开发行600 925 925股A股股票，发行价格为每股人民币6.02元；向南龙控股非公开发行600 925 925股H股股票，发行价格为每股港币6.034元。上述发行股票每股面值为人民币1元，共收取对价折合人民币约12 664 000 000元，扣除发行费用人民币约10 470 000 000元[附注四(41)]。南航集团认购的本次非公开发行的A股股票自发行结束之日起36个月内不得转让，其他A股股票发行对象自发行结束之日起12个月内不得转让。此外，根据本公司与南龙控股签署的认购协议约定，南龙控股承诺在本次非公开发行H股股票结束之日起36个月内，不上市交易或转让其在本次认购中取得的任何H股股票。

(b) 2018年12月31日，南航集团下属的南龙控股和航信(香港)有限公司合计持有本公司境外上市的H股股票1 671 287 925股(含限售股)。

(41) 资本公积

项目	2017年12月31日	本年增加	本年减少	2018年12月31日
股本溢价[附注四(40)]	14 898	10 470	—	25 368
拨款转入	217	—	—	217
其他	—	4	—	4
	15 115	10 474	—	25 589

思考题：

1. 南方航空的长期融资方式有哪些？哪些是负债融资方式？哪些是股权融资方式？

2. 在资产负债表的流动负债项目中，有“1年内到期的非流动负债”项目，该项目2018年余额23 557百万元是如何构成的？

3. 融资租赁的固定资产计入企业固定资产吗？发生融资租赁业务时如何做会计分录？

4. 从企业经营的角度或者从企业股东的角度来看，企业融资是越多越好吗？

案例6.2　投入资本：实收资本和资本公积分析

6.2.1　资料：实收资本和资本公积的区别

实收资本是指投资者按照企业章程或合同、协议的约定，实际投入企业的资本，它是企业注册登记的法定资本总额的来源，它表明所有者对企业的基本产权关系。实收资本是企业永久性的资金来源，它是保证企业持续经营和偿还债务的基本物质基础，是企业抵御各种风险的缓冲器。资本公积是企业收到投资者出资额超出其在注册资本(或股本)中所占份额的部分，以及直接计入所有者权益的利得和损失等。资本公积包括资本溢价(或股本溢价)和直接计入所有者权益的利得和损失等。

1. 从来源和性质看

实收资本(或股本)是指投资者按照企业章程或合同、协议的约定，实际投入企业并依法进行注册的资本，它体现了企业所有者对企业的基本产权关系。

资本公积是投资者的出资中超出其在注册资本中所占份额的部分，以及直接计入所有者权益的利得和损失，它不直接表明所有者对企业的基本产权关系。

2. 从用途看

实收资本(或股本)的构成比例是确定所有者参与企业财务经营决策的基础，也是企业进行利润分配或股利分配的依据，同时还是企业清算时确定所有者对净资产的要求权的依据。

资本公积主要用来转增资本(或股本)。资本公积不体现各所有者的占有比例也不能作为所有者参与企业财务经营决策或进行利润分配(或股利分配)的依据。

6.2.2 资料：宝钢股份(600019)的股票发行

1. 2000年11月宝钢股份新股发行情况

证券代码：600019　　证券简称：宝钢股份　　面值：1元

发行价格：4.18元　　募集资金合计：7 845 860 000.00元

发行费用：142 965 324.00元　　发行市盈率(摊薄)：18.66

发行数量：187 700.00万股　　上网发行日期：2000年11月20日

关于国家股折算的相关信息：经国家财政部财评字〔1999〕584号文审核，截至1999年7月31日，集团公司投入公司的资产经评估后的总值约378.58亿元，总负债214.97亿元，净资产163.61亿元。经财政部财管字〔1999〕389号文批准，上述净资产按照65%的比例折为股本，共计106.35亿股，股权性质界定为国家股。公司折股后，超过注册资本面值的部分(572 655.66万元)计入资本公积金。表6-2为宝钢股份2000年12月12日的股本结构。

表6-2　宝钢股份2000年12月12日的股本结构

总股本	1 251 200万股
流通股	
流通A股	45 000万股
非流通股	
国家股	1 063 500万股
境内法人股	142 700万股
一般法人股	48 574.378 7万股
战略投资者持股	44 700万股
基金持股	49 425.621 3万股

2. 2005年4月29日增发情况

增发年度：2005年12月31日　　发行价格：5.12元　　货币名称：人民币元

募集资金合计：25 600 000 000.00元　　发行费用：181 100 000.00元

承销方式：余额包销　　发行数量：500 000万股

主承销商：中国国际金融有限公司

表6-3为宝钢股份2005年6月9日的股本结构。

表 6-3　宝钢股份 2005 年 6 月 9 日的股本结构

总股本	1 751 200 万股
流通股	
流通 A 股	353 484.373 1 万股
非流通股	
国家股	1 363 500 万股
境内法人股	34 215.626 9 万股

6.2.3　资料：用友软件(用友网络[600588])招股说明书摘要

发行股票类型：人民币普通股　　　　预计发行量：25 000 000 股，占发行后总股本的 25%

主承销商：海通证券有限公司　　　　招股说明书签署日期：2001 年 4 月 18 日

单位：人民币元

单位	面值	发行价格	发行费用	募集资金
每股	1.00	36.68	1.18	35.50
合计	25 000 000	917 000 000	29 488 500	887 511 500

发行市盈率：64.35 倍　　　　每股净利润：0.570 元/股

发行前后每股净资产：①本公司发行前每股净资产为 1.118 元(按 2000 年 12 月 31 日经审计的数据计算)；②发行后每股净资产为 9.71 元(扣除发行费用)。

思考题：

1. 2000 年股票新股发行后，宝钢股份的所有者权益结构大致是怎样的？2005 年增发股票后，所有者权益结构是如何发生变化的？

2. 宝钢股份 IPO 时，流通股股东在一级市场以每股 4.18 元入股，请考虑发起人股东以多少每股净资产折合成一股？用友软件 IPO 时，流通股股东在一级市场以每股 36.68 元入股，发起人股东以多少每股净资产折合成一股？

3. 如何理解股票的账面价值和市场价值(考虑每股价格和每股净资产的关系)？从账面价值和市场价值的角度考虑，什么样的企业更偏爱发行股票融资呢？

4. 上市公司的资本公积有什么用途？

5. 查阅一家科创板上市企业的上市公告书，比较公司发行价格和公司发起人入股时的每股净资产。

6. 企业上市是筹集资金的一种方式，筹集资金的目的是更好地投资和促进企业发展。而很多言论包括很多创业者都把上市作为企业的终极目标。请讨论：企业的投资活动和筹资活动哪个更重要？那些财务造假上市然后又很快退市的企业，其动机是什么？作为一个企业家，应该如何看待企业上市行为？

案例 6.3 银行借款：短借长投致逾期债务恶化，吉恩镍业深陷退市旋涡

在金融严监管背景下，*ST 吉恩(600432.SH，下称“吉恩镍业”)、*ST 昆机(600806.SH)、*ST 烯碳(000511.SZ)在 5 月份被宣布退市。

虽然吉恩镍业具有地方国资背景，但在连续 3 年亏损后，在 2017 年有 3 项指标触及了终止上市的标准，依然难逃离开资本市场的命运。

为坚决维护退市制度的严肃性和权威性，进入 2018 年，监管层明确严格执行退市制度，并切实做到“出现一家、退市一家”。在此思路下，2018 年 5 月，沪深两市就有上述 3 家公司因为业绩和其他不符合上市条件被退市。

一位证券业人士对《财经》记者表示，从目前情况来看，显然监管层在严格执行退市制度，上述 3 家公司或许只是拉开了今后退市潮的序幕，后续将会有更多的公司离开资本市场，特别是被立案调查的公司退市风险较大。

回看发展历程，作为国内有色金属镍龙头，近年来镍价格连续走低无疑是吉恩镍业连续亏损的主要原因。

但公司自 2009 年开始收购海外矿产，随后通过举债方式不断加大投入，后续用定增资金偿还贷款的发展模式在市场行情较好时尚可持续，但在行情陷入低迷时，特别是公司二级市场融资遇阻及长周期投入的矿产没有能取得较好收益和有效回笼资金时，让公司现金流在后期出现严重短缺。

这种短借长投的资金错位，也导致吉恩镍业近年来利息支出大幅增加，让原本不好的业绩雪上加霜，形成恶性循环。

随着吉恩镍业逾期债务的不断增加，多家借款机构通过诉讼及财产保全的方式以期维护自己的利益，随之吉恩镍业大量资产被冻结，公司经营进一步恶化，成为压垮公司的最后一根稻草。

1. 严格执行退市制度

Wind 数据显示，2016 年，沪深两市有 1 家公司因为其他不符合挂牌的情形退市。2017 年，沪深两市有 1 家公司因为连续 3 年亏损退市，1 家公司因其他不符合挂牌的情形退市。

上市公司退市制度是资本市场的重要基础性制度，2018 年，监管层陆续发文，进一步强化退市制度。

3 月，证监会发布《关于改革完善并严格实施上市公司退市制度的若干意见》公开征求意见，强化沪深证券交易所对重大违法公司实施强制退市的决策主体责任，并增加了“上市公司构成欺诈发行、重大信息披露违法或者其他重大违法行为的，证券交易所应当严格依法做出暂停、终止公司股票上市交易的决定。证券交易所应当制定上市公司因重大违法行为暂停上市、终止上市实施规则”。

随后，沪深两市分别下发《上市公司重大违法强制退市实施办法(征求意见稿)》，将欺诈发行、重组上市重大违法以及信息披露重大违法等情形纳入退市范围，并表示切实担起重大违法强制退市的决策主体责任。

其中，上交所征求意见稿缩短了重大违法暂停上市期间，由 12 个月缩短为 6 个月，并且重大违法公司被暂停上市后，不再考虑公司的整改、补偿等情况，6 个月期满后将直接予以终止上市，不得恢复上市。

Wind 数据显示，2017 年，沪深两市有 54 家公司被立案调查。2018 年以来，已经有 37 家公司被立案调查。

吉恩镍业就是监管层严格执行退市制度下的一个缩影。

吉恩镍业自 2003 年上市后，主营业务主要为硫酸镍、电解镍。在 2011 年之前，公司业绩表现较为平稳，之后，由于镍金属价格不断下降，公司业绩开始走向滑坡。2014－2016 年，公司归属于上市公司股东的净利润分别亏损 5.38 亿元、28.7 亿元、21.86 亿元。

2017 年，公司再度亏损，期末净资产为-1.98 亿元，同时会计师事务所对公司 2017 年度财务会计报告出具了保留意见的审计报告。

公司股票于 2018 年 5 月份被上交所做出终止上市的决定，并于 5 月 30 日进入为期 30 个交易日的退市整理期。

5 月 30 日公司股票复牌后股价连续 3 个一字跌停。6 月 1 日，退市吉恩每股收盘于 4.91 元。

2. 借债扩张

回顾吉恩镍业的发展之路，公司主要产品镍价格下跌固然是其一步步走上退市之路的重要原因之一。但将大量的相对短期银行贷款用于回报周期较长的矿产投资，资金错位配置让公司在行业景气下滑的背景下加速了资金短缺，而后期高额的利息支出更是令原本亏损的利润雪上加霜，成为公司离开 A 股市场的一个伏笔。

经过上市几年发展，公司规模迅速扩大。至 2008 年，公司营业收入和总资产规模分别为 18.22 亿元、47.75 亿元，相对于 2004 年的 9.12 亿元、13.54 亿元，呈现大幅增长。

进入 2009 年，在次贷危机过后，中国企业特别是国有企业在海外开启了买买买模式，收购矿产成为国内企业海外投资的一个重要方向。在此大潮中，吉恩镍业也开启了海外并购序幕。

2009 年 8 月，吉恩镍业拟出资 1.485 亿加元通过全资子公司加拿大吉恩国际投资有限公司与加拿大 GBK 共同成立合资企业——吉恩加拿大矿业公司，要约皇家矿业 100%股权以及全部 2015 年 3 月 31 日到期的 7%可转换高级无担保债。双方在项目公司中的权益比例：吉恩占 75%，GBK 公司占 25%。本次收购的资金主要来源于吉恩镍业自有资金及银行贷款。当时，皇家矿业因经济危机自 2008 年 8 月起暂停建设，处于维护状态。

上述收购后，公司开启了先用借款投入矿产、后用定增资金偿还借款的发展模式。

2010 年，吉恩镍业定增募集资金净额 7.55 亿元，其中仅 1.2 亿元用于补充流动资金，2.94 亿元与 GBK 合作勘探镍资源项目。

为了解决公司与 GBK 针对在吉恩加拿大矿业的股权比例纠纷以及合资探矿权益纠纷分别对对方发起仲裁及/或诉讼，2012 年 1 月，吉恩镍业以 1 亿加元(折合人民币约 6.29 亿元)要约收购 GBK100%股权，资金来源为公司自筹及银行贷款。

吉恩镍业曾在 2012 年发布定增方案，拟募资不超过 60 亿元，扣除发行费用后拟投资“吉恩镍业印尼红土矿冶炼(低镍锍)项目”，但该方案在 2013 年 6 月未获得证监会批准。

2014 年 2 月，由于魁北克省政府罢工、矿山所处地理位置偏僻等因素导致建设期延长，吉恩镍业增加投资皇家矿业 Nunavik 镍矿项目 1.95 亿加元，调整后，该项目总投资为 11.64 亿加元(折合人民币约 73.86 亿元)，该项目是公司海外投资最大的项目。项目投资资金来源为公司、公司全资子公司——加拿大吉恩国际投资有限公司及皇家矿业自筹和借款。

值得注意的是，公司 2014 年完成非公开发行股票工作，募集资金净额 58.79 亿元，用于偿还银行及其他机构借款。

虽然上述定增在一定程度上缓解了公司偿债压力，但在 2015 年，公司资产负债率仍高达 72.61%。

在业绩低迷的情况下，吉恩镍业在 2016 年仍耗资 1 亿加元(折合人民币约 5.13 亿元)收购因资金短缺停产近两年的 QuebecLithium Inc. 的锂矿资产。当年公司在建工程金额 15.09 亿元，同比增加 244.87%，原因是当年公司收购的加拿大锂矿项目改造转入在建和吉恩国际采矿附属工程项目投资增加。

截至 2017 年期末，公司 2016 年收购的锂矿资产在建工程 15.68 亿元，未到达正常运营状态，后续还要进行一定规模的工艺改造和基础设施建设。该工程项目已抵押，同期剩余未付长期借款额为 3.67 亿元。

2016—2017 年，吉恩镍业的资产负债率更是分别高达 86.22%、100.70%。

值得注意的是，公司曾在 2016 年计划通过定增募资不超过 41 亿元，扣除发行费用后，12.66 亿元用于年产 2 万吨锂电池正极材料研发生产基地建设项目，12 亿元用于偿还公司和子公司银行及其他机构借款。公司本欲借此机会进军新材料、新项目，进行主业转型升级，并降低公司财务费用和偿债风险。但由于再融资政策调整、资本市场环境变化，2017 年 1 月公司终止了上述定增方案。高额的银行贷款，让吉恩镍业利息支出大幅增加。2013 年，公司利息支出仅为 3.8 亿元。2014—2017 年，公司利息支出分别高达 8.59 亿元、9.69 亿元、10.96 亿元、12.73 亿元。虽然历时多年投资，但皇家矿业并未能给公司带来效益。90%以上资产投资于皇家矿业的吉恩国际，2015 年实现营业收入 13.29 亿元，净利润亏损 9.75 亿元。2016 年，吉恩镍业将吉恩国际 100%股权转由广源投资持有。2016—2017 年，广源投资营业收入分别为 13.05 亿元、15.79 亿元，净利润分别亏损 1.31 亿元、2.93 亿元。

“上市公司投资重大项目，特别是回报周期比较长的项目，多是以定增方式来完成，通过先借款投资后定增还款的方式扩大规模，在行情好的背景下，尚可继续。”一位私募人士对《财经》记者表示，而在行情下滑的情况下，如果所投项目不能取得有效收益覆盖利息及有效回笼资金，加之再次募集资金遇阻，不仅会出现资金短缺情况，后续大额利息还会吞噬利润，形成恶性循环，显然吉恩镍业的发展符合上述后者情况。

由于吉恩镍业主要产品市场价格持续下跌，导致公司部分固定资产、在建工程及无形资产出现减值，为此公司大幅计提减值准备，让公司亏损额进一步扩大。2015—2017年，公司资产减值计提金额分别为15.50亿元、5.96亿元、5.61亿元，增加同期公司合并报表中归属于母公司净亏损额分别为12.28亿元、4.67亿元、5.23亿元。

3. 多金融机构陷入泥潭

随着吉恩镍业的业绩持续下滑及大规模举债投入生产，导致公司现金流在2015年开始出现紧张，短期偿债压力倍增。随着公司经营持续恶化，不仅15家贷款机构对公司及控股子公司提起诉讼及采取保全措施，而且公司控股股东昊融集团也陷入资金短缺困境，无法为公司提供有效帮助。

公司2015年审计报告中强调事项段的专项说明，原因之一为：截至2015年12月31日，吉恩镍业流动资产为人民币63.69亿元，流动负债为人民币116.92亿元，营运资本为人民币−53.23亿元，期末归属于母公司净资产合计52.27亿元。

公司营运资本大规模为负数，原因是以前年度投资开发皇家矿业Nunavik铜镍矿项目投入了大量资金，而投资活动支付的现金主要来源于银行借款。2015年末，公司短期借款、1年以内到期的长期借款合计为106.07亿元。

吉恩镍业在2015年度就出现逾期未偿还的短期借款。《财经》记者发现，2015年，吉恩镍业逾期短期贷款金额合计为4.46亿元，借款单位分别为中国长城资产管理公司长春办事处、吉林银行长春卫星支行、招商银行深圳时代广场支行。随后吉恩镍业逾期债务快速恶化。截至2016年4月29日，公司累计贷款、银行承兑汇票及国内信用证等债务12.26亿元已逾期。其中：流动资金借款共计10.42亿元，银行承兑汇票共计1.23亿元，信用证为0.61亿元。

屋漏偏逢连夜雨，随着公司经营持续恶化，多家贷款机构对公司及控股子公司提起诉讼及采取财产保全措施。

2016年8月27日，吉恩镍业公布的诉讼涉及本金和利息金额合计5.03亿元，涉及4家债权人。

其中，招商银行深圳时代广场支行通过诉讼，请求判令公司偿还垫付电子商业汇票项下的本金及利息2619.43万元；判令公司偿还垫付国内信用证项下的本金及利息6 237.25万元；判令公司偿还垫付电子商业汇票项下的本金人民币及利息5 064.99万元，合计13 921.67万元，昊融集团承担连带担保责任。

此外，兴业银行股份有限公司吉林分行、招银租赁有限公司与浙江中泰创展企业管理有限公司也在当年通过诉讼向吉恩镍业追讨债务。

截至2018年5月21日，已有渤海银行股份有限公司大连分行、吉林省吉煤投资有限责任公司等15家贷款机构对公司及控股子公司提起诉讼及采取保全措施，涉诉金额累计为人民币46.16亿元(不包括无法计算的相关违约金等)。

随着诉讼的进展，吉恩镍业资产开始被冻结、查封。

2017年11月，因为与华融资产诉讼，公司磨浸车间等公司名下房屋所有权81宗、富家矿等公司名下开采许可证 4 宗、公司名下磐国用 2015028420333 等土地使用权 6 宗被查封 3 年，公司其他部分资产也被冻结。

在公司经营遭遇困境的同时，吉恩镍业控股股东昊融集团经营也陷入困境，无法给公司提供足够的财务支持。

早在 2016 年 7 月 8 日，昊融集团持有吉恩镍业 3.92 亿股股份被轮候冻结，冻结期限为 3 年。

2016 年 12 月，因借款合同纠纷，民生银行股份有限公司长春分行向长春市中级人民法院提起诉讼，民生银行申请财产保全，对昊融集团持有的公司 8988 万股无限售流通股及孳息(含派发的送股、转增股、现金红利)进行轮候冻结。

同月，吉恩镍业称，昊融集团持有东海证券 1 亿股股份在长春市中级人民法院司法拍卖平台被公开拍卖。

随后，昊融集团部分资产被其他机构申请冻结，而在 2018 年 4 月，昊融集团破产重整申请被吉林市中院受理。

吉恩镍业证券部一位人士对《财经》记者表示，退市后，公司将与各债权方积极沟通，争取早日解决巨额逾期债务问题，同时公司将会继续做好主业，并保持人员稳定，在符合重新上市的条件下，再申请恢复上市。

资料来源：张建锋. 短借长投致逾期债务恶化，吉恩镍业深陷退市旋涡[EB/OL]. https://3g.163.com/dy/article/DKH7ARAT05198CJN.html.

思考题：

1. 短借长投会给企业带来什么好处？什么原因会导致企业选择短借长投？
2. 短借长投会给企业带来哪些不利之处？
3. 作为企业家或者企业的财务负责人，应该如何正确对待企业的短借长投行为？

案例 6.4 发行债券：AB 投资公司企业债券发行公告

第一条 债券发行依据

本期债券经国家发展和改革委员会发改财金〔2016〕×××号文件批准公开发行。

第二条 本期债券发行的有关机构(略)

第三条 发行概要

一、发行人：AB 投资公司。

二、债券名称：2016 年 AB 投资公司企业债券(简称“16 节能债”)。

三、发行规模：10 亿元人民币。

四、债券期限：10 年。

五、债券利率：固定利率，票面年利率拟为 4.0520%，在债券存续期内固定不变。本期债券采用单利按年计息，不计复利，逾期不另计息。

六、发行价格：债券面值 100 元，平价发行，以 1 000 元为一个认购单位，认购金额必须是人民币 1 000 元的整数倍且不少于 1 000 元。

七、债券形式：实名制记账式企业债券，投资人认购的本期债券在中央国债登记结算有限责任公司开立的一级托管账户或在本期债券的二级托管人处开立的二级托管账户中托管记载。

八、发行范围和对象：本期债券通过承销团设置的发行网点和在北京市设置的零售营业网点公开发行，持有中华人民共和国居民身份证的公民(军人持军人有效证件)及境内机构(国家法律、法规禁止购买者除外)均可购买。

九、发行期限：5 个工作日，自发行首日至 2016 年 4 月 7 日。

十、发行首日：本期债券发行期限的第 1 日，即 2016 年 4 月 3 日。

十一、起息日：自发行首日开始计息，本期债券存续期限内每年的 4 月 3 日为该计息年度的起息日。

十二、计息期限：2016 年 4 月 3 日至 2026 年 4 月 2 日。

十三、还本付息方式：每年付息一次，到期一次还本，最后一期利息随本金一起支付。年度付息款项自付息首日起不另计利息，本金自兑付首日起不另计利息。

十四、付息首日：本期债券存续期内每年的 4 月 3 日为上一个计息年度的付息首日(如遇国家法定节假日或休息日，则顺延至其后的第 1 个工作日)。

十五、集中付息期限：自每年付息首日起的 20 个工作日。

十六、兑付首日：为 2016 年 4 月 3 日(如遇国家法定节假日或休息日，则顺延至其后的第 1 个工作日)。

十七、集中兑付期限：自兑付首日起的 20 个工作日。

十八、本息兑付方式：通过本期债券托管机构兑付。

十九、承销方式：承销团余额包销。

二十、承销团成员：主承销商为 CD 证券有限责任公司，副主承销商为国泰君安证券股份有限公司、西南证券有限责任公司、国海证券有限责任公司、渤海证券有限责任公司，分销商为中信建投证券有限责任公司、华西证券有限责任公司、新华信托投资股份有限公司、民生证券有限责任公司、金元证券有限责任公司。

二十一、债券担保：中国 EF 银行股份有限公司授权其总行营业部为本期债券本息提供全额无条件不可撤销连带责任担保。

二十二、信用级别：经大公国际资信评估有限公司综合评定，本期债券的信用级别为 AAA 级。

二十三、上市安排：本期债券发行结束后 6 个月内，发行人将向有关证券交易场所或其他主管部门提出上市或交易流通申请。

二十四、税收事项：本期债券利息收入所得税按照国家有关法律、法规规定，由投资人自行承担。

第四条　发行人简况(略)

第五条 担保人简况(略)

第六条 承销方式

本期债券由主承销商CD证券有限责任公司，副主承销商××证券股份有限公司、××证券有限责任公司，分销商××证券有限责任公司、××信托投资股份有限公司组成的承销团以余额包销方式承销。

第七条 信用评级

经大公国际资信评估有限公司综合评定，本期债券信用等级为AAA级。主要评级观点如下(略)。

第八条 认购与托管

一、本期债券以实名制记账式方式发行，采用中央国债登记公司一级托管和在已开通企业债券柜台系统的承销商二级托管相结合的托管体制，具体手续按中央国债登记公司的《实名制记账式企业债券登记和托管业务规则》的要求办理。该规则和开通企业债券柜台系统的承销机构名单可在中国债券信息网(www.chinabond.com.cn)查阅或在本期债券承销商发行网点索取。

二、中国公民可持中华人民共和国居民身份证件(军人持军人有效证件)认购本期债券；境内法人凭加盖其公章的营业执照(副本)或其他法人资格证明复印件、经办人身份证及授权委托书认购本期债券；境内非法人机构凭加盖其公章的有效证明复印件、经办人身份证及授权委托书认购本期债券。如法律法规对本条所述另有规定，按照相关规定执行。

三、认购本期债券的金融机构投资者应在中央国债登记公司开立甲类或乙类托管账户，或通过全国银行间债券市场中的债券结算代理人开立丙类托管账户；其他机构投资者可通过债券承销商或全国银行间债券市场中的债券结算代理人在中央国债登记公司开立丙类托管账户，也可在已开通企业债券柜台业务系统的债券承销商处开立二级托管账户；个人投资者在已开通企业债券柜台业务系统的债券承销商处开立二级托管账户。

四、投资者办理认购手续时，不需缴纳任何附加费用；在办理登记和托管手续时，须遵循债券托管机构的有关规定。

五、在本期债券发行结束后，投资者可按照有关法律法规的规定进行债券转让和质押。

第九条 债券发行网点

本期债券通过承销团设置的发行网点及在北京市设置的零售营业网点公开发行。

第十条 认购人承诺

购买本期债券的投资者被视为做出以下承诺：

一、投资者接受《2016年AB投资公司企业债券发行章程》及本发行公告对本期债券项下权利义务的所有规定并受其约束。

二、本期债券的发行人依照有关法律法规的规定发生合法变更，在经有关主管部门批准后并依法就该等变更进行信息披露时，投资者同意并接受这种变更。

三、本期债券的担保人依照有关法律法规的规定发生合法变更，在经有关主管部门批准后并依法就该等变更进行信息披露时，投资者同意并接受这种变更。

四、如果本期债券上市交易的申请获得批准，则认购人可自愿将其持有的本期债券转托管到证券交易所指定的相应证券登记结算公司，由承销商代为办理相关手续。

五、在本期债券的存续期限内，若发行人将其在本期债券项下的债务转让给新债务人，则在下列各项条件全部满足的前提下，投资者(包括本期债券的初始购买人以及二级市场的购买人)在此不可撤销地事先同意并接受这种债务转让：

1. 本期债券发行与上市(如已上市)的审批部门同意本期债券项下的债务转让；

2. 就新债务人承继本期债券项下的债务，有资格的评级机构对本期债券出具不次于原债券信用级别的评级报告；

3. 原债务人与新债务人取得必要的内部授权后正式签署债务转让协议，新债务人承诺将按照本期债券原定条款和条件履行债务；

4. 担保人同意债务转让，并承诺将按照担保函原定条款和条件履行担保义务，或者新债务人取得经主管部门认可的由新担保人出具的与原担保函条件相当的担保函；

5. 原债务人与新债务人按照有关主管部门的要求就债务转让进行充分的信息披露。

第十一条 债券本息兑付办法

一、利息的支付

(一) 本期债券在存续期限内每年付息一次，最后一期利息随本金的兑付一起支付。本期债券的付息首日为2017年至2026年每年的4月3日，如遇国家法定节假日或休息日，则顺延至其后的第1个工作日。本期债券每年的付息期限为上述各付息首日起的20个工作日。

(二) 未上市债券利息的支付通过债券托管人办理；上市债券利息的支付通过登记机构和有关机构办理。利息支付的具体事项将按照国家有关规定，由发行人在有关主管部门指定的媒体上发布的付息公告中加以说明。

(三) 根据国家税收法律法规，投资者投资本期债券所获利息收入应缴纳的所得税由投资者承担。

二、本金的兑付

(一) 本期债券到期一次还本，本金兑付首日为2026年4月3日，如遇国家法定节假日或休息日，则顺延至其后的第1个工作日。兑付期限为兑付首日起20个工作日。

(二) 未上市债券本金的兑付由债券托管人办理；上市债券本金的兑付通过登记机构和有关机构办理。本金兑付的具体事项将按照国家有关规定，由发行人在有关主管部门指定的媒体上发布的兑付公告中加以说明。

第十二条 已发行尚未兑付的债券

本期债券是发行人首次发行的债券，目前发行人没有已发行尚未兑付或逾期未兑付的债券。

第十三条 募集资金用途(略)

第十四条 风险与对策(略)

第十五条 发行人与担保人最近3年的主要财务数据与指标(略)

第十六条 律师事务所出具的法律意见(略)

第十七条 其他应说明的事项(略)

思考题：

1. 企业债券的基本条款有哪些？请以本债券发行为例说明债券的基本条款。

2. 与股权筹资相比较，企业采用发行债券筹资有哪些优点？

案例 6.5 发行债券：深圳 MM 实业股份有限公司可转换债券上市公告书

1. 重要声明与提示

本公司及全体董事、监事、高级管理人员保证上市公告书的真实性、准确性、完整性，承诺上市公告书不存在虚假记载、误导性陈述或重大遗漏，并承担个别和连带的法律责任。证券交易所、其他政府机关对本公司股票上市及有关事项的意见，均不表明对本公司的任何保证。本公司提醒广大投资者注意，凡本上市公告书未涉及的有关内容，请投资者查阅刊载于上海证券交易所网站的本公司深圳 MM 股份有限公司发行可转换公司债券募集说明书全文。

2. 概览

(1) 可转换公司债券简称：MM 转债。

(2) 可转换公司债券代码：000000。

(3) 可转换公司债券发行量：43 000 万元(43 万手)。

(4) 可转换公司债券上市量：43 000 万元(43 万手)。

(5) 可转换公司债券上市地点：上海证券交易所。

(6) 可转换公司债券上市时间：2016 年 8 月 11 日。

(7) 可转换公司债券上市的起止日期：2016 年 8 月 11 日—2021 年 7 月 27 日。

(8) 可转换公司债券登记机构：中国证券登记结算公司上海分公司。

(9) 上市推荐人：兴业证券股份有限公司。

(10) 可转换公司债券的担保人：中国工商银行广东省分行。

(11) 可转换公司债券的信用级别及资信评估机构：中诚信国际信用评级有限责任公司出具了信评委函字〔2016〕076 号《2016 年深圳 MM 实业股份有限公司可转换公司债券信用评级报告》，本次发行的 MM 可转债信用级别为 AAA 级。

3. 绪言

(1) 本上市公告书根据《中华人民共和国公司法》《中华人民共和国证券法》《关于发布〈公开发行证券的公司信息披露内容与格式准则第14号——可转换公司债券上市公告书〉的通知》《上市公司证券发行管理办法》《上海证券交易所股票上市规则》以及其他相关法律法规的规定编制。

(2) 本次发行经中国证监会证监发行字〔2016〕××号文批准，发行数量为43 000万元(43万手)，每张面值为100元，发行方式为向2016年7月26日收市后登记在册的公司股东按持股比例优先配售；公司股东放弃配售部分通过上证所交易系统上网定价方式向社会公开发行，向社会公开发行后剩余部分由本次公开发行可转债的承销团进行余额包销。

(3) 本次可转换公司债券上市经上海证券交易所以上证上字〔2016〕×××号文批复，上市地点为上海证券交易所，债券简称“MM转债”，债券代码“000000”。

(4) 本公司已于2016年7月25日分别在《中国证券报》《上海证券报》和《证券时报》上刊登了《深圳MM实业股份有限公司发行可转换公司债券募集说明书摘要》和《深圳MM实业股份有限公司可转换公司债券发行公告》。《深圳MM实业股份有限公司发行可转换公司债券募集说明书》正文可以在http://www.sse.com.cn网站查询。

4. 发行人概况(略)

5. 发行与承销

(1) 发行数量：43 000万元。

(2) 向原股东发行数量：全部向原股东优先配售。

(3) 发行价格：100元。

(4) 可转换公司债券面值：100元。

(5) 募集资金总额：43 000万元。

(6) 发行方式：向2016年7月26日收市后登记在册的公司股东按持股比例优先配售，其中有限售条件的股东和深圳市值配售的股东由主承销商组织通过网下配售，无限售条件的股东通过网上配售；公司股东放弃配售部分通过上证所交易系统以上网定价方式向社会公开发行，向社会公开发行后剩余部分由本次公开发行可转债的承销团进行余额包销。

(7) 发行情况：本次发行至2016年8月2日结束，根据发行结果，网下向原股东配售132 871 000元，网上向原股东配售75 219 000元，向社会公开发行221 910 000元，合计430 000 000元。

(8) 最大10名可转换公司债券持有人名称、持有量(略)。

(9) 发行费用总额及项目：

项目	金额/万元
承销费用	1 290.00
保存费用	400.00
律师费用	85.00
注册会计师费用	76.00
资信评估费用	16.80
路演推介费	340.20
发行费用合计	2 208.00
每张发行费用	0.000 513

(10) 承销情况。原股东及社会公众认购MM转债后，主承销商兴业证券股份有限公司未发生余额包销情况。

(11) 发行人本次可转债募集资金验资及入账情况

根据华证会计师事务所有限公司出具的《深圳 MM 实业股份有限公司验资报告》(华证验字〔2016〕第××号)，截至2016年8月3日止，已募集到发行可转换公司债券资金人民币43 000万元，扣除证券承销费和保存费1 690万元后，余额41 310万元于2016年8月2日汇入MM股份在中国工商银行深圳分行的账户内。

6. 发行条款

(1) 发行证券种类：可转换公司债券

(2) 发行数量：人民币43 000万元

(3) 票面金额：每张面值100元

(4) 可转债期限：5年

(5) 利率条款：本次发行的可转债票面利率为第1年1.3%、第2年1.6%、第3年1.9%、第4年2.2%、第5年2.5%，票面利率随计息当日一年期定期存款利率浮动。

(6) 付息日期：本次发行的可转债利息为自发行之日起每年支付一次，即每年的7月27日为付息日。

(7) 转股条款。

① 转股期：2007年1月27日—2021年7月27日。

② 初始转股价格：7.68元。

③ 转股价格的调整：当公司配股、送股或转增股本、增发(不包括可转债转换的股本)、派息等情况引起公司股份变动时，转股价格进行调整。

④ 转股价格特别向下修正条款：

- 在可转债的转股期间，当公司股价连续 30 个交易日内有 20 个交易日低于当期转股价格的 80%时，董事局有权提议特别向下修正转股价格；董事局对此权利的行使在 12 个月内不得超过一次。
- 转股价格特别向下修正方案须提交股东大会表决，且须经出席股东大会的股东持有表决权的 2/3 以上同意。股东大会表决时，持有公司可转债的股东应当回避。
- 修正后的转股价格不低于前项规定的股东大会召开日前 20 个交易日公司股票交易均价和前一交易日的均价。

⑤ 转股时不足一股金额的处理方法：当可转债持有人转股后其账户中可转债余额不足转换一股时，公司将在该种情况发生日后 5 个交易日内，以现金兑付该部分可转债的票面金额及利息。

⑥ 转股年度有关股利的归属：可转债持有人一经转股，该部分可转债不能享受当年利息(包括本付息年计息日至转股当日之间的利息)，增加的股票将自动登记入投资者的股票账户。因可转债转股而增加的公司股票享有与原股票同等的权益，参与当年度股利分配，并可于转股后下一个交易日与公司已上市交易的股票一同上市交易流通。

(8) 赎回条款。

① 到期赎回。可转债到期后的 5 个交易日内，若到时一年期存款利率高于 2.25%，公司将以[106+100×(到期日一年期存款利率−2.25%)]元/股(含当年利息)的价格将全部未转股的可转债赎回；若到时一年期存款利率不高于 2.25%，公司将以 106 元/股(含当年利息)的价格将全部未转股的可转债赎回。

② 提前赎回。在本次发行的可转债的转股期间，如果公司 A 股股票连续 20 个交易日的收盘价格高于当期转股价格的 130%，则公司有权以 103 元/股(含当期利息)的价格赎回全部或部分未转股的可转债；若在该 20 个交易日内发生过转股价格调整的情形，则在调整前的交易日按调整前的转股价格和收盘价计算，在调整后的交易日按调整后的转股价格和收盘价计算。

③ 公司每年(付息年)可按上述条件行使一次赎回权，但若在首次满足条件时不实施赎回，公司当年(付息年)不得再行使赎回权。

(9) 回售条款。

① 在转换期内，如本公司股票在连续 30 个交易日的收盘价低于当期转股价的 70%时，持有人有权以 103 元(含当期利息)的价格回售给公司。

② 可转债持有人每年(付息年)可按上述约定条件行使回售权一次，但若首次不实施回售，当年不应再行使回售权。

(10) 附加回售条款。

公司经股东大会批准改变本次发行可转债的募集资金用途，或经股东大会批准公司合并或分立时，可转债持有人享有一次附加回售的权利，可转债持有人有权将其持有的可转债全部或部分回售给公司，回售价格为 103 元/股(含当年利息)。可转债持有人行使该附加回售权不影响前述“回售条款”约定的回售权的行使。

(11) 可转换公司债券余额的处置。

根据《上海证券交易所股票上市规则》规定：可转换公司债券面值少于 3000 万元时，公司将立即公告并在 3 个交易日后停止交易。从可转债因流通面值少于前述相关规定而被停止交易后至可转债到期日前，公司将有权按面值加上应计利息提前清偿未转股的全部可转债。如公司决定提前清偿未转股的全部可转债，公司董事局将在公司做出前述决定之日起 5 个交易日内，在证监会指定报刊和互联网网站连续公布提前还本付息公告至少 3 次。公告中将载明提前还本付息的程序、价格、付款方法和时间等内容。中国证券登记结算公司上海分公司将根据公司的支付指令，直接记加持有人相应的交易保证金，同时注销可转债。提前还本付息后，公司将公告提前还本付息的结果及对公司的影响。

7. 申请转股的程序

1) 转股程序及转股申请的声明事项

转股申请通过上海证券交易所交易系统以报盘方式进行。在转换期内上海证券交易所将专门设置一交易代码供可转债持有人申请转股。持有人可以将自己账户内的可转债全部或部分申请转为本公司股票。持有人提交转股申请时，须根据其持有的可转债面值，按照当时生效的转股价格，向其指定交易的证券经营机构申报转换成本公司股票的股份数。与转股申请相应的转债总面值必须是 1000 元的整数倍。转股的最小单位为一股。不足转换为一股的可转换公司债券按第 7 条第(5)款处理。转股申请一经确认不能撤单。若持有人申请转股的数量大于该持有人实际持有转债能转换的股份数，上交所将确认其最大的可转换股票部分进行转股，申请超过部分予以取消。

在可转债存续期间，本公司将于每一季度结束后的两个交易日内公告因可转债转股所引起的普通股股份变动情况。

2) 转股申请时间

MM 转债持有人须在 MM 转债转股期内的转股申请时间提交转股申请。转股申请时间是指上海证券交易所交易日的正常交易时间，以下两种情况除外。

(1) 在本公司股票停牌时间；

(2) 按有关规定，本公司须申请停止转股的期间。

3) 可转换公司债券的冻结及注销

上海证券交易所对转股申请确认有效后，将记减(冻结并注销)投资者的可转换公司债券数额，同时记加投资者相应的股票数额。

4) 股份登记事项及因转股而配发的股份所应享有的权益

可转换公司债券经申请转股后所增加的股票将自动登记入投资者的股票账户。因可转换公司债券转换而增加的本公司 A 股股票享有与原股票同等的权益，并可于转股后下一个交易日与本公司已上市交易的 A 股股票一同上市交易流通。

5) 转股过程中的有关税费事项

转股过程中有关税费需由投资者自行负担，除非本公司应该缴纳该类税费或者本公司对该类税费负有代扣代缴义务。

8. 担保事项

经中国工商银行股份有限公司总行授权，中国工商银行股份有限公司广东省分行为本次发行提供全额连带责任保证担保，与本公司签署了《担保协议》，并出具了工银粤担保承字〔2016〕××号《担保函》。

9. 资信情况

本公司聘请了中诚信国际信用评级有限责任公司为本次发行可转债的资信进行了评级。根据中诚信国际信用评级有限责任公司出具的信评委函字〔2016〕076 号《2016 年深圳 MM 实业股份有限公司可转换公司债券信用评级报告》，本次发行的 MM 可转债信用级别为 AAA。

10. 偿债措施

本公司将努力通过良好的业绩和有效的管理确保偿债能力，向未实施转股的债券持有者按时支付利息，并在可转换公司债券到期后 5 日内向未转股的债券持有者支付本息，主要偿债措施包括以下几种。

(1) 坚持稳定发展，提高盈利能力；

(2) 保证资产的流动性，提高流动性管理能力；

(3) 保证资金用途与偿债期限相匹配；

(4) 当上述偿债措施依然未能满足偿债要求时，本次可转债的担保方中国工商银行股份有限公司广东省分行将遵照《担保函》对债券持有人进行还本付息。

11. 发行人财务会计资料(略)

12. 其他重要事项

本公司自募集说明书刊登日至本上市公告书刊登前未发生可能对本公司有较大影响的其他重要事项。

13. 董事局上市承诺(略)

14. 上市保荐人及其推荐意见(略)

思考题：

1. 该债券的 4 个基本条款——面值、期限、票面利率、还本付息方式分别是什么？
2. 说明该可转换债券的转股条款。按照初始转股价格，每一手债券可以转股多少股？

3. 说明本债券的赎回条款和回售条款。
4. 什么情况下企业偏爱可转换债券？

案例 6.6 永续债券：负债融资还是股权融资

6.6.1 资料：永续债券的特点

永续债券又称“可续期债券”“无期债券”，是不规定到期期限的含权债券。18 世纪，英国政府为筹备英法战争发行了世界上第一只永续债券。永续债券的大规模发行主要集中于最近 10 年内。我国第一只永续债券是 2013 年 10 月由武汉地铁集团有限公司发行的可续期企业债。2014 年下半年以来，我国发行永续债券逐渐增多。永续中票的发行期限常见的为 5+*N* 和 3+*N*。对于发行人而言，永续债券可以改善资本结构，降低负债率，还可以锁定长期资金，减轻兑付压力，具有很大的吸引力；对于投资人而言，永续债券收益率相对较高，信用风险相对较低，是较好的类固定收益类金融产品。永续债券具有如下产品特点。

(1) 发行人大多为高负债率的大型国企，信用水平普遍较高。行业上以能源、建筑、重化工业为主，多从事周期长、资金回报慢的基础项目投资。我国永续债券的发行人信用级别均在 AA 以上，集中于 AAA。由于级别较高，一般不设置担保条款。

(2) 永续债券偿付顺序靠后。永续债的清偿顺序一般为次级债务，优先于普通股与优先股，也有一些设置为和普通债券清偿顺序一致。

(3) 永续债券可降低杠杆率。从会计记账方式来看，永续债券由于无到期期限可以计入权益，因此起到降低资产负债率的作用。永续债券属于混合资产，既可看作股权，也可计入债权，属于介于传统债权和股票之间，更偏向为债权的融资工具。

(4) 期限安排。期限安排是永续债券最突出的特征，永续债券一般都带有赎回条款，即发行人在条款约定的时间点或者时间段内拥有按某种价格赎回永续债券的权利。比如发行结束 3 年、5 年或 10 年以后开始设置发行人赎回权。不少永续债的赎回权还不止一个，赎回价一般为面值，有的还规定了最后赎回日。若发行人不行使赎回权，则一般从第 6 个计息年度开始票面利率调整为当期基准利率加上初始利差再加上 300 个基点，在第 5 个计算年度至第 10 个计算年度内保持不变。

6.6.2 资料：华夏幸福今年永续债融资 65 亿，约定利率可达 18.1%

产业新城运营商华夏幸福基业股份有限公司(华夏幸福，600340，SH)今年以来通过永续债融资总金额达 65 亿元。

5 月 23 日，华夏幸福公告拟与华能贵诚信托有限公司签署“永续债权投资合同”。华能贵诚信托通过信托项下的信托资金向华夏幸福进行永续债权投资， 金额为不超过 30 亿元人民币，用于该公司产业园区开发建设，投资期限为无固定期限。

永续债权投资期限内，双方约定每年的投资收益率由初始投资收益率(每年 6%)和重置投资收益率组成，最高为 18%。根据公告，具体约定为，每次重置后的年化投资收益率应在前一个投资期限所适用的投资收益率的基础上跃升 300 个基点(即 3.0%)，即满 2.5 年后，第 2.5 年至第 3.5 年的年利率在第 2.5 年年利率基础上加 3%，以此类推，直至年利率达到“初始投资收益率+12%”。

华能贵诚信托的控股股东是华能资本服务有限公司。华能资本是华能集团的全资子公司，也是华能集团的金融资产投资、管理专业机构和金融服务平台。

2017 年的 5 月 19 日，全国信用评级机构大公国际资信评估有限公司上调华夏幸福主体信用级别至 AAA，评级展望为“稳定”。

永续债是指没有到期日的债券，适合投资中长期资金需求的项目。永续债的发行方只需要支付利息，没有还本压力，通常前两三年的利息成本相对较低，此后则会大幅上涨。永续债在核算时算作权益而非债务，并且永续债的债券性质并不会对公司股权稀释，因此很大程度上可以修饰房地产企业的资产负债表。但是对于企业来说，永续债并非真正意义上的股权投资，而是实实在在要求付出比普通债券更高利息的一种融资工具。

2017 年 1 月和 4 月，华夏幸福先后与中信信托有限责任公司、华宝信托有限责任公司签署“永续债权投资合同”。

根据 1 月 12 日公告，华夏幸福与中信信托的合同约定，中信信托发起信托计划，以募集资金向华夏幸福进行永续债权投资，投资金额不超过 20 亿元，投资期限为无固定期限，同样用于产业园区的开发建设。

中信信托的股东为中国中信有限公司及中信兴业投资集团有限公司。双方约定，永续债权投资资金发放之日起至期满 3 年之日(不含)的期间，投资利率为每年 6.1%；满 3 年后，第 4 年年利率在第 3 年年利率基础上加 3%，直至年利率达到 18.1%。

根据 4 月 18 日公告，华夏幸福间接全资子公司九通基业投资有限公司拟与华宝信托签署“永续债权投资合同”，金额为 15 亿元，投资期限为无固定期限。

与上述两次融资不同的是，此次融资有具体项目用途——用于嘉善高铁新城新型城镇化 PPP 项目的开发建设。

华宝信托的股东为中国宝武钢铁集团有限公司及浙江省舟山市财政局。双方约定，第 1～2 年，利率每年为 5.9%；永续债权投资资金发放满 2 年之日起调整一次利率，即第 3 年，利率为 11.9%；此后每届满一年，利率每年递增 1%，即第 N 年(N>3)的利率为[11.9+(N−3)]%。

据《经济参考报》5 月 22 日报道，监管层有可能加大对房地产信托渠道的收紧力度。《经济参考报》称，从相关部门获悉，为抑制房地产的过热发展，针对房地产信托渠道收紧政策也将加码。在此前召开的信托监管工作会上，银监会信托监督管理部就指出，房地产信托的信用风险呈上升趋势，各级监管机构要重点关注房地产融资占比高、贷款质量波动大的银行业金融机构，以及房地产信托业务增量较大、占比较高的信托公司。

经济参考报援引海通证券分析师姜超的分析称，存量债务到期压力集中在 2018—2021

年。国内地产存续债券中约有 75%是在 2019—2021 年到期。贷款的期限以 3 年为主，过去两年产生的大量贷款也将在 2018—2019 年到期，故年内债务到期压力不大，但未来 2～5 年地产行业债务到期压力集中。

资料来源：澎湃新闻. 华夏幸福今年永续债融资 65 亿，约定利率可达 18.1%[EB/OL]. https://www.thepaper.cn/newsDetail_forward_1692234.

6.6.3 资料：海航控股赎回永续债食言，25 亿元中票票面利率将重置

1. 永续债赎回计划有变

海航控股于 2015 年 10 月 19 日发行了“海南航空股份有限公司 2015 年度第一期中期票据”，发行总额为人民币 25 亿元，本计息期债券利率为 5.4%，债券期限为 3+*N* 年。

《海南航空股份有限公司 2015 年度第一期中期票据募集说明书》(以下简称《募集说明书》)中有条款约定，发行人有权选择在本期中期票据第 3 个和其后每个付息日按面值加应付利息(包括所有递延支付的利息)赎回本期中期票据。

9 月 21 日，海航控股于上海清算所公告赎回上述票据的相关事项。公告显示，海航控股计划于 2018 年 10 月 21 日即第 3 个付息日行使赎回权，全额赎回 2015 年度第一期中期票据。

然而，此份公告发布后仅过去 20 余日，海航控股关于该项赎回计划便出现截然相反的决议。

10 月 21 日，海航控股发布公告称，《募集说明书》中有发行条款约定，本期债券设有发行人赎回选择权、利率重置及递延支付利息条款，并且公司决定在 2018 年 10 月 21 日不行使赎回权。

关于不行使赎回权的原因，海航控股解释是近期原油价格及美元汇率持续上涨，同时第四季度航空业步入淡季，为规避未来不确定性因素对公司生产运营的不利影响，故做出此番决定。

此外，海航控股在公告中表示，上述债券的票面利率在第 4 个计息年度至第 6 个计息年度予以重置。按照《募集说明书》中利率重置的相关规则，若发行人不行使赎回权，则从第 4 个计息年度开始，票面利率调整为当期基准利率加上初始利差再加上 300 个基点，在第 4 个计息年度至第 6 个计息年度内保持不变，即“15 海南航空 MTN001”票面利率从 2018 年 10 月 21 日起跳升为当期基准利率加上初始利差 2.58%再加上 300 个基点。当期基准利率为 2018 年 10 月 15 日至 2018 年 10 月 19 日的中债银行间固定利率国债收益率曲线中待偿期为 3 年的国债收益率算术平均值。

2. 部分海航系企业钱紧

除海航控股以外，海航系企业流动性承压的态势似乎并未缓解。上个月，海航系企业中的另一成员——海航创新(600555，SH)对湖南信托的 3 亿元信托借款出现逾期，至今仍未全

部清偿。

据悉，湖南信托于2016年9月8日成立“湖南信托·海航创新项目集合资金信托计划”，信托计划资金用于向海航创新(海南)股份有限公司(现更名为“海航创新股份有限公司”)发放流动资金贷款，贷款规模3亿元，贷款期限为24个月，由海航旅游集团有限公司(以下简称“海航旅游集团”)为该贷款提供连带责任保证担保。

按照“信托贷款合同”约定，海航创新最迟应于2018年9月10日归还上述全部贷款本金。而在2018年9月13日，湖南信托发布公告称，截至公告发出之时，湖南信托尚未收到相关款项，海航旅游集团亦未履行相应担保义务，海航创新、海航旅游集团均已构成实质违约。

海航创新方面则表示，由于公司九龙山景区当前经营受到历史遗留问题影响，景区部分资产被查封影响到新的融资，目前公司流动资金紧张。

《每日经济新闻》记者注意到，时隔一个月，海航创新已归还湖南信托部分借款本金人民币1100万元。10月16日，海航创新于上交所披露信托借款逾期的进展公告，显示其已向湖南信托提交了分期还款计划，关联方海航实业向湖南信托出具了“还款保证函”，保证海航创新按计划履行还款义务，并自愿为海航创新在“信托贷款合同”项下的全部债务提供连带责任保证担保。

资料来源：宋戈. 变卦！海航控股赎回永续债“食言”，25亿元中票票面利率将重置[EB/OL]. http://www.nbd.com.cn/articles/2018-10-17/1263556.html.

思考题：

1. 与其他融资方式相比，企业发行永续债券融资有什么优点？

2. 企业发行永续债券应该如何进行会计处理？

3. 发行永续债券确实可以缓解企业的资金需求难题，但是如果过高的利率承诺会给企业和投资者带来什么样的风险？

第 7 章

资本结构决策

案例 7.1 资本成本：杰克股份加权平均资本成本(WACC)的计算

7.1.1 资料：加权平均资本成本的计算步骤

加权平均资本成本(WACC)是根据权益资本和债务资本各自期望的回报率及在总资本中的比重，加权计算的综合资本成本，权益资本成本乘以权益资本在资本总额中的权重加上债务资本成本乘以债务资本在总资本中的比重，即可得到加权平均资本成本，公式为

$$\mathrm{WACC}=K_{\mathrm{s}}\times\frac{S}{D+S}+K_{\mathrm{d}}\times\frac{D}{D+S}\times(1-T)$$

式中：K_{s}代表权益资本成本；S代表权益资本；D代表债务资本；K_{d}代表债务资本成本；T代表平均所得税税率。

1. 债务资本和股权资本的权重

在对需要调整的资本项目进行调整后，可以得到每一会计期间债务资本和股权资本在总资本中的权重。但由于企业每年不同会计科目的资产会有不同，在对企业未来资本结构进行预测时，可以选择预测时点 3～5 年经调整后的资本结构算数平均值作为未来资本机构预测的基础。

2. 债务资本成本

由于资本市场发展起步较晚，企业发行债权进行融资需要经过证监会的审批，门槛较高，仅有少数资质优异的企业可以发行债权进行融资。整体来说，发行债券融资在企业融资来源中所占比例相对较小。我国大部分企业债务融资的来源渠道仍然是银行贷款，在选择债务资

本成本时，短期债务可以选取中国人民银行公布的 6 个月至 1 年(含 1 年)贷款基准利率作为参考指标；而企业长期债务一般期限也不会超过 5 年，因此可以选取中国人民银行 3～5 年(含 5 年)贷款基准利率作为参考指标。

3. 股权资本成本

股权资本成本是包含普通股股东和少数股东权益的期望收益率，在确定股权资本成本时，参考模型主要有资本资产定价模型(CAPM)、套利定价模型、戈登股利增长模型、债务成本加风险报酬法、股利折现模型(DDM)等。由于资本资产定价模型对单项资产或资产组合收益率与市场整体收益率相关性进行科学合理的统计分析，在理论和实践中，大部分研究者选择资本资产定价模型来计算单项资产或资产组合的期望回报率，其计算公式为

$$R_i=R_f+\beta\times(R_m-R_f)$$

式中：R_i代表资产 i 或资产组合 i 的预期回报率；R_f代表无风险收益率；β 代表资产 i 或资产组合 i 的系统性风险；R_m-R_f代表市场风险溢价。

在无风险利率的选取上，研究中存在不同的参考标准。2003 年，宋健、曾勇在其对 EVA 模型无风险利率研究中对国债利率、居民存款利率、银行间拆借利率和债券回购利率进行对比分析，认为我国是一个高储蓄率的国家，债券市场不发达，银行 3 个月整存整取计算的年利率是相对比较接近 EVA 模型中无风险利率的指标。经过多年发展，我国资本市场有长足发展，国债发行规模和交易量增长迅速，债权发行数量和交易额不断增长。2018 年，天健兴业资产评估有限公司的崔劲结合其多年的工作经验，对资产评估实务中的指标参数选取进行研究，认为就中国市场而言，选择 1 年期国债到期收益率作为参考指标更为合适。

市场风险溢价是资本资产定价模型的重要参数，是股票市场整体期望回报率减去无风险收益率的差额，其数据可以通过经济金融数据库查找。

β 值代表单个股票或资产组合的系统性风险，用于衡量单只股票或资产组合相对于整个股票市场的波动情况。β 值越大，说明其相对于整个股票市场波动越大，需要较高的风险补偿；β 值越小，说明其波动小于市场整体波动，需要较低的风险溢价补偿；当 β 值小于零时，说明其相对于股票市场反向波动。本文选取案例公司为 A 股上市公司，β 值可以从经济金融数据库中查找。

7.1.2 资料：杰克股份加权平均资本成本的计算

1. 债务资本成本

本部分主要是根据杰克股份长短期债务在总债务中的比重及各自利率水平，进行加权平均计算得出公司整体债务资本成本。从杰克股份年度财务报表可知，杰克股份短期债务主要是短期借款、应付票据、应付账款及预收账款，应付票据主要是公司因海外销售需要支付供应商货款，不需要额外支付利息，此部分资本成本为零；应付账款和预收账款是公司正常应

付款项和预收的定金，此部分资金成本也为零；公司短期借款主要是银行借款，期限较短，对于此部分可以参照中国人民银行公布的 6 个月至 1 年(含 1 年)贷款基准利率。杰克股份长期债务部分主要是长期银行借款，期限一般不超过 5 年，对此部分可以参考中国人民银行公布的 1～5 年(含 5 年)贷款基准利率。

经计算，杰克股份 2013—2017 年平均债务资本成本分别为 5.34%、4.98%、3.93%、3.85%、3.86%，如表 7-1 所示。

表 7-1　杰克股份 2013—2017 年债务资本成本计算表

项目	2017 年	2016 年	2015 年	2014 年	2013 年
短期债务/万元	138 278	91 949	63 546	75 924	80 884
长期债务/万元	8 001	6 099	9 258	2 515	2 770
负债总额/万元	146 279	98 048	72 804	78 439	83 653
短期债务占比	94.53%	93.78%	87.28%	96.79%	96.69%
长期债务占比	5.47%	6.22%	12.72%	3.21%	3.31%
短期债务成本	4.35%	4.35%	4.35%	5.60%	6.00%
长期债务成本	4.75%	4.75%	4.75%	6.00%	6.40%
税前债务资本成本	4.37%	4.37%	4.40%	5.61%	6.01%
净利润/万元	32 391	22 082	16 936	19 563	17426
加：所得税/万元	5 228	3 039	2 492	3 068	2 493
加：财务费用/万元	1 393	−1 561	−981	603	1 853
息税前利润/万元	39 012	23 560	18 447	23 234	21 773
营业收入/万元	278 662	185 713	159 162	172 317	154 521
平均所得税税率	11.62%	11.89%	10.64%	11.35%	11.28%
税后债务资本成本	3.86%	3.85%	3.93%	4.98%	5.34%

注：数据根据杰克股份 2013—2017 年度报告整理得出。

2. 权益资本成本

1964 年，美国 Glliam Shaipe、John Lintner 等人在资产组合理论的基础上，提出资本资产定价模型，对单项资产预期收益率与资产风险之间关系做出了比较合理的诠释，被广泛应用于公司财务管理和项目投资决策分析。本部分根据资本资产定价模型计算杰克股份权益资本的市场预期回报率。

1) 无风险收益率的计算

根据资产组合理论，无风险收益率一般被认为美国国债的市场到期收益率，但是由于中美两国资本市场发展程度不同，简单套用美国的标准明显不合适。对此，我国学者也进行了不少研究。早期，不少学者倾向于使用 3 个月整存整取银行存款利率、银行间市场同业拆借利率作为参考指标，但是近年来我国国债发行不断增加，市场购买及交易日益活跃，越来越多的学者开始使用1年期国债到期收益率这一指标作为无风险收益率的参考指标。本文选取1年期国债到期收益率作为资本市场无风险收益率参考指标，如表7-2所示。

表7-2　中国国债到期收益率表

曲线名称	标准期限/年	收益率/%
中债国债收益率曲线(到期)	0	1.662 1
中债国债收益率曲线(到期)	0.08	1.867 2
中债国债收益率曲线(到期)	0.17	1.941 1
中债国债收益率曲线(到期)	0.25	2.010 2
中债国债收益率曲线(到期)	0.5	2.280 8
中债国债收益率曲线(到期)	0.75	2.358 8
中债国债收益率曲线(到期)	1	2.433 8
中债国债收益率曲线(到期)	2	2.603 5
中债国债收益率曲线(到期)	3	2.789 6
中债国债收益率曲线(到期)	5	3.068 9
中债国债收益率曲线(到期)	7	3.176 5
中债国债收益率曲线(到期)	10	3.187

注：数据来源于中国债券信息网。

2) 市场风险溢价

本文以“年”为单位，通过对A股市场2003—2018年考虑现金红利再投资的综合年市场回报率进行算术平均，如表7-3所示，得出A股市场回报率为17.08%。

表7-3　2003—2018年A股综合年市场回报率

交易年份	考虑现金红利再投资的综合年市场回报率	交易年份	考虑现金红利再投资的综合年市场回报率
2003	0.042 699	2011	−0.235 714
2004	−0.152 091	2012	0.050 396
2005	−0.071 779	2013	0.035 395
2006	1.111 037	2014	0.502 186
2007	1.329 965	2015	0.279 634
2008	−0.645 548	2016	−0.124 267
2009	0.906 644	2017	0.038 801
2010	−0.070 844	2018	−0.263 837

注：数据来源于国泰安CSMAR经济金融研究数据库。

3) 杰克股份 β 值

β 系数用于衡量某种证券或证券相对于市场的波动程度，通过某种证券或证券组合的历史收益率与市场整体收益率相关性统计分析，可以衡量单一证券或证券组合相对于市场的波动程度。在资本资产定价模型中，通常可以用某项资产的 β 系数来衡量市场对单项资产的期望收益率。

通过查询 wind 数据库杰克股份月度 β 值，如表 7-4 所示，并对其进行算术平均，可以作为杰克股份市场期望收益率的参考指标。

表 7-4　杰克股份 2018 年 7 月至 2019 年 2 月贝塔值表

时间	β(100 周)	年化收益率(100 周)	年化波动率(100 周)
2019 年 2 月	0.75	29.83	32.93
2019 年 1 月	0.73	26.76	32.63
2018 年 12 月	0.79	27.78	32.59
2018 年 11 月	0.8	28.5	32.61
2018 年 10 月	0.8	32.04	33.12
2018 年 9 月	0.81	34.56	33.26
2018 年 8 月	0.81	29.73	33.28
2018 年 7 月	0.87	40.4	36.29

注：数据来源于 WIND 数据库。

通过计算可知，杰克股份 2018 年 7 月至 2019 年 2 月平均 β 值为 0.795。

4) 权益资本成本

根据资本资产定价模型，可计算杰克股份的权益资本成本=2.43%+0.795× (17.08%−2.43%)=14.08%。

3. 加权平均资本成本

根据加权平均资本公式计算可知，杰克股份 2013—2017 年加权平均资本分别为：10.13%、9.29%、9.56%、9.57%、9.11%，如表 7-5 所示。

表 7-5　杰克股份 2013—2017 年加权平均资本成本计算

项目	2017 年	2016 年	2015 年	2014 年	2013 年
债务资本/万元	146 279	98 048	72 804	78 439	83 653
股权资本/万元	213 105	100 805	83 200	68 795	52 118
总资本/万元	359 384	198 853	156 004	147 234	135 772

(续表)

项目	2017 年	2016 年	2015 年	2014 年	2013 年
债务资本占比	40.70%	49.31%	46.67%	53.28%	61.61%
股权资本占比	59.30%	50.69%	53.33%	46.72%	38.39%
股权资本成本	14.08%	14.08%	14.08%	14.08%	14.08%
税后债务资本成本	4.37%	4.37%	4.40%	5.61%	6.01%
WACC	10.13%	9.29%	9.56%	9.57%	9.11%

注：数据根据 2013—2017 年度报告及上文分析计算得出。

资料来源：王希祥. 基于 EVA 模型的杰克股份价值评估[D]. 郑州：河南财经政法大学，2019: 22-24.

思考题：

1. 负债融资和股权融资的资本成本分别如何确定？
2. 上市公司的 β 系数值如何测算？
3. 我国中小微企业资本成本长期居高不下，你认为主要原因是什么？基于金融科技的快速发展，有哪些融资创新模式有助于破解企业融资困境？

案例 7.2 杠杆利益：净利润的增长幅度等于收入的增长幅度吗

7.2.1 资料：经营杠杆与财务杠杆

杠杆作用原本是物理学中的一个原理，该原理内容为借助杠杆，在选取适当的支点后，在杠杆的一端施加一定的作用力，会在杠杆的另一端产生放大了的作用力，以推动较重物体。杠杆作用原理应用于财务管理学中，是指企业通过运用固定成本，会对企业的盈亏产生放大的作用。杠杆作用能使企业享受到一定的利益，但同时也相应地增大了风险。如何在杠杆利益和相应的风险之间进行合理权衡，是企业在资本结构决策过程中应考虑的一个重要问题。

经营杠杆是指企业运用固定经营成本对营业利润产生的影响。有固定经营成本的企业，就存在经营杠杆。经营杠杆的存在使企业有可能享受到经营杠杆利益，即当企业的销售量增加时，营业利润会以更大的幅度增加，但同时也使企业承担的经营风险增大，即营业利润的不确定性增大；当企业的销售量下降时，营业利润会以更大的幅度下降，使企业遭受更大的损失。

财务杠杆是指企业对固定融资成本的利用程度。当企业以借债方式或发行优先股方式筹资时，融资成本具有固定费用性质，企业就存在财务杠杆。

7.2.2 资料：华联综合超市股份有限公司的成本性态分析

北京华联综合超市股份有限公司(以下简称“华联综超”)成立于 1996 年 6 月，2001 年 11 月 29 日在上海证券交易所挂牌上市。公司主要业态为大型综合超市和生鲜超市，向顾客提供物美价廉、品质优良的生鲜、食品、百货等民生必需品，经营品项超 6 万种。截至 2019 年，华联综超拥有店铺近 200 家，主要分布在北京、南京、武汉、合肥、南宁、兰州、太原、大连、沈阳、长春等地，以全国连锁的大型综合超市和生鲜超市为重点，加快销售网络扩张。生鲜业务是华联综超经营的核心，华联综超建立了生鲜商品基地及生鲜加工配送中心，直接采购上柜，保证了生鲜商品价格低廉、新鲜美味。华联综超建立全国连锁超市的 VPN 网络信息系统，实现全国门店销售数据的实时通信，为加强预测及正确决策提供保障。华联综超建立“全国联采、地区统采”的集中采购网络，形成全国统一规范的采购管理制度。这里对华联综超(股票代码：600361)的营业杠杆和财务杠杆作用进行分析。表 7-6 是华联综合超市股份有限公司 2018 年度利润表的相关信息。

表 7-6　华联综合超市股份有限公司 2018 年度利润表相关信息

单位：百万元

项目	金额	成本性态分析
营业收入	11 595.33	
减：营业成本	9 022.83	变动成本
税金及附加	23.70	变动成本
销售费用	2 112.35	混合成本
管理费用	271.82	混合成本
EBIT	164.63	
减：财务费用	143.43	
加：其他损益	74.64	
营业利润	95.84	
加：营业外收支	−6.29	
利润总额	89.55	
减：所得税费用	8.70	
净利润	80.85	

在分析营业杠杆和财务杠杆之前，需要对华联综超的各项费用进行成本性态分析。由于数据资料有限，这里只能根据主观判断和假设来进行成本性态分析。

(1) 根据商业超市的特点，我们认为营业成本全部为变动成本，税金及附加也全部视为变动成本。

(2) 销售费用为混合成本，需要进行混合成本的分解。混合成本的分解方法有账户分析法、高低点法和散点图法等，这里采用账户分析法进行分析。表 7-7 为 2018 年度华联综合超市股份有限公司销售费用的构成。

表 7-7　2018 年度华联综合超市股份有限公司销售费用的构成

单位：元

项目	本期发生额	上期发生额
工资、福利费及社会保险	764 398 601.12	789 691 069.79
租赁费	486 410 491.78	489 404 813.35
水电费	220 254 628.98	229 931 306.47
折旧及摊销	225 025 988.99	236 034 066.61
物业管理费	109 731 594.57	105 595 289.84
企划费	82 846 530.03	75 978 629.90
保洁费	65 990 577.70	69 585 389.84
物料消耗	35 513 708.35	42 224 464.50
修理费	35 637 098.34	34 691 362.73
运杂费	31 949 524.00	33 133 086.94
燃气及采暖费	22 322 411.56	23 463 216.45
印刷费	1 843 467.80	3 614 236.93
通信费	8 943 710.56	10 734 598.03
办公费	7 869 855.78	6 812 590.64
业务招待费	5 002 098.17	4 706 394.66
其他税费	299 741.35	618 776.75
广告宣传费	2 121 606.51	3 160 900.09
差旅费	2 272 708.15	2 255 359.24
保险费	2 200 339.84	2 744 756.20
其他费用	1 717 374.76	3 908 747.29
合计	2 112 352 058.34	2 168 389 056.25

其中，我们将租赁费、水电费、企划费、保洁费、物料消耗、修理费、运杂费、燃气及采暖费、印刷费、通信费、业务招待费、其他税费、广告宣传费、差旅费、保险费列为变动成本项目，而将工资、福利费及社会保险，折旧及摊销，物业管理费，办公费，其他费用列为固定成本项目，因而得出华联综超 2018 年度销售费用中的固定成本为 1 108.74 百万元，变动成本为 1 003.61 百万元，销售费用变动成本率为 8.655%(这里变动成本项目和固定成本项目的划分是编者根据主观判断决定，实践中应该根据每一项费用的具体发生情况来确定)。

(3) 管理费用为混合成本，需要进行混合成本的分解。这里也采用账户分析法进行分析。

表 7-8 为 2018 年度华联综合超市股份有限公司管理费用的构成。

表 7-8　2018 年度华联综合超市股份有限公司管理费用的构成

单位：元

项目	本期发生额	上期发生额
工资、福利费及社会保险	201 175 155.29	201 511 345.19
折旧及摊销	17 649 700.12	17 215 953.35
差旅费	6 357 901.02	5 502 845.92
业务招待费	7 420 814.08	6 228 262.96
通信费	5 761 012.55	6 413 043.95
租赁费	7 721 226.34	4 279 317.48
中介服务费	5 532 310.78	7 349 568.48
运杂费	3 602 745.27	4 003 804.44
咨询费	750 609.35	1 639 272.65
办公费	2 351 307.70	2 278 512.54
物业管理费	1 596 638.44	1 939 569.41
水电费	807 923.20	910 791.36
培训费	920 650.11	1 190 265.92
开办费	4 648 883.18	6 747 113.15
其他	5 526 649.43	5 569 406.41
合计	271 823 526.86	272 779 073.21

其中，差旅费、业务招待费、通信费、租赁费、中介服务费、运杂费列为变动成本，工资、福利费及社会保险、折旧及摊销、咨询费、办公费、物业管理费、水电费、培训费、开办费和其他列为固定成本，从而得到 2018 年度华联综超管理费用中的变动成本为 36.40 百万元，管理费用变动费率为 0.314%，固定成本为 235.43 百万元(这里变动成本项目和固定成本项目的划分是编者根据主观判断决定，实践中应该根据每一项费用的具体发生情况来确定)。

(4) 利润表中的财务费用、其他损益、营业外收支、所得税费用项目，均不进行成本性态分析。

基于以上分析可以看到，华联综超 2018 年度实现营业收入 11 595.33 百万元，营业成本 9 022.83 百万元，毛利率为 22.19%。变动成本总额为 9 022.83+23.70+1 003.61+36.40 =10 086.54 百万元，变动成本率为 86.99%。固定成本为 1 108.74+235.43=1344.17 百万元。

7.2.3　资料：华联综超的财务预测

假设在资产总额不发生变化的情况下，能够将营业收入提高 1%，变动成本随之提高，而固定成本保持不变，假设财务费用、其他损益、营业外收支也保持不变，所得税率保持不变(8.70/89.55=9.715%)，则预测华联综合超市股份有限公司提高营业收入后的利润情况如表 7-9 所示。

表 7-9　华联综合超市股份有限公司提高营业收入后的利润表预测

项目	目前营业收入	营业收入提高后的预测	增长率	计算依据
营业收入	11 595.33	11 711.28	1.000%	提高 1%
减：营业成本	9 022.83	9 113.06	1.000%	变动成本提高 1%
税金及附加	23.7	23.94	1.000%	变动成本提高 1%
销售费用	2 112.35	2 122.35	0.473%	1 108.74+8.655%×营业收入
管理费用	271.82	272.20	0.141%	235.43+0.314%×营业收入
EBIT	164.63	179.73	9.174%	
减：财务费用	143.43	143.43	0.000%	
加：其他损益	74.64	74.64	0.000%	
营业利润	95.84	110.94	15.759%	
加：营业外收支	−6.29	−6.29	0.000%	
利润总额	89.55	104.65	16.865%	
减：所得税费用	8.7	10.17	16.865%	
净利润	80.85	94.49	16.865%	

思考题：

1. 华联综超在资产规模不变的情况下，营业收入如果能够提高 1%，其息税前利润(EBIT)和净利润的增长幅度跟营业收入的增长幅度相比是否相同？这种杠杆作用是由什么原因引起的？

2. 运用两种方式计算华联综超的营业杠杆系数和财务杠杆系数(这里将财务费用全部视为利息支出。实际上，华联综超的财务费用是利息支出和利息收入的差额)。

3. 你如何看待企业的高财务杠杆效应？作为企业财务负责人，应如何处理企业的财务风险？

案例 7.3　资本结构：华为为什么不上市

7.3.1　资料：再论华为为什么不上市

近日，华为发布了 2018 年财报，财报显示华为 2018 年全年的营收额达到 7212 亿元人民币，同比增长 19.5%；净利润 593 亿元，同比增长 25.1%。对于这样一家优秀的公司没能成为上市公司，一直都是 A 股市场耿耿于怀的一件事情。

3 月 31 日，华为消费者业务首席执行官余承东在当天举行的 2019 中国(深圳) IT 领袖峰会上谈及华为至今没有上市的原因时表示，华为没上市的主要原因是，任总的核心理念就是要投资未来。上市公司会为了财务报表好看，而重视短期利润，把短期利润做得很高，但是我们会使用大量的新技术，要为远期的利润投进很多钱。他表示，基础研究非常重要，对于公司、国家的核心竞争力来说是非常重要的因素。

应该说，余承东对华为不上市原因的分析其实是不全面的。至少在本人看来，华为不上市的原因还包括以下几点。比如，华为的股权高度分散，包括任正非也只持有华为 1.4%(截至 2021 年 4 月)的股份，而其他的股权，则由华为的员工持有，其持股员工的数量超过 8 万人。这样一家股权高度分散的公司上市，很容易让公司陷入控股权争夺的困境之中，同时也很容易让公司高管团队失去对公司的控制权。这对于华为来说，无疑是一种自杀行为。

又如，华为的股权是华为对员工以及对高层的凝聚力之所在，通过持有华为的股权，不论是高管还是业务骨干，或是公司的一些重要员工，每年都可以从公司的分红中得到一笔不菲的收入。但如果华为上市了，公司股价遭到爆炒，员工及高管将一夜暴富，如因此兑现收益，落袋为安，很多高管与员工便不再持有华为的股票，华为对这些高管及员工的凝聚力就会下降。这显然是不利于华为发展的。这也是华为不上市的原因。

不过，尽管华为不上市的原因是多方面的，我们也应该看到，余承东分析的华为不上市的原因确实是一个非常重要的方面。而且这个原因至关重要，它甚至直击目前 A 股上市公司的痛点。余承东表示，上市公司重视短期利润，而华为需要投资未来，需要为了远期的利润而投进很多钱。余承东的这个说法，确实说出了 A 股市场的一个短板。

华为需要投资未来，这是有目共睹的。实际上，很多上市公司也需要投资未来。因此，我们不能说上市公司不投资未来、不重视未来。但上市公司更重视短期利润，这也是现实。有时，上市公司为了短期利润甚至会牺牲长期利益，这种事情在上市公司中是常有发生的。那么，为什么上市公司会更重视短期利润呢？

这首先是市场炒作的需要。一家公司上市了，股价高价发行，上市后又遭到市场的爆炒，股票市盈率达到了几十倍甚至几百倍。在这种情况下，要支撑起股价，上市公司自然要重视短期利润，如果短期利润不能体现出高成长性，股价就会下跌，甚至暴跌。所以，上市公司必须重视短期利润。

不仅如此，为了照顾利益中人的利益，比如，为了给大股东及董监高的股份减持套现保驾护航，上市公司也需要重视短期利润。只有把短期利润做得漂漂亮亮，才能配合市场推高股价，进而达到让大股东及董监高在相对高位减持股票的目的。

除此之外，上市公司为了自身的利益，也需要重视短期利润。比如，上市公司需要进行再融资，这是上市公司的一件大事。为了顺利实现再融资，上市公司必须重视短期利润。如果利润的增速放缓，或增速下降，甚至业绩出现亏损，这显然是不利于上市公司进行再融资的。

由此可见，公司只要上市了，变成上市公司，就会受到各种利益关系的困扰。为了顾及这些利益关系，上市公司就不能不重视短期利润，有的上市公司为此甚至不惜弄虚作假。这既是上市公司的短板，也是上市公司的宿命。为了这些短期利润，有时也就难以顾及长期利益。正因如此，公司要不要上市，要不要被短期利润所捆绑，确实成了公司需要仔细考量的一个问题。在这个问题上，华为不上市，无疑是一个正确的选择。

资料来源：皮海洲. 华为不上市原因分析击中 A 股上市公司痛点[EB/OL]. https://www.cqcb.com/wealth/2019-04-01/1533336.html.

7.3.2　资料：华为试水资本市场：如果上市，可跻身世界 500 强前十

最近，让资本市场欢呼雀跃的是华为投资控股有限公司首次在境内发行债券，迈出了参与国内资本市场的第一步。

2019 年 9 月 11 日，华为投资控股有限公司低调地发布了《2019 年度第二期中期票据募集说明书》，计划在境内发行中期票据，募资 60 亿元。

这是华为大姑娘上轿——头一回。在此之前，华为融资主要集中在境外，包括两期人民币“点心债”、四期美元债券。

华为不差钱，创始人任正非曾经公开表示，华为不会走 IPO 道路。但这次向国内资本市场“借钱”，却是一个信息量巨大的积极信号，让人看到了“坚冰松动”的迹象。

截至 2019 年 6 月 30 日，华为总资产超过 7 000 亿元人民币，高达 7 057 亿元，华为账上躺着 2 500 亿元现金，完全没有必要“借钱”。

业界认为，这次发行债券，华为有两个目的：一是打通融资渠道，防患于未然；二是向外界“秀肌肉”，传递信心，凝聚合力。

2016—2018 年及 2019 年上半年，公司合并口径实现营业收入 5 180.68 亿元、5 984.80 亿元、7 151.92 亿元及 3 965.38 亿元，同比分别增长 31.58%、15.52%、19.50%及 22.86%，2016—2018 年年均复合增长率达 17.49%。随着公司各项业务规模不断扩大，营业成本及研发支出也相应增长。2016—2018 年及 2019 年上半年，公司合并口径经管活动现金支出分别为 5 542.79 亿元、6 255.38 亿元、7 782.38 亿元及 4 851.10 亿元，研发支出分别为 763.75 亿元、896.6 亿元、1 014.75 亿元及 565.97 亿元。预计公司各项业务未来保持稳定增长态势，资金支持也将进一步增加。公司本次拟发行 30 亿元中期票据，将用于补充公司本部及下属子公司营运资金。

但华为这次发行债券不得不让人浮想联翩，万众期待华为再接再厉，向前再迈进一步，让成千上万的国民、股民一起分享华为发展的滚滚红利。

在当今世界 500 强中，华为是一个另类存在，是唯一没有上市的世界 500 强。随着华为越做越强，资本市场期待华为上市的呼声也是水涨船高。

阿基米德曾经说过：给我一个支点和一根足够长的杠杆，我就能撬动整个地球。对高速发展的华为来说，上市就是把华为撬起来的那根有力的“杠杆”。

2018 年度华为实现营业收入 71 519 203 万元，约合 109 030.4 百万美元，跻身于千亿美

元俱乐部，在 2019 年的世界 500 强中排名第 61 位。如果上市，华为将“百尺竿头，更进一步”，实现质的飞跃。

比对相关上市公司的营业收入、增长速度、利润和利润率、竞争对手苹果和三星的市盈率、A 股市场基本市盈率，不难得出华为上市后可能达到的总市值将会超过万亿元人民币，甚至最高可达 10 万亿元人民币，取一个中间值，上市后，华为市值约为 5 万亿元人民币。

如果上市，华为市值是肯定超过茅台的。如果按市值算，在世界 500 强中，可以大步向前，甚至跻身于前十行列。

当然，华为股权结构分散，拥有股票的员工接近 10 万人，截至 2021 年 4 月，任正非持股只有 1.4%。这种股权分散结构，是华为上市的一道坎。然而，以任正非为首的华为人是有大智慧的，如果华为真想上市，完全是有办法的，例如可以拿出一块业务来试水资本市场，如华为手机，或者华为海思芯片，就可以让问题迎刃而解。

世界在变，做企业，也是“变则通，通则久”。这个道理，相信任正非比我们更明白。华为首次在境内发行债券，说明任正非对资本市场的看法也在发生改变。这是一个可喜的信号。面对境外以美国为首的少数西方国家强烈质疑、排斥的营商环境，华为走资本市场的道路，或许正在成为一个越来越可能的选项。

华为上市，不是为融资，而是将企业运营信息更加公开透明，借此打破外界质疑，实现清者自清。这种方式，比接受媒体采访或通过其他方式公布企业信息更加有用、更加有效。

也许，不差钱的华为，是到了公开上市的时候了。

资料来源：曾高飞. 华为试水资本市场：如果上市，可跻身世界 500 强前十[EB/OL]. https://user.guancha.cn/main/content?id=175858.

7.3.3　资料：华为公司的财务状况

表 7-10、表 7-11 分别是华为投资控股有限公司 2016—2018 年的资产负债表和利润表。

表 7-10　华为投资控股有限公司 2016—2018 年的资产负债表

单位：万元

项目	2016 年末	2017 年末	2018 年末
货币资金	12 548 237	15 726 539	18 408 732
交易性金融资产	—	—	5 767 033
以公允价值计量且其变动计入当期损益的金融资产	2 388	2675	—
可供出售金融资产	1 766 367	3 885 930	—
应收票据及应收账款	10 795 677	10 759 474	9 199 463
预付款项	341 985	331 246	285 953
其他应收款	728 920	782 849	1 176 881
存货	7 397 552	7 235 213	9 639 397

(续表)

项目	2016 年末	2017 年末	2018 年末
合同资产	—	—	4 767 501
一年内到期的非流动资产	238 289	66 860	269 196
其他流动资产	1 730 801	1 735 285	3 497 214
流动资产合计	35 550 216	40 526 071	53 011 370
可供出售金融资产	296 853	596 533	—
其他债权投资	—	—	1 760 722
长期应收款	647 106	495 737	621 284
长期股权投资	48 351	75 031	56 195
其他权益工具投资	—	—	61 699
其他非流动金融资产	—	—	50 109
投资性房地产	1 486	8 403	23 470
固定资产	3 641 027	3 924 170	5 722 004
在建工程	1 195 378	1 480 495	1 499 085
无形资产	858 421	1 014 052	1 448 253
商誉	32 299	33 817	37 684
长期待摊费用	179 995	262 285	276 009
递延所得税资产	1 693 330	1 856 534	1 725 689
其他非流动资产	219 009	249 420	285 421
非流动资产合计	8 813 254	9 996 477	13 567 624
资产总计	44 363 470	50 522 547	66 578 994
短期借款	199 835	139 982	277 875
交易性金融负债	—	—	265 401
以公允价值计量且其变动计入当期损益的金融负债	614 408	571 098	—
应付票据及应付账款	7 113 373	7 286 571	9 691 917
预收款项	3 165 246	3 413 516	-
应付职工薪酬	7 244 979	9 185 683	9 816 350
应交税费	1 181 337	1 319 501	1 263 907
其他应付款	4 714 031	4 717 512	5 736 606
合同负债	—	—	5 827 845
一年内到期的非流动负债	193 349	18 705	197 269
其他流动负债	1 465 707	2 023 274	2 847 878
流动负债合计	25 892 265	28 675 842	35 925 047

（续表）

项目	2016 年末	2017 年末	2018 年末
长期借款	2 019 908	919 304	3 550 255
应付债券	2 066 771	2 914 523	3 066 717
递延收益	153 405	134 044	120 937
递延所得税负债	110 441	147 109	193 683
其他非流动负债	107 326	170 081	416 088
非流动负债合计	4 457 851	4 285 061	7 347 680
负债合计	30 350 117	32 960 903	43 272 727
实收资本	1 494 107	1 643 517	2 223 679
资本公积	5 434 521	6 458 179	7 462 391
其他综合收益	408 443	323 466	365 458
盈余公积	747 053	821 759	1 077 966
未分配利润	5 925 282	8 311 629	12 136 079
归属于母公司所有者权益合计	14 009 406	17 558 550	23 265 572
少数股东权益	3 948	3 095	40 695
所有者权益合计	14 013 354	17 561 644	23 306 267
负债和所有者权益总计	44 363 470	50 522 547	66 578 994

表 7-11　华为投资控股有限公司 2016—2018 年的利润表

单位：万元

项目	2016 年	2017 年	2018 年
营业收入	51 806 791	59 847 997	71 519 203
减：营业成本	31 014 915	36 191 769	43 957 482
减：税金及附加	436 075	533 712	481 489
减：销售费用	5 780 719	6 110 935	7 368 305
减：管理费用	2 736 754	3 212 182	3 406 363
减：研发费用	7 637 460	8 966 570	10 147 465
减：财务费用	520 322	13 500	103 441
减：资产减值损失/(转回)	−126 797	135 169	12 844
减：信用减值损失/(转回)	—	—	197
加：其他收益	810 177	1 027 592	1 098 454
加：投资收益	189 788	43 822	126 026
加：公允价值变动收益	−233 849	−45 189	136 554
加：资产处置收益	−8 895	−11 784	84 323
营业利润	4 564 563	5 698 601	7 486 974

(续表)

项目	2016 年	2017 年	2018 年
加：营业外收入	114 641	72 601	67 625
减：营业外支出	273 391	158 443	190 178
利润总额	4 405 813	5 612 759	7 364 421
减：所得税费用	700 574	867 305	1 430 091
净利润	3 705 238	4 745 454	5 934 331

思考题：

1. 计算 2018 年度华为公司的总资产报酬率(EBIT/总资产平均余额)和净资产收益率，考虑当总资产报酬率大于负债利息率时的财务杠杆作用。

2. 计算 2018 年底华为公司的资产负债率，从资产负债率看，企业的资产负债结构是否合理？从财务的角度来说，上市的重要目的是融资，华为公司为什么选择发行债券和利用银行授信，而不选择 IPO?

3. 如果选择上市，对华为会产生什么样的影响？

4. 华为作为中国民营企业的典型代表，在激烈的国际竞争中取得了一定的竞争优势，你如何看待中国企业在国际中的地位？华为凭借哪些优势在激烈的国际竞争中立足？

案例 7.4 资本结构决策：高速公路公司的资本结构与融资决策

本案例将运用我国高速公路类上市公司的财务数据，来提出高速公路类公司投融资状况的分析思路和分析方法。通过相关财务数据，可以看到各个公司资产投资总额、资金来源、资本结构、短期和长期资金结构以及融资方式的相关信息，从而从中原高速公路股份有限公司(以下简称“中原高速”)的视角，与其他企业进行对比分析，提出中原高速公路股份有限公司的基本融资策略。

1. 融资结构与资产负债情况分析

1) 资产负债率和资产总规模分析

(1) 资产负债率分析。

这里选择中原高速以及其他 17 家国内高速公路上市公司的财务数据展开投融资状况及其效率分析。下面的分析主要以 20××年上市公司相关数据为基础展开。20××年高速上市公司资产负债对比如表 7-12 所示，20××年高速上市公司资产负债率柱状图如图 7-1 所示。

表 7-12 高速上市公司资产负债对比(20××年)

序号	公司名称	总资产	总负债	资产负债率
1	粤高速 A	105.26	57.26	54.40%
2	海南高速	29.57	5.21	17.62%
3	厦门港务	29.79	12.30	41.29%
4	华北高速	41.29	2.56	6.20%
5	重庆路桥	56.53	41.17	72.83%
6	五洲交通	98.37	71.71	72.90%
7	福建高速	175.02	90.35	51.62%
8	赣粤高速	185.89	86.11	46.32%
9	西藏天路	21.51	8.66	40.26%
10	宁沪高速	248.97	68.73	27.61%
11	深高速	226.17	132.82	58.73%
12	山东基建	144.40	40.57	28.10%
13	湖南投资	22.05	7.26	32.93%
14	G 东控	42.02	11.88	28.27%
15	G 皖通	94.11	33.85	35.97%
16	漳州发展	16.75	10.88	64.96%
17	楚天高速	60.12	28.36	47.17%
最高值		248.97	90.35	72.90%
最低值		16.75	2.56	6.20%
平均值		93.99	36.05	42.77%
18	中原高速	283.53	220.83	77.89%

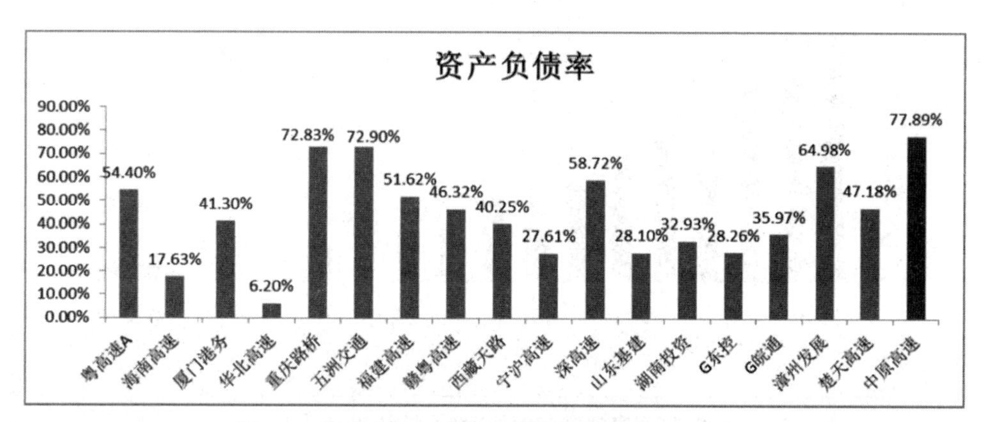

图 7-1 高速上市公司资产负债率柱状图(20××年)

通过图 7-1 可以看出，中原高速 20××年资产负债率达到 77.89%，处于高速上市公司最高位置，与其基本相当的有重庆路桥和五洲交通，而所有高速公路类上市公司的平均资产负债率只有 42.77%，显然，过高的资产负债率影响了中原高速在未来的融资能力。

通过图 7-2 可以看出，中原高速 20××年的财务费用约为 6.57 亿元，处于高速上市公司最高位置，其财务费用主要是由过高的银行贷款产生的，过高的财务费用影响了中原高速的盈利能力或再融资能力。

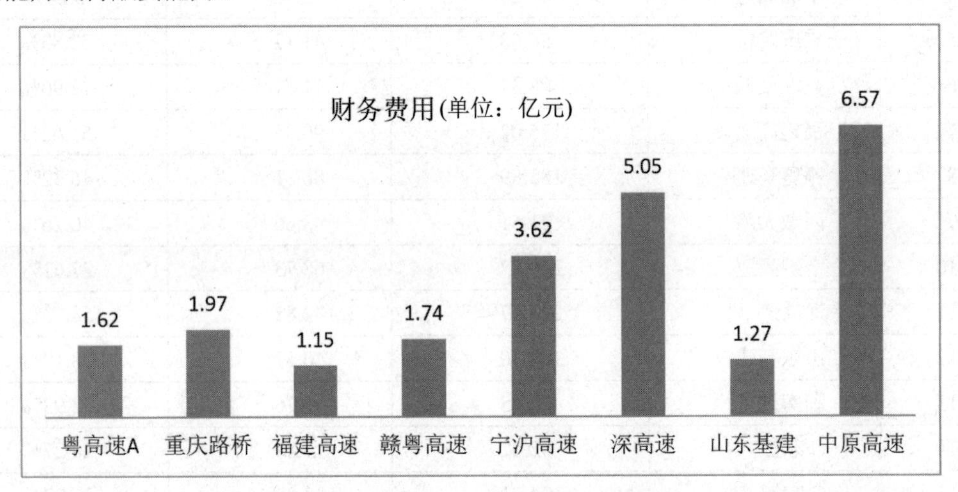

图 7-2　高速公路上市公司财务费用柱状图(20××年)

(2) 资产总规模分析。

资产总规模，基本上可以反映同行业各企业的经营规模，因此，可以直接将资产总规模状况进行横向比较。20××年高速上市公司总资产排名情况如图 7-3 所示。

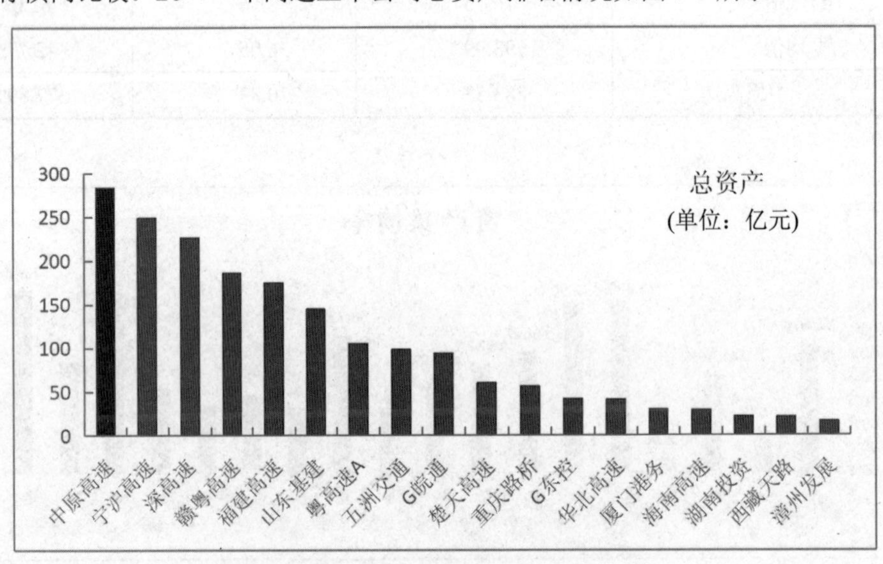

图 7-3　高速上市公司总资产排名(20××年)

从图 7-3 所反映的总资产总规模情况来看，中原高速在全部高速公路类上市公司中居首位。从资产规模来看，中原高速公路公司需要进一步融资来扩大其规模。当前我国高速公路建设正处在如火如荼的阶段，资金短缺会严重影响企业的发展速度，也会影响到企业的未来前景。

2) 高速公路类上市公司融资规模与融资结构分析

(1) 融资规模分析。

企业通过各种途径融资，才能获得企业扩张发展的资金。因此，融资规模在一定程度上也反映了企业的增长速度。当然，不能盲目认为企业融资的数量越大越好，而应主要依据企业投资的合理要求确定资金需求量，即做到以“投”定“融”。若融资不足，必然会影响企业生产经营活动的正常开展；反之，若融资过剩，则会造成盲目扩张，或者资金浪费，降低资金的使用效果。因此，企业融资应掌握一个合理的界限，在认真做好投资分析和投资决策的基础上，开展适度融资，使资金的筹集量与需求量达到平衡。图 7-4 反映了中原高速近 10 年的融资规模与同行业上市公司平均水平之间的比较。

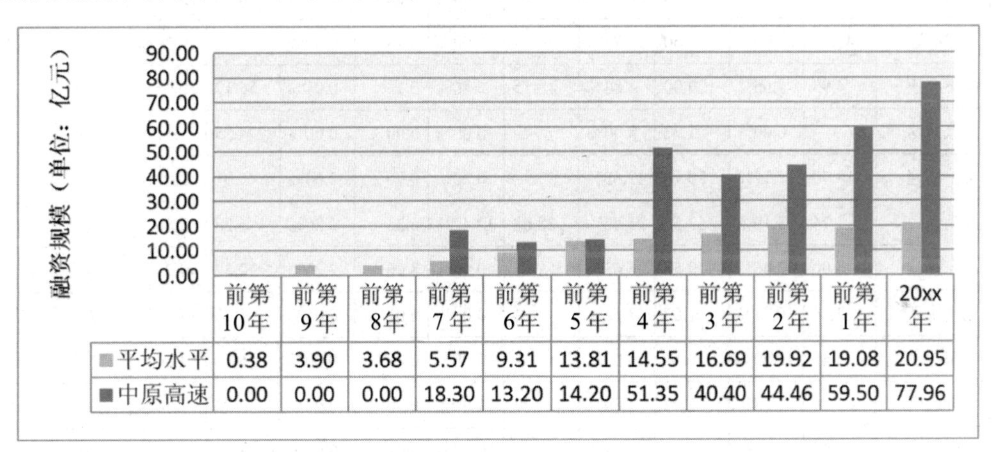

	前第10年	前第9年	前第8年	前第7年	前第6年	前第5年	前第4年	前第3年	前第2年	前第1年	20xx年
平均水平	0.38	3.90	3.68	5.57	9.31	13.81	14.55	16.69	19.92	19.08	20.95
中原高速	0.00	0.00	0.00	18.30	13.20	14.20	51.35	40.40	44.46	59.50	77.96

图 7-4　中原高速近 10 年的融资规模与同行业上市公司平均水平的比较

通过图 7-4 可以看出，中原高速最近 10 年的融资规模，从 7 年前开始持续高于其他高速上市公司融资规模平均水平。可以看到，中原高速近些年为了实现快速发展，资金需求大，融资规模大，从而影响到接下来的进一步融资能力。

(2) 负债融资结构分析。

企业筹集的资金按其性质不同，可分为权益资金和债务资金。权益资金是企业基本的资金来源，它体现企业的经济实力和抵御经营风险的能力，它也是企业举债的基础。债务资金又可称为“借入资金”，是指企业依法筹措、须按期偿还的资金，其所有权属于企业的债权人。债务资金主要包括各种借款、应付债券、应付票据等，它也是企业资金的主要来源。

不同的融资方式对企业风险程度的影响是不同的。有效地利用负债经营，能使企业的所有者享受到一定的利益，但负债过多，必然会使企业的偿债负担加重，财务风险增大。因此，企业在融资过程中，应合理安排融资结构，寻求融资方式的最优组合，以便在负债经营过程中，实现风险与收益的最佳平衡。

以20××年报为例，各个高速公路上市公司融资结构比例关系见表7-13，其中各比例为各项融资额占总资产的百分比。(各项比例之和为100%)

表7-13 高速上市公司各项负债融资结构对比(20××年)

单位：百万元

序号	公司名称	短期借款		长期借款		债券		其他长期负债		经营性负债		所有者权益	
		金额	比例	金额	比例	金额	比例	金额	比例	金额	比例	金额	比例
1	粤高速A	5.00	4.75%	35.75	33.97%	7.92	7.52%	1.25	1.19%	3.68	3.50%	48.00	45.60%
2	海南高速	—	0.00%	—	0.00%	—	0.00%	0.00	0.00%	0.51	1.72%	24.35	82.37%
3	厦门港务	1.36	4.57%	0.32	1.07%	—	0.00%	0.06	0.20%	9.82	32.96%	17.49	58.70%
4	华北高速	—	0.00%	—	0.00%	—	0.00%	0.93	2.25%	0.16	0.39%	38.73	129.99%
5	重庆路桥	—	0.00%	32.74	57.90%	—	0.00%	0.29	0.51%	2.85	5.04%	15.36	27.17%
6	五洲交通	6.39	6.50%	30.02	30.52%	—	0.00%	0.35	0.36%	18.83	19.14%	26.66	27.10%
7	福建高速	43.79	25.02%	27.60	15.77%	—	0.00%	0.78	0.45%	17.13	9.79%	84.67	48.38%
8	赣粤高速	4.95	2.66%	9.00	4.84%	10.15	5.46%	0.13	0.07%	55.12	29.65%	93.45	50.27%
9	西藏天路	—	0.00%	1.72	8.00%	—	0.00%	0.00	0.00%	4.55	21.15%	10.60	49.28%
10	宁沪高速	18.90	7.77%	30.78	12.65%	—	0.00%	0.00	0.00%	5.01	2.01%	170.05	69.88%
11	深高速	11.74	5.19%	57.57	25.46%	28.08	12.42%	6.33	2.80%	6.25	2.76%	93.35	41.28%
12	山东基建	5.00	3.46%	9.58	6.63%	—	0.00%	3.26	2.26%	20.52	14.21%	103.83	71.90%
13	湖南投资	2.36	10.71%	1.57	7.12%	—	0.00%	0.01	0.05%	3.14	14.24%	14.79	67.07%
14	G东控	4.45	10.59%	—	0.00%	—	0.00%	0.00	0.00%	6.16	14.66%	30.14	71.74%
15	G皖通	1.20	1.28%	1.97	2.09%	19.77	21.00%	0.90	0.96%	6.93	7.36%	60.26	64.03%
16	漳州发展	3.95	23.57%	2.99	17.87%	—	0.00%	0.01	0.06%	3.92	23.40%	5.87	35.02%
17	楚天高速	6.00	9.98%	15.00	24.95%	—	0.00%	0.00	0.00%	7.36	12.24%	31.76	52.82%
	最高值	43.79	25.02%	57.57	57.90%	28.08	21.00%	6.33	2.80%	55.12	32.96%	170.05	129.99%
	最低值	0.00	0.00%	0.00	0.00%	0.00	0.00%	0.00	0.00%	0.16	0.39%	5.87	27.10%
	平均值	6.77	6.83%	16.04	14.64%	3.88	2.73%	0.84	0.64%	12.09	12.80%	51.14	58.88%
18	中原高速	1.30	0.46%	135.38	47.75%	15.00	5.29%	0.89	0.31%	45.67	16.11%	62.70	22.11%

注：

(1) 以上数据来源为上市公司20××年度财务报告。

(2) 经营性负债=应付票据(无息应付票据是经营性流动负债，带息的属于金融负债)+应付账款+预收款项+应付职工薪酬+应交税费+其他应付款+其他流动负债

(3) 其他长期负债=非流动负债合计-长期借款-应付债券-长期应付款

根据表 7-13 可以得到 20××年中原高速与高速上市公司资产结构对比图，如图 7-5 所示。

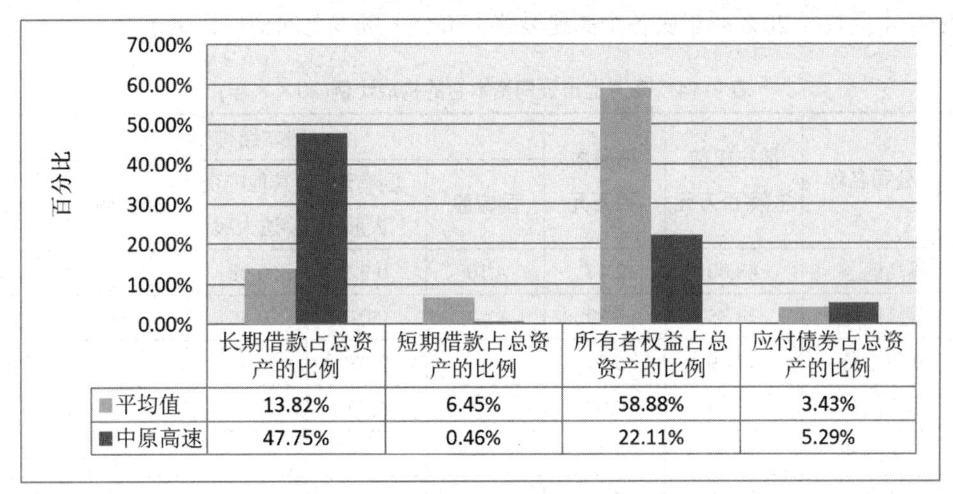

图 7-5　资产结构对比图(20××年)

通过图 7-5，我们可以得出以下结论。

第一，中原高速长期借款(主要是长期银行借款)占总资产比例达到 47.75%，远高于高速公路上市企业 13.82%的平均水平，再加上其他负债融资，使得中原高速的资产负债率很高。同时，如果企业不能通过提高股权资金的比率来降低资产负债率，单纯通过银行长期借款来增加融资额的能力有限。

第二，在长期借款比率远高于同行业平均水平的同时，中原高速短期借款(主要是 1 年内到期的银行借款)占总资产的比例为 0.46%，远低于其他上市公司 6.45%的平均值。考虑到短期借款的利息低于长期借款的利息，目前很多上市公司(包括高速公路类和其他行业的上市公司)都会适当地运用“短融长投”的策略。短融长投也叫“短借长投”，即短期借款作为长期银行借款使用，一般主要出现在企业过度投资又不能获得长期银行借款时。需注意，短融长投会增加企业的财务风险。

短融长投是依靠短期借债支撑长期资产，企业要保持能有一定规模的短期借款来维持长期资产的持续拥有，一旦短期融资青黄不接，企业就可能不得不处置长期资产，这样会损害企业生产能力。但是，只要短期融资渠道畅通，现金流量充足，短融长投的比例也不是畸高，投资者或者债权人是可以接受的，这也是企业可以考虑的一种融资策略。由于高速公路公司现金流充足的特点，对于中原高速公路股份有限公司来说，适当加大短期融资的比例对降低融资成本、提高融资能力是有一定帮助的。如果将短期借款比例从目前的 0.46%提高到行业 6.45%的平均值或者稍高一些，利率差异在 1%左右，可以节约一定的贷款利息支出。

(3) 股权融资结构分析。

通过股权融资模式筹集的资金称为“权益资金”“权益资本”或“自有资本”，是指企业依法筹集并可长期占有、自由支配的资金，其所有权属于企业的投资者，它包括企业的资本金、资本公积金、盈余公积金和未分配利润。权益资本是企业基本的资金来源，它体现企业的经济实力和抵御经营风险的能力，它也是企业举债的基础。

表 7-14 反映了 20××年底各个高速公路上市公司资本金的构成比例情况。

表 7-14　高速上市公司资本金的构成比例(20××年)

序号	公司名称	股东权益总额/百万元	总股本/百万元	股本结构/%				
				国家股	国有法人股	其他内资法人股	外资股	流通股
1	粤高速 A	48.00	12.57	4.10	0.22	0.08	—	8.16
2	海南高速	24.35	9.89	—	0.01	0.36	—	9.51
3	厦门港务	17.49	5.31	—	2.93	—	—	2.38
4	华北高速	38.73	10.90	—	6.79	—	—	4.11
5	重庆路桥	15.36	4.54	—	—	—	—	4.54
6	五洲交通	26.66	5.556	—	—	—	—	5.56
7	福建高速	84.67	27.44	14.05	—	—	—	13.40
8	赣粤高速	93.45	23.35	—	—	—	—	23.35
9	西藏天路	10.60	5.47	—	1.10	—	—	4.37
10	宁沪高速	170.05	50.38	27.43	5.89	0.51	—	16.55
11	深高速	93.35	21.81	—	—	—	—	21.81
12	山东基建	103.83	33.64	26.97	—	—	—	6.67
13	湖南投资	14.79	4.99	—	1.01	—	—	3.98
14	G 东控	30.14	10.40	—	1.43	—	2.60	6.37
15	G 皖通	60.26	13.88	5.19	3.47	—	4.90	0.33
16	漳州发展	5.87	3.16	—	0.66	—	—	2.50
17	楚天高速	31.76	9.32	—	—	—	—	9.32
最高值		170.05	50.38	27.43	6.79	0.51	4.90	23.35
最低值		5.87	3.16	0.00	0.00	0.00	0.00	0.33
平均值		51.14	14.86	15.55	2.35	0.32	3.75	8.41
18	中原高速	62.70	21.40	—	7.50	—	—	13.91

20××年中原高速股权结构统计结果如图 7-6 所示，20××年高速上市公司平均股权分配情况如图 7-7 所示。

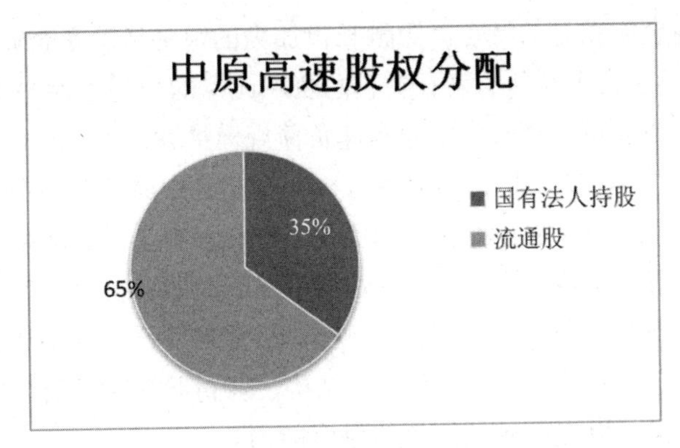

图 7-6　中原高速股权结构统计结果(20××年)

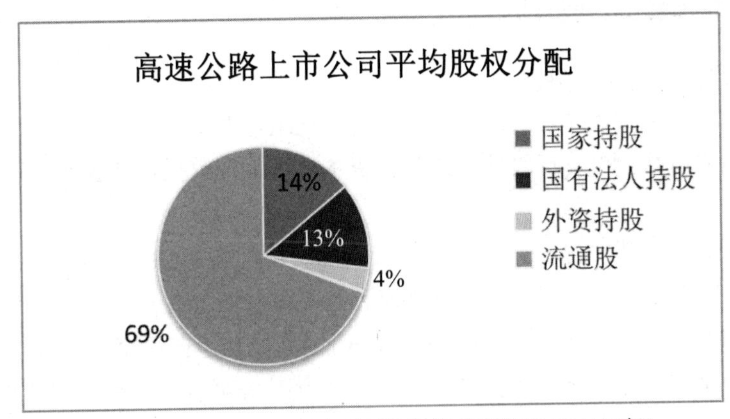

图 7-7　高速公路上市公司平均股权分配情况(20××年)

通过图 7-7 可以看到，高速公路上市公司平均股权分配情况为：国家持股 14%，国有法人持股 13%，外资持股 4%，流通股 69%。在有限售条件股份中，主要是国家持股和国有法人持股，两者合计占所有股权 27%，说明高速公路上市公司政府投资占有较大比例，这也是高速公路上市公司的一大特点。同时，中原高速股权结构比较简单，国有法人持股占 35%，流通股占 65%。中原高速利用外资较少，吸收民间资本少，这会影响股东集团的多样化。

3) 数据分析结果

通过高速公路上市公司的融资规模和融资结构比较，可得出以下结论。

(1) 与同行业企业相比，中原高速公路股份有限公司近些年融资规模大，在此基础上企业获得了快速发展，但同时由于负债规模的加大，影响了其进一步融资的能力。

(2) 从负债融资的结构分析，中原高速公路股份有限公司已经采用了短期借款、长期借款、可转债、融资租赁等多种方式。但是从规模结构上看，相对于长期借款，企业的短期借款规模偏小。可以考虑利用“短融长投”的策略，适当调整长短期借款的规模结构，以节约融资成本。如果中原高速公路股份有限公司将短期借款比例从目前的 0.46%提高到行业平均值 6.45%或者稍高一些，长短期贷款利率差异在 1%左右，可以节约不少贷款利息支出。同时，由于高速公路企业现金流充足的特点，短融长投加大的财务风险是企业能够控制的。

(3) 国内其他高速上市公司所有者权益占总资产比重的平均值为58.88%，而中原高速该比率仅为22.11%，一方面可以理解为中原高速负债规模扩大，另一方面可以理解为中原高速利用股权融资的渠道开发不够。根据前面的分析，考虑到中原高速的资产负债率，单纯靠负债融资的潜力不大，因此应开发各种股权融资的渠道和融资工具。典型的股权融资模式或融资方式包括：引进国内和国外的战略投资者定向增发、配股、公路资产证券化、特许经营权入股、BOT融资等。在单独采用银行贷款，融资规模受到资产负债率过高影响的情况下，首先通过各种股权融资方式来融资，在完善股本结构、获得股权融资资金额的同时，还能降低资产负债率，反过来又可以提高企业的负债融资能力。

2. 融资方式和融资工具分析

1) 高速公路公司的股票融资

通过对业绩较好的收费高速公路项目进行资产重组，对多元投资主体进行调整，组建高速公路股份有限公司并上市发行股票，是利用资本市场加速筹措高速公路建设资金的一个有效方式。

1996年8月，广东省高速公路发展股份有限公司发行的1.35亿股境内上市外资股(B股)在深交所成功挂牌上市，成为国内第一家高速公路上市公司，拉开了高速公路企业上市的序幕；1998年，该公司发行的1亿股社会公众股(A股)又成功地在深交所上市。通过发行A股和B股，该公司从资本市场上共筹集了15.4亿元，为广东省高速公路建设事业做出了贡献。目前，国内高速公路行业已有20多家上市公司，为国内高速公路建设事业的快速发展发挥了重要的作用。

2) 其他融资工具和融资方式的应用

除了首次发行股票之外，银行贷款是高速公路公司融资的主要模式。除此之外，还有发行企业债券、发行可转换债券、增发股票、融资租赁等方式。表7-15反映了20××年各高速上市公司已使用的融资工具情况，图7-8统计了20××年高速上市公司已使用融资工具的频数。

表7-15 高速上市公司已使用融资工具统计结果(20XX年)

序号	公司名称	银行贷款	企业债券	可转换债券	增发	融资租赁
1	粤高速A	√				
2	海南高速					
3	厦门港务	√				
4	华北高速					
5	重庆路桥	√				
6	五洲交通	√			√	

(续表)

序号	公司名称	银行贷款	企业债券	可转换债券	增发	融资租赁
7	福建高速	√				
8	赣粤高速	√		√		
9	西藏天路	√				
10	宁沪高速	√		√		
11	深高速	√	√	√		
12	山东基建	√				
13	湖南投资	√				
14	G 东控	√				
15	G 皖通	√				
16	漳州发展	√				
17	楚天高速	√				
18	中原高速	√				√

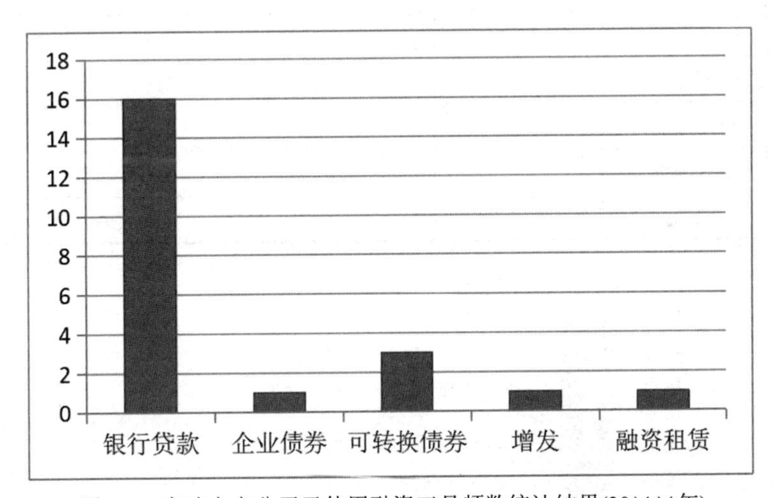

图 7-8　高速上市公司已使用融资工具频数统计结果(20××年)

从表 7-15 和图 7-8 可以看出，20××年高速上市公司使用的融资工具主要是银行贷款，其中少数高速上市公司还使用了企业债券、可转换债券、增发和融资租赁等融资工具。具体表现为 18 家公司中有 16 家公司通过银行贷款进行融资，只有海南高速和华北高速未使用银行贷款融资。此外，五洲交通还通过增发新股进行融资；赣粤高速、宁沪高速和深高速都发行可转换债券融资，其中深高速还发行了企业债券；中原高速使用融资租赁作为融资工具。

以 20××年为基准，前一年高速上市公司已使用融资工具统计结果如表 7-16 所示，频数统计结果如图 7-9 所示。

表 7-16　高速上市公司已使用融资工具统计结果(20××年前一年)

序号	公司名称	银行贷款	企业债券	可转换债券	增发
1	粤高速 A	√	√		
2	海南高速				√
3	厦门港务	√			
4	华北高速				
5	重庆路桥	√			
6	五洲交通	√		√	
7	福建高速	√			√
8	赣粤高速	√			
9	西藏天路	√			
10	宁沪高速	√		√	
11	深高速	√			
12	山东基建	√			
13	湖南投资	√			
14	G 东控	√			
15	G 皖通	√	√		
16	漳州发展	√			
17	楚天高速	√			
18	中原高速	√			√

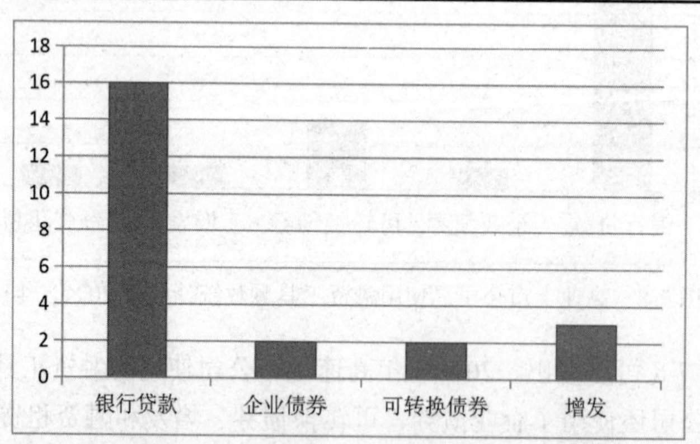

图 7-9　高速上市公司已使用融资工具频数统计结果(20××年前一年)

从表 7-16 和图 7-9 可以看出，上一年高速上市公司使用的融资工具也主要是银行贷款，其中少数高速上市公司在使用银行贷款的同时还使用企业债券、可转换债券、增发、融资租赁等融资工具。具体表现为 18 家公司中 16 家通过银行贷款进行融资，只有海南高速和华北高速未使用银行贷款融资。此外，五洲交通还通过发行可转换债券进行融资；粤高速和皖通高速进行银行贷款的同时发行企业债券融资；海南高速、福建高速和中原高速采用增发新股方式融资。

以 20××年为基准，前两年高速上市公司已使用融资工具统计结果如表 7-17 所示，频数统计结果如图 7-10 所示。

表 7-17　高速上市公司已使用融资工具统计结果(20××年前两年)

序号	公司名称	银行贷款	企业债券	可转换债券	增发
1	粤高速 A	√			
2	海南高速				√
3	现代投资	√			
4	厦门港务	√			
5	华北高速				
6	重庆路桥	√			
7	五洲交通	√	√	√	
8	福建高速	√			
9	赣粤高速	√		√	
10	西藏天路	√			
11	宁沪高速	√	√		
12	深高速	√			
13	山东基建	√		√	
14	湖南投资	√			
15	G 东控	√			
16	G 皖通	√		√	
17	漳州发展	√			
18	楚天高速	√			
19	中原高速	√			√

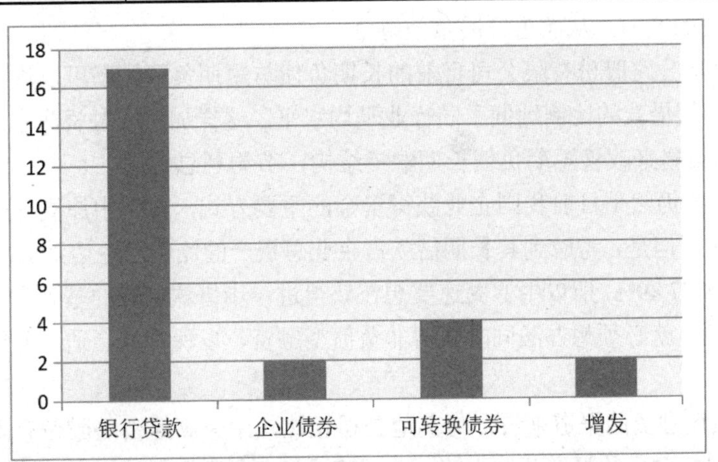

图 7-10　高速上市公司已使用融资工具频数统计结果(20××年前两年)

从表 7-17 和图 7-10 可以看出，前两年高速上市公司使用的融资工具仍然主要是银行贷款，表现为 18 家公司中有 16 家公司通过银行贷款进行融资，只有海南高速和华北高速未使用银行贷款融资。另外，五洲交通和宁沪高速还发行了企业债券融资；五洲交通、赣粤高速、山东基建和 G 皖通发行可转换债券融资；海南高速和中原高速采用增发新股方式融资。

3) 数据分析结果

通过高速上市公司已使用融资工具近 3 年的统计结果可以得出如下结论。

(1) 在发行股票融资的基础上，目前我国高速上市公司的主要融资工具是银行贷款，融资工具比较单一。

(2) 缺乏有效的政府融资平台，虽然政府在股权资金投入、银行贷款等方面给予企业多方面的支持，但是在构建持续、有效的高速公路建设融资平台方面的尝试不多。

(3) 利用外资较少，高速上市公司应通过各种形式的融资模式和融资工具，吸引外商直接或间接投资建设高速公路或转让收费公路经营权。

(4) 创新型项目融资模式和融资方式的运用较少。虽然有些高速公路上市公司积极探索包括转让经营权、资产证券化、合资合作以及 BOT 等在内的融资模式，但利用的程度不够，造成了民间资本的募集不够。民营资本以盈利和资本回收为目的，会将高速公路资产作为商品来经营，使道路使用者满意，吸引更大的交通量，也能够极大地提高工作效率、减少政府经营的弊端，因此应更高程度地利用各种创新型的融资模式和融资方式。

3. 中原高速融资状况分析结论

通过对中原高速公路股份有限公司及其他上市公司融资状况的分析，得出以下结论。

(1) 中原高速公路股份有限公司的资产负债率达到 77.89%，远高于同行业平均水平，企业要想获得更多的资金来扩大规模，必须对资产负债率进行控制。因此，首先要通过非负债型融资模式来降低或者维持现有的资产负债率。在获得非负债型融资资金额的同时，也能提高企业负债融资的能力，从而再开展负债融资。

(2) 中原高速公路股份有限公司目前的长期负债与短期负债比率可以进行适当的调整。从总体上看，短期借款的比例远低于同行业平均水平，这样加大了融资成本。可以适当运用“短融长投”的策略来改善短期负债长期融资结构，节约利息费用。

(3) 长期借款仍然是目前我国企业获得资金的主要方式，对于中原高速公路股份有限公司来说也不例外。但是，考虑到其长期借款占企业总资产的比例已经达到了 47.75%，且资产负债率已经达到 77.89%，所以中原高速要想在获得进一步借款融资的基础上还能很好地控制企业的财务风险，就必须想办法同时获得非负债型融资，以保持甚至适当降低企业的资产负债率。

(4) 从非负债融资的渠道来看，与其他公司相比，中原高速公路股份有限公司的股本结构单一，利用股权融资的渠道开发不够。公司应通过各种融资模式引进战略投资合作伙伴，实现非负债融资。

(5) 在融资模式的选择上，中原高速与战略投资合作伙伴的合作方式可以多种多样。一方面可以通过与政府的沟通来推进高速公路建设政府融资平台的建立，另一方面要利用多种形式的创新项目融资模式来为不同的高速公路项目融资。这样在资金有限的前提下，不但可以实现企业的扩张，同时与战略投资合作伙伴的非负债融资方式还能有效地控制企业资产负债率的增长，降低财务风险。

4. 中原高速公路股份有限公司融资的基本策略

1) 融资策略设计的基本原则

(1) 控制资产负债率进一步提高。资产负债率越高，企业将面临越高的财务风险。一般来说，企业资产负债率控制在 75%左右为宜，这就要求非负债型融资方式的应用。考虑到目前中原高速公路股份有限公司股权结构比较简单的情况，可以采用多种融资模式引入各类战略投资者进行战略投资，包括各种民间资本和外商资本，与他们开展多种方式的合作，吸引他们进行股权性质的投资，以控制由于前些年负债很多导致的资产负债率提高的趋势。

(2) 降低综合资本成本。在各种融资方式中，在控制财务风险的前提下来选择资本成本较小的融资方式。在一般情况下，负债融资的成本要低于非负债融资的成本，但是，如果企业的资产负债率过高，综合资本成本水平也会提高，因此还是要在控制资产负债率的基础上来考虑综合资本成本的降低。对于中原高速来说，只有增加了非负债型融资，才能相应地增加银行借款等负债融资，两种融资方式要并行进行。将非负债融资规模和负债融资规模的比例控制在 1∶3 之内，从而保证企业的资产负债率不再提高，从而控制企业的财务风险水平。

(3) 适当运用“短融长投”策略。一方面，从中原高速的短期和长期负债结构关系看，短期负债的规模与同行业相比低很多，考虑到短期负债相比长期负债的资本成本要低，所以可以适当运用“短融长投”的策略来降低综合资本成本。虽然短融长投会在一定程度上加大企业的财务风险，但是由于高速公路上市公司充足的现金流保障，短融长投策略是很适合这类企业的，中原高速应充分利用此策略。事实上，目前很多上市公司都通过运用短融长投策略来补充企业的资金需求。

(4) 风险明确与风险分担的原则。在创新型融资模式的应用上，要明确投资方、中原高速及其他融资相关者之间的风险和利益关系，特别是在项目融资方式的应用上。与发行股票、银行借款等传统融资方式相比，由于项目融资方式的灵活性和多样性，对于利益各方责任权利的设计要明确。一般来说，非负债的融资方式要求投融资各方共担风险，但对于各方承担风险程度的高低，在设计融资模式时必须非常明确。问题的关键是如何在投资者、贷款银行以及其他与项目有关的第三方之间有效地划分风险。例如，投资者可能需要承担全部建设期和试生产期风险，但是在项目建成投产以后，投资者所承担的风险责任将有可能被限制在一个特殊性确定的范围内，如投资者有可能只需要以购买项目全部或者大部分产品的方式承担项目的市场风险，而贷款银行也可能需要承担项目的一部分经营风险。

(5) 处理好近期融资战略和远期融资战略关系。高速公路融资一般都采用 7～10 年的中长期策略，近些年最长甚至可以达到 20 年左右。也有公司采用短期融资策略，如果影响融资策略的各种基本因素变化不大，就可以长期保持融资结构；一旦这些因素朝着有利于公司的方向发生较大变化时，就可以重新安排融资结构，加大或者降低负债融资的比例。因此，企业的融资策略要随着环境的变化进行调整。

2) 基本融资策略

(1) 引进战略投资者，通过各种合作方式实现非负债融资，实现股本结构的多元化。

(2) 依托政府推进高速公路融资平台建设。

(3) 在不同项目的融资中推进多种创新型项目融资模式的实施。

(4) 在非负债融资保障的基础上，通过银行借款、融资租赁、债券发行等方式配置相应的负债融资额，保证目标的资本结构。采用负债融资时注意保持适当的长短期负债结构关系。

中原高速公路股份有限公司的融资目标与融资基本思路如图 7-11 所示。

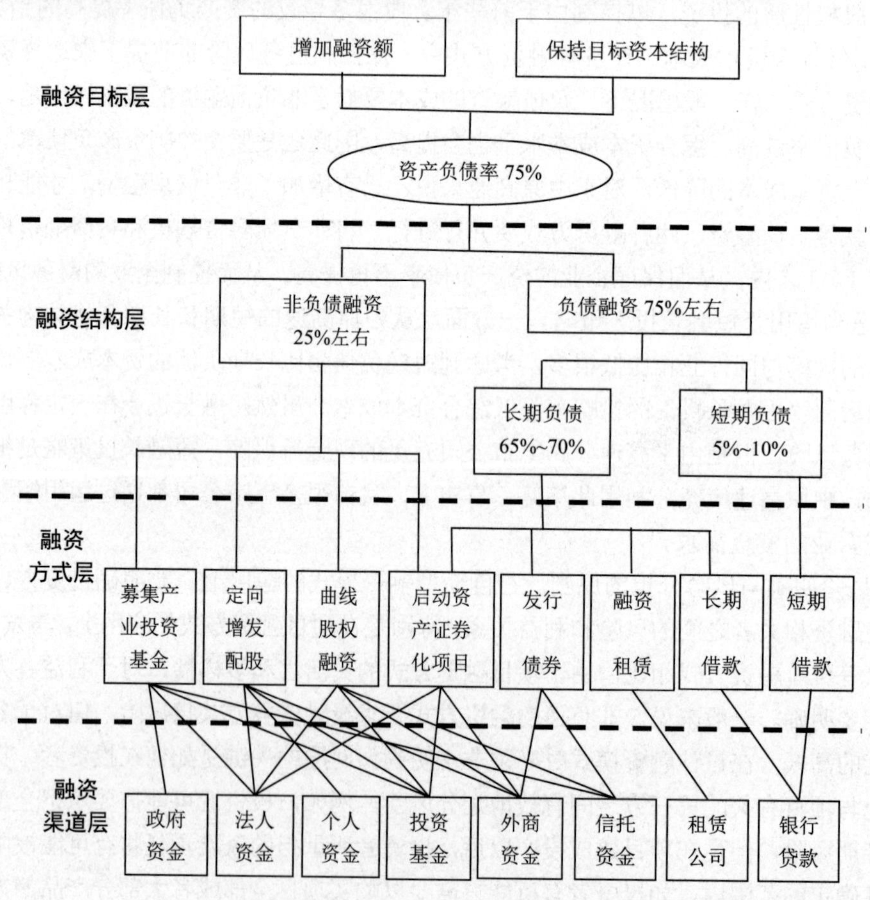

图 7-11　中原高速公路股份有限公司的融资目标与融资基本思路

由图 7-11 可知，可将公司融资策略纵向划分为融资目标层、融资结构层、融资方式层和融资渠道层 4 个层次。首先，公司的总体目标是在保持资产负债率 75%不变的前提下增加融资额。因此，可采用约 25%的非负债融资和 75%的负债融资的融资结构。其中负债融资可以采用长期负债占 65%～70%、短期负债占 5%～10%的结构。

然后，依据不同的融资性质，选择对应的融资方式。对于非负债融资，可以通过募集产业投资基金、定向增发配股、曲线股权融资以及启动资产证券化项目等方式实现融资；对于长期负债融资，可以采用启动资产证券化项目、发行债券、融资租赁和长期借款等方式实现融资；对于短期负债融资，则使用短期借款。

对于上述多种融资方式，其在实施中可行的融资渠道亦有所差异，分析如下：产业投资基金的融资来源一般为政府、法人、投资和信托的资金；定向增发配股的对象为法人、个人、投资和外商的资金；曲线股权融资的资金来源为法人、投资、外商和信托的资金；资产证券化项目的资金来源则一般为法人、投资和外商资金；债券发行对象是外商资金和信托资金，融资租赁对象为租赁公司；长短期借款则需要从银行获取贷款。通过这样的目标细分、具体化的过程，可制定出中原高速的基本融资策略。

3) 中原高速融资策略总结

(1) 中原高速融资策略设计的基本原则是控制资产负债率的提高、降低综合资本成本、适当运用“短融长投”策略、风险明确与风险分担、处理好近期融资战略和远期融资战略关系。基本的融资策略是引进战略投资者，通过各种合作方式实现非负债融资，实现股本结构的多元化，依托政府推进高速公路融资平台建设，在不同项目的融资中推进多种创新型项目融资模式的实施，在非负债融资保障的基础上，通过银行借款、融资租赁、债券发行等方式配置相应的负债融资额，保证目标资本结构。采用负债融资时，应注意保持适当的长短期负债结构关系。

(2) 政府引导型产业投资基金是以政府引导投资为主，广泛吸纳社会闲散资金的新型公有制形式，具有良好的筹资功能。具体来说，该投资基金是一种新的低成本的融资工具，可以推动公路建设和经营管理向市场化转变的进程；同时，能够吸引部分民间资本进入投资领域，广泛利用社会闲散资金；而且，在项目建设中不必集中偿还大量本息，有利于降低项目的负债率，起到降低项目融资成本的目的。政府引导型产业投资基金的目标是在不提高现有资产负债率的基础上扩大融资额。基于政府引导型产业投资基金的运作模式应该加强对资金、组织结构和运营效率的管理。

(3) 引入非负债型融资战略合作伙伴。主要方式有定向增发、通过战略合作伙伴实行资产证券化股权融资、曲线股权融资等。本书介绍了可采用的负债融资模式，主要是创建高速公路集合资金信托项目、高速公路经营质押权贷款或境外发行债券方式。然而负债融资模式极容易引起资产负债率的提高，违背了保持资产负债率原有水平的目标。

思考题：

1. 什么原因导致中原高速的资产负债率水平在行业比较中相对偏高？

2. 中原高速如何在不提高资产负债率水平的前提下进行再融资？

3. 案例中推荐中原高速适当采用短融长投的方式进行融资，会给公司带来什么样的影响？

4. 作为企业家和企业财务负责人，在企业取得快速发展的过程中，应该从哪些方面考虑企业的风险问题？

第 8 章

长期投资决策

案例 8.1 企业投资的分类：以五粮液公司为例

8.1.1 资料：投资的分类

为了加强企业的投资管理，提高投资效益，必须分清投资的性质，对投资进行科学分类。企业投资可以从多个不同的角度做如下分类。

1. 按照投资与企业生产经营的关系分类

按照投资与企业生产经营的关系，投资可以分为直接投资与间接投资两类。

直接投资又称为“生产性投资”，它是指把资金投放于生产经营性资产，以便获取利润的投资。企业的生产性投资主要包括以下几个方面：①与企业创建有关的创始性投资，如建造厂房、购置机器设备和原材料等。②与维持企业现有经营有关的重置性投资，如更新已老化或损坏的设备。③与降低企业成本有关的重置性投资，如购置高效率设备。④与现有产品和市场有关的追加性投资，如旨在增加产量、扩大销售量所进行的投资。⑤与新产品和新市场有关的扩充性投资，如为新产品和新生产线、新开拓的市场所进行的投资。

间接投资又称为“金融性投资”或“证券投资”，是指把资金投放于证券等金融资产，以便取得股利或利息收入的投资，它包括企业对政府债券、金融债券、企业债券和股票等方面的投资。随着我国金融市场的完善和多渠道筹资的形成，企业间接投资将越来越广泛。

2. 按照投资发生作用的地点分类

按照投资发生作用的地点，可将投资分为对内投资与对外投资。

对内投资是指企业将资本投放在企业内部，以购置各种生产经营资产的投资。它主要包括旨在直接形成或提高企业生产经营能力效应方面的固定资产投资和流动资产投资。企业的对内投资属于直接投资的范畴。

对外投资是指企业以现金、实物资产、无形资产等方式，或者以购买股票、债券等有价证券方式向其他单位的投资。它的目的是获得适当的投资收益或实现对其他单位的控制。企业的对外投资可以是间接投资，也可以是直接投资。

3. 按照投资回收时间分类

按照投资回收时间的长短，可将投资分为短期投资和长期投资。

短期投资又称为“流动资金投资”，是指能够并且准备在 1 年内收回的投资，这主要包括对现金、应收账款、存货、短期有价证券等的投资。长期有价证券若能够随时变现，则也可以归类于企业短期投资的范畴。

长期投资是指在 1 年以上能收回的投资，主要包括企业对厂房、机器设备等固定资产的投资，也包括对无形资产和长期有价证券的投资。

8.1.2　资料：五粮液公司 2018 年度财务报表及相关内容附注

以下为2018年度宜宾五粮液股份有限公司(以下简称五粮液公司)的报表整理信息以及关于合并报表两个项目的附注信息。

1. 资产负债表信息

2018 年度五粮液公司资产负债表如表 8-1 所示。

表 8-1　资产负债表

项目	合并报表数	母公司报表数
流动资产：		
货币资金	48 960 048 897.95	20 666 489 987.76
应收票据及应收账款	16 261 973 287.83	
其中：应收票据	16 134 641 950.86	
应收账款	127 331 336.97	
预付款项	220 916 820.64	73 237 561.54
其他应收款	871 770 375.85	12 135 135 681.28
其中：应收利息	840 888 887.75	383 190 672.91

(续表)

项目	合并报表数	母公司报表数
应收股利		342 607 430.63
存货	11 795 461 088.43	
流动资产合计	78 110 170 470.70	32 874 863 230.58
非流动资产：		
可供出售金融资产	1 200 000.00	1 200 000.00
长期股权投资	919 477 978.54	10 517 324 976.74
固定资产	5 262 163 428.02	107 626 051.93
在建工程	351 993 452.86	99 478 221.33
无形资产	412 650 156.71	40 573 281.24
商誉	1 621 619.53	
长期待摊费用	111 897 668.36	
递延所得税资产	871 859 716.03	100 889.03
其他非流动资产	51 231 242.34	
非流动资产合计	7 984 095 262.39	10 766 303 420.27
资产总计	86 094 265 733.09	43 641 166 650.85
流动负债：		
应付票据及应付账款	3 566 293 179.83	175 000.00
预收款项	6 706 735 898.48	
应付职工薪酬	2 769 295 510.19	1 267 974.86
应交税费	5 080 135 497.74	36 702 690.98
其他应付款	2 585 355 687.52	332 300 571.41
流动负债合计	20 707 815 773.76	370 446 237.25
非流动负债：		
递延收益	267 010 618.22	
非流动负债合计	267 010 618.22	
负债合计	20 974 826 391.98	370 446 237.25
所有者权益：		
股本	3 881 608 005.00	3 881 608 005.00
资本公积	2 682 647 086.15	2 682 647 086.15
盈余公积	13 120 411 030.42	6 652 731 832.83
未分配利润	43 802 603 958.99	30 053 733 489.62
归属于母公司所有者权益合计	63 487 270 080.56	
少数股东权益	1 632 169 260.55	
所有者权益合计	65 119 439 341.11	43 270 720 413.60
负债和所有者权益总计	86 094 265 733.09	43 641 166 650.85

2. 可供出售金融资产附注信息

可供出售金融资产情况如表 8-2 所示。

表 8-2 可供出售金融资产情况

单位：元

项目	期末余额			期初余额		
	账面余额	减值准备	账面价值	账面余额	减值准备	账面价值
可供出售权益工具	1 706 600.00	506 600.00	1 200 000.00	1 706 600.00	506 600.00	1 200 000.00
其中：按公允价值计量的	—	—	—	—	—	—
按成本计量的	1 706 600.00	506 600.00	1 200 000.00	1 706 600.00	506 600.00	1 200 000.00
合计	1 706 600.00	506 600.00	1 200 000.00	1 706 600.00	506 600.00	1 200 000.00

(2) 期末按成本计量的可供出售金融资产如表 8-3 所示。

表 8-3 期末按成本计量的可供出售金融资产

单位：元

被投资单位	账面余额				减值准备				在被投资单位持股比例	本期现金红利
	期初	本期增加	本期减少	期末	期初	本期增加	本期减少	期末		
北海宜达贸易公司	380 000.00			380 000.00	380 000.00			380 000.00	10.71%	
内宜高速公路	126 600.00			126 600.00	126 600.00			126 600.00		
四川中国白酒金三角品牌运营发展股份有限公司	1 200 000.00			1 200 000.00					12.00%	
合计	1 706 600.00			1 706 600.00	506 600.00			506 600.00		

(3) 报告期内可供出售金融资产减值的变动情况如表 8-4 所示。

表 8-4 报告期内可供出售金融资产减值的变动情况

单位：元

可供出售金融资产分类	可供出售权益工具	可供出售债务工具	合计
期初已计提减值余额	506 600.00		506 600.00
期末已计提减值余额	506 600.00		506 600.00

(4) 长期股权投资附注信息如表 8-5 所示。

表 8-5　长期股权投资附注信息

被投资单位	期初余额	本期增减变动			期末余额	减值准备期末余额
		减少投资	权益法下确认的投资损益	宣告发放现金股利或利润		
一、合营企业						
二、联营企业						
瞭望东方传媒有限公司	20 574 753.36		−6 832 724.00		13 742 029.36	
四川省宜宾五粮液集团财务有限公司	834 163 042.10		107 572 907.08	36 000 000.00	905 735 949.18	
河南安淮粮业有限公司	8 116 208.63	8 000 000.00	124 371.97	240 580.60		
小计	862 854 004.09	8 000 000.00	100 864 555.05	36 240 580.60	919 477 978.54	
合计	862 854 004.09	8 000 000.00	100 864 555.05	36 240 580.60	919 477 978.54	

其他说明：

(1) 对联营企业瞭望东方传媒有限公司的投资系公司为实施进入媒体行业战略，于 2005 年 4 月，出资人民币 1 715.00 万元，购买的中国华源集团、上海华源股份有限公司和上海天诚创业发展有限公司持有的瞭望东方传媒有限公司 49%的股权。

(2) 2012 年 10 月 24 日，公司第四届董事会第二十二次会议审议通过，本公司与宜宾五粮液集团公司及其下属 6 家子公司、农银国际控股有限公司共同投资设立四川省宜宾五粮液集团财务有限公司，注册资本 20 亿元，其中本公司出资 7.2 亿元，占注册资本的 36%。

(3) 2016 年 7 月 5 日，公司下属控股子公司河南五谷春酒业股份有限公司出资 800 万元(占股权比例 16%)、四川安吉物流集团有限公司出资 1 850 万元(占股权比例 37%)、淮滨县台头国家粮食储备库出资 1 350 万元(占股权比例 27%)、信阳中仓农业发展有限公司出资 1 000 万元(占股权比例 20%)共同设立河南安淮粮业有限公司。河南安淮粮业有限公司注册资本 5 000 万元，主要业务为粮油、农副产品购销、仓储服务、普通货物运输。

2018 年 4 月 10 日，河南安淮粮业有限公司股东通过其终止经营、解散清算的决议，并于 2018 年 12 月 3 日办理注销登记。

思考题：

1. 从直接投资和间接投资的角度来看，五粮液集团的合并资产负债表中哪些项目属于直接投资？哪些项目属于间接投资？

2. 从长期投资和短期投资的角度来看，五粮液集团的合并资产负债表中哪些项目属于短期投资？哪些项目属于长期投资？

3. 从内部投资和对外投资的角度看，五粮液集团的合并资产负债表中哪些项目属于对内投资？哪些项目属于对外投资？

4. 为什么合并资产负债表中的长期股权投资项目要比母公司资产负债表中的长期股权投资项目要小很多？母公司报表和合并报表的会计主体有何不同？从而导致对外长期股权投资的范围有何不同？

5. 按照对利润的贡献方式，可将资产分为经营资产和投资资产。根据经营资产和投资资产在资产总额中的占比，企业战略可分为经营主导型、投资主导型、经营和投资并重型。从服务国家创新驱动发展战略的角度来看，以经营主营业务为主的企业和投资主导型的企业哪个可能会更注重于企业内部的技术创新？

案例 8.2 投资决策：南方物流公司配送中心投资的财务决策

1. 案例背景

南方物流公司是润润医药集团的全资子公司，为润润集团公司下属 5 个医药销售公司提供物流服务。在过去的两年中，润润医药集团下属 5 家销售公司的业务规模一直比较稳定，每年维持在 30 亿元以上，按照货值比例 0.5%的收费标准，南方物流公司这两年的营业收入都维持在 1500 万元以上。目前，南方物流公司在广州市内拥有一个配送中心，负责润润集团下属 5 家销售公司的医药货物接收、仓储、配货、配送等业务，配送中心拥有仓储面积 6 000 平方米。

润润医药集团近期聘请专家进行了新一轮的战略规划。新的战略规划中提出，润润医药集团应该抓住机遇，利用自身实力开展横向并购活动，通过兼并、控股、参股等活动来扩大自身的市场份额。专家提出，在未来的 5 年中，润润医药集团的药品营业额计划从目前的 30 亿元提高到 100 亿元。

与之相对应，南方物流公司的业务量也将随之增加。一方面，南方物流公司针对润润医药集团服务的货物周转量也将从现在的每年 30 亿元增加到 5 年后的 100 亿元；另一方面，针对目前民营中小型医药商业零售企业的崛起，南方物流公司也可以根据自身的服务能力适量地为集团外的医药企业提供第三方物流服务。

基于这样的发展思路，润润集团和南方物流公司管理层认识到，目前在广州市内的 6 000 平方米库房面积远远不能满足业务发展的需求。另外，考虑到广州市内交通拥堵状况日益加剧，集团管理层也有意将物流配送中心迁移到广州市郊，这样有利于配送中心面向全省范围开展配送业务时提高配送速度。于是，经过多方协商，南方物流公司在广州市郊的开发区选定了新的物流配送中心地址，并且聘请专业物流科技企业进行物流配送中心的整体规划。

作为投资可行性研究报告的重要组成部分，投资财务分析是不可或缺的。下面的内容就是南方物流公司投资建设新物流配送中心的可行性研究报告中的财务分析部分。

2. 配送中心投资建设的财务数据估算

1) 项目投资估算

项目投资是由购买土地使用权、土建设施、配送中心设备、计算机管理控制系统等几项投资组成。根据物流中心的总平面布局、总体规划方案以及各区域的设备配置方案，对配送中心的总投资进行估算，如表 8-6 所示。

表 8-6　总投资概算

序号	项目	投资/万元	备注
1	土地使用权	1 050	
2	土建设施	1 903	
3	配送中心设备	2 376	
4	计算机管理控制系统	607	
5	公用工程设施	216	
6	流动资金投资	500	
总计		6 652	

2) 物流服务营业收入估算

项目建成后，将有效地促进公司业务量的增长和物流成本的节约。表 8-7 是对配送中心建成后的出货业务量预测情况。

表 8-7　配送中心出货业务量预测

时间/年	自营业务出货量/万元	第三方物流服务出货量/万元	总出货量估计/万元
2019	355 885	80 000	435 885
2020	409 267	160 000	569 267
2021	470 658	320 000	790 658
2022 年及以后	541 256	510 000	1 051 256

按照规划，配送中心将在 2018 年建成(2017 年和 2018 年为投资建设期)，2019 年正式投入运营。配送中心的物流服务收入主要是依据表 8-7 的出货业务量预测，假设其中零售部分的物流服务收费标准为出货业务量的 2%，批发部分物流服务收费标准为出货业务量的 0.5%，另外考虑到南方物流公司的现有场地出租收入，对 2019 年配送中心建成后的收入预测，如表 8-8 所示(考虑到所投资固定资产的综合折旧问题，假定本项目的寿命期为 15 年，即从 2019 年到 2033 年)。

表 8-8 物流服务业务收入预测

时间/年	总出货量估计/万元 (1)	商业批发出货业务量/万元 (2)=(1)×99.2%	商业批发物流服务业务收入/万元 (3)=(2)×0.5%	商业零售出货业务量/万元 (4)=(1)×0.8%	商业零售物流服务业务收入/万元 (5)=(4)×2%	原有场地出租收入/万元 (6)	营业收入总计预测/万元 (7)=(3)+(5)+(6)
2019	435885	432397.92	2161.99	3487.08	69.74	100	2331.73
2020	569267	564712.86	2823.56	4554.14	91.08	100	3014.65
2021	790658	784332.74	3921.66	6325.26	126.51	100	4148.17
2022	1051256	1042845.95	5214.23	8410.05	168.20	100	5482.43
2023—2033年每年	1051256	1042845.95	5214.23	8410.05	168.20	100	5482.43

3) 运营成本费用估算

(1) 固定资产折旧。项目的总投资额测算为 6 652 万元。其中流动资金 500 万元，其余投资 6 152 万元，看成固定资产与无形资产投资，需要计提折旧。这里，我们假定项目统一从 2019 年开始计提折旧，采用综合折旧法，综合折旧年限 15 年。固定资产残值按固定资产的 5%计算，为 307.6 万元，则可以计算每年的折旧额为 389.63 万元。

(2) 人员工资与福利费。配送中心定员 93 人，按每人每年 2.5 万元工资计算，计每年工资支出 232.5 万元；按工资总额的 14%计提福利费，福利费支出 32.55 万元；各种社会保险费支出按工资总额的 20%计，每年各种社会保险费用支出 46.5 万元。每年的人工支出共计 311.55 万元。

(3) 其他固定成本与费用。固定资产保险和修理费按固定资产总值的 2%计算，计 6 152×2%=123.04 万元；电话(包括手机)计 50 部，通信费用按每月每部 400 元计算，每年通信费合计为 20 万元；网络专用线使用费每年为 40 万元；每年差旅费及业务活动费用为 80 万元；土地使用税按每平方米 6 元计算，占地面积为 2 万平方米，土地使用税计 12 万元；房产税按从价计征方法，每年应缴纳约 28 万元；水电费用每年约 80 万元；其他固定管理费用计 100 万元。其他固定成本与费用共计 423.04 万元。

以上 3 项固定成本合计 1 184.22 万元。

(4) 变动成本与费用。业务运营的变动成本与费用包括装卸费、燃油费、车辆养路费、维护修理费、运输费、路桥费以及其他变动管理费用、营业费用、广告费用以及相关税金等。按照物流运营的一般规律，假定变动成本率为 43.3%，则各年其他变动成本计算结果如表 8-9 所示。

表 8-9　变动成本与费用计算

项目	年份			
	2019	2020	2021	2022—2033
营业收入预测/万元	2 331.73	3 014.65	4 148.17	5 482.43
变动成本与费用/万元	1 009.64	1 305.34	1 796.16	2 373.89

(5) 项目成本费用估算汇总如表 8-10 所示。

表 8-10　项目成本费用估算汇总

单位：万元

年份	土地使用税和房产税	折旧费	修理保险费	人工费用	通信费	差旅及业务费	水电费	其他办公费用	销售税金及附加	变动成本	成本费用总计
2019	40	389.63	123.04	311.55	60	80	80	100	76.95	932.69	2 193.86
2020	40	389.63	123.04	311.55	60	80	80	100	99.48	1 205.86	2 489.56
2021	40	389.63	123.04	311.55	60	80	80	100	136.89	1 659.27	2 980.37
2022	40	389.63	123.04	311.55	60	80	80	100	180.92	2 192.97	3 558.11
2023—2033 年每年	40	389.63	123.04	311.55	60	80	80	100	180.92	2 192.97	3 558.11

3. 配送中心投资建设的财务评价

1) 项目盈利能力及现金流量分析

项目带来的利润及营业现金流量如表 8-11 所示。

表 8-11　利润及营业现金流量

单位：万元

年份	销售收入	营业成本与费用增加	利润增加	所得税	净利润	营业现金流量
2019	2 331.73	2 193.86	137.87	45.50	92.38	482.00
2020	3 014.65	2 489.56	525.09	173.28	351.81	741.44
2021	4 148.17	2 980.37	1 167.80	385.37	782.42	1 172.05
2022	5 482.43	3 558.11	1 924.32	635.03	1 289.30	1 678.92
2023—2033 年每年	5 482.43	3 558.11	1 924.32	635.03	1 289.30	1 678.92

2) 投资经济效益指标分析

项目相关现金流量分析如表 8-12 所示。

表 8-12　现金流量

单位：万元

年份	固定资产无形资产投资	流动资金投资	营业现金流量	流动资金和固定资产残值回收	净现金流量	累计净现金流量	累计贴现净现金流量
2017	−3 076.00				−3076.00	−3 076.00	−3 076.00
2018	−3 076.00	−500.00			−3576.00	−6 652.00	−6 436.90
2019			482.00		482.00	−6 170.00	−6 011.14
2020			741.44		741.44	−5 428.56	−5 395.61
2021			1 172.05		1 172.05	−4 256.51	−4 481.12
2022			1 678.92		1 678.92	−2 577.59	−3 249.94
2023			1 678.92		1 678.92	−898.67	−2 092.81
2024			1 678.92		1 678.92	780.25	−1 005.29
2025			1 678.92		1 678.92	2 459.18	16.82
2026			1 678.92		1 678.92	4 138.10	977.45
2027			1 678.92		1 678.92	5 817.02	1 880.30
2028			1 678.92		1 678.92	7 495.94	2 728.84
2029			1 678.92		1 678.92	9 174.86	3 526.34
2030			1 678.92		1 678.92	10 853.79	4 275.87
2031			1 678.92		1 678.92	12 532.71	4 980.32
2032			1 678.92		1 678.92	14 211.63	5 642.39
2033			1 678.92	807.6	2 486.52	16 698.15	6 563.96

根据上述数据，计算项目经济效益评估指标结果如下：

净现值 NPV=6 563.94 万元

内部收益率 IRR=16.57%

静态投资回收期=5.54 年

投资报酬率=16.73%

动态投资回收期=6.98 年

注：贴现率按借款利率 6.4%计算。

3) 项目风险与盈亏平衡分析

在本项目中，由于配送中心的建设主要是为公司自身以及集团公司业务部服务，本项目建成后的风险主要来自公司和集团公司业务部的业务发展，以及集团公司对物流配套服务的相关政策和发展思路。根据目前的发展趋势，前面关于业务量的预测是可以实现的。从这个角度看，该项目的风险相对比较小。

项目完工投产达到设计能力后，每年可增加物流服务营业收入 5 482.43 万元，净利润 1 289.30 万元。按照前面关于固定成本和变动成本的分析，可以对该项目进行盈亏平衡分析，如图 8-1 所示。

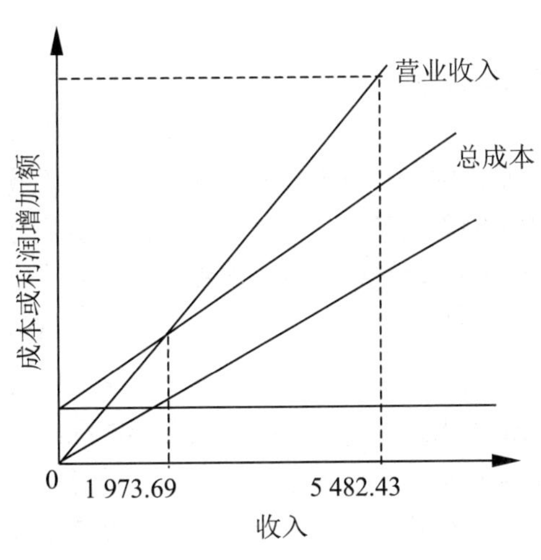

图 8-1　盈亏平衡分析

从图 8-1 中可以看出，项目投产后的保本点营业收入为 1 973.69 万元，项目安全边际率达到 64%。也就是说，项目完成后，配送中心的出货量超过 39.47 亿元，就可以实现该配送中心建设项目的盈亏平衡。

在项目投资可行性评价中，进行风险分析的方法主要有两种：一种是项目盈亏平衡分析，另一种是敏感性分析。本案例进行了盈亏平衡分析，同学们如果有兴趣，可以进一步对本项目进行敏感性分析。

4) 财务评价结论

从上述经济分析可以看出，在计算期内，本项目全部投资的财务净现值为 5 642.39 万元，内部收益率为 15.96%，静态投资回收期为 5.54 年，平均投资报酬率为 16.73%，财务指标较好，因此，项目在财务上是可行的。另外，从盈亏平衡分析来看，该项目的安全边际率达到 64%，风险相对也不大。

思考题：

1. 本项目的初始现金流量和终结现金流量分别包括哪些内容？
2. 项目投资的净利润和营业现金流量是什么关系？本项目的营业现金流量是如何计算的？
3. 请运用 Excel 工具计算本项目的净现值 NPV 和内部收益率 IRR。
4. 依据表 8-7 的数据计算本项目的静态和动态投资回收期。

5. 在项目成本费用分析中，将所有成本费用分成了固定成本和变动成本两部分，为什么要这样做？案例中的盈亏临界点 1 973.69 万元是如何计算得到的？

案例 8.3 投资决策风险分析：物流园区投资的敏感性分析

8.3.1 资料：敏感性分析方法

敏感性分析是投资决策中常用的一种重要分析方法，它用来衡量投资方案中某个或某些因素发生变动对该方案预期结果的影响程度。单因素敏感性分析是分析单个因素变动对项目经济效益指标的影响程度，而多因素敏感性分析是考虑两个或多个不确定性因素的变动对项目经济效益指标的影响程度。在投资项目决策中，一般采用单因素敏感性分析方法。

如果某个因素在较小范围内发生了变动就会影响原定方案的经济效果，即表明该因素的敏感性强；如果某因素在较大范围内变动才会影响原定方案的经济效果，即表明该因素的敏感性弱。敏感性分析的计算指标包括敏感度系数和临界值。敏感度系数是指投资项目某项效益指标变化的百分比与不确定因素变化百分比的比率。敏感度系数表示项目效益对该因素的敏感程度，应重视敏感度系数高的不确定因素对项目效益的影响。临界值是指不确定因素的极限变化值，即某项不确定因素使项目内部收益率等于要求的最低报酬率或者使得净现值为零时的变化百分比。当不确定因素变化超过了临界值，投资项目的净现值将会小于 0，或者说项目内部报酬率就会低于要求的最低报酬率，即表明项目由可行变为不可行。

单因素的敏感性分析可以用敏感性分析图来表示，通过在坐标图上做出各种不确定因素的敏感性曲线，来确定各个因素的敏感程度。敏感性分析图的作图步骤如下所述。

(1) 以纵坐标表示项目的经济评价指标(项目敏感性分析的对象)，横坐标表示各个变量因素的变化幅度(以百分比表示)。

(2) 根据敏感性分析的计算结果绘出各个变量因素的变化曲线，其中与横坐标相交角度较大的变化曲线所对应的因素就是项目的敏感性因素。

(3) 在坐标图上做出投资项目经济评价指标的临界线(如净现值等于 0 或者内部报酬率等于要求的必要报酬率等)，求出变量因素的变化曲线与临界曲线的交点，则交点的横坐标就表示该变量因素允许变化的最大幅度，即允许该因素变化的临界值。图 8-2 是以内部报酬率为基础绘制的敏感性分析图。

在图 8-2 中，C_1、C_2 和 C_3 分别表示营业收入、营业成本和投资额 3 个因素单独变化时项目是否可以接受的临界值。

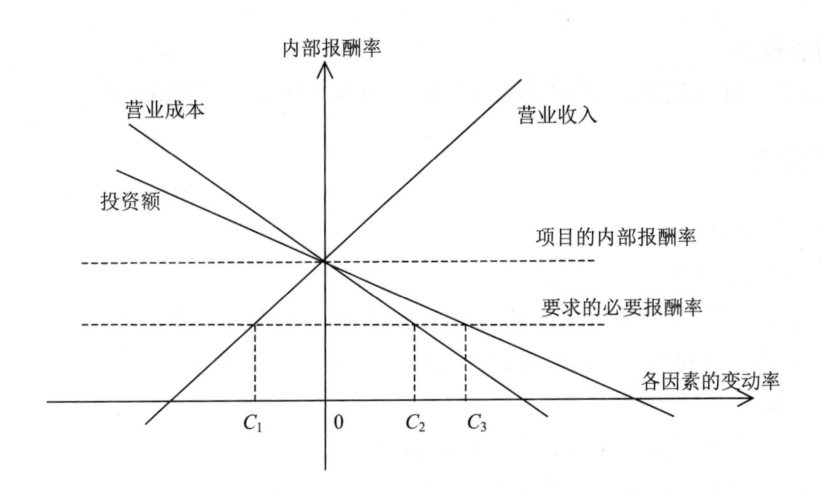

图 8-2　基于内部报酬率的敏感性分析

8.3.2　资料：物流园区建设的敏感性分析

本分析为 KNCG 新城国际物流中心(一期)项目的经济评价说明。本项目为一期建设。编制依据是 1993 年 7 月国家计划委员会、建设部颁布的《建设项目经济评价方法与参数》第二版。

1. 项目资料

1) 基础数据

(1) 建设规模：本项目规划用地面积 100.2 万平方米，建成后总建筑面积为 28.6 万平方米。

(2) 项目实施：KNCG 国际物流中心整体项目计划建设周期 15 年(2016 年 1 月—2030 年 12 月)，分为 4 期完成。其中，本一期项目开发建设周期 3 年(2016 年 1 月—2018 年 12 月)。

(3) 项目计算期：本项目的计算期拟订 17 年。其中建设期 2 年、建设经营期 1 年、经营期 14 年。

2) 建设投资

据投资估算分析，本项目的建设投资为 9.5 亿元。

3) 流动资金

项目流动资金总额是 2 850 万元。

4) 资金筹措

本项目的总投资 9.785 亿元。其中企业自筹资金 3.425 亿元，招商引资 2.446 亿元，银行贷款 3.914 亿元。

5) 项目总投资

项目总投资＝建设投资+流动资金＝9.5 亿元+0.285 亿元＝9.785 亿元

2. 财务评价

1) 营业费用测算

营业支出费用根据 KNCG 地区的有关资料测算。

(1) 基本折旧：固定资产原值 9.5 亿元，采用直线折旧计算，年限为 15 年，残值率为 10%。

(2) 人员工资及福利费：本项目需职工 124 人，人均年工资为 2 万元。附加福利及各类保险费率为 54.9%。

(3) 燃料及动力费：本项目的每日消耗水 1891 吨，按 360 天计算，价格为 4.2 元/吨；本项目的每年消耗电 3865 万千瓦时，价格为 0.745 元/千瓦时。

(4) 房产税按照房产原值的 1.2%计算。

(5) 修理费按年折旧费的 30%计算。

(6) 其他费用按每人每年 20 000 元计算。

2) 营业收入、销售税金及附加、利润预测及分配

(1) 营业收入。本项目稳定经营期的年物流吞吐量预期为 367 万吨，营业收入按照平均每吨 120 元计算，项目经营达到稳定时的营业收入为 4.4 亿元。

(2) 销售税金及附加。本项目征收增值税，税率为 5%，教育费附加和城市维护建设税分别为增值税的 3%和 7%。本项目的所得税税率 33%。

(3) 利润预测及分配。相关计算公式为

$$利润总额＝销售收入－总成本费用－销售税金及附加$$

$$税后利润(可供分配利润)＝利润总额－所得税$$

本项目的盈余公积金按税后利润的 10%提取，公益金按税后利润的 5%提取，利润预测及分配可见表 8-17 所示的损益表。

3) 财务盈利能力分析

(1) 投资利润率、投资利税率和资本金利润率分析。

投资利润率、投资利税率是反映项目财务盈利能力的静态指标。投资利润率、投资利税率是计算期内年平均利润额或年平均利税额与总投资之比。资本金利润率是反映投入项目的资本金的盈利能力，是计算期内年平均利润额与资本金之比。相关计算为

$$投资利润率=\frac{年平均利润额}{总投资}\times 100\%=15.47\%$$

$$投资利税率=\frac{年平均利税额}{总投资}\times 100\%=17.95\%$$

$$资本金利润率=\frac{年平均利润额}{资本金}\times 100\%=25.79\%$$

本方案的投资利润率、投资利税率、资本金利润率均远大于银行贷款利率。

(2) 财务内部收益率分析。本项目进行了全部投资现金流量分析，如表 8-18 所示。本项目的财务基准收益率(ic)拟订为 8%。

根据现金流量表分析，本项目的财务内部收益率(全部投资)所得税前为 15.66 %，所得税后为 12.81%。

(3) 财务净现值。根据财务现金流量表分析计算，本项目的全部投资的财务净现值(ic=8%)为 3.29 亿元。

(4) 投资回收期。根据现金流量表，本项目的全部投资的静态投资回收期为 7.04 年，动态投资回收期为 10.05 年。

4) 不确定性分析

(1) 产量盈亏平衡分析。产量盈亏平衡点(BEP)计算公式为

$$BEP=\frac{年固定成本}{年销售收入-年可变成本-年销售税金及附加}=44.83\%$$

即达到产量的 44.83%时，项目处于盈亏平衡，如图 8-3 所示。

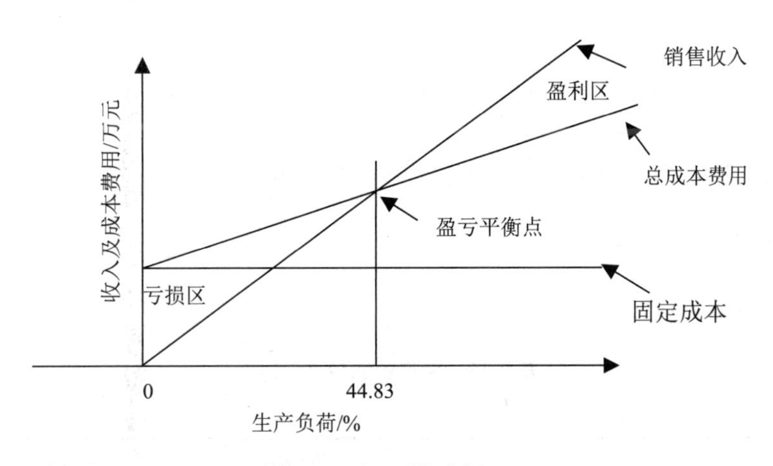

图 8-3　盈亏平衡分析

(2) 敏感性分析。本项目的敏感性分析从营业收入、固定资产投资和经营费用 3 个因素来进行。表 8-20 为本项目敏感性分析表，从表 8-20 可知，经济指标对营业收入、固定资产投资和经营费用都敏感。

敏感性分析：当营业收入降低 5%时，内部收益率为 11.57%；当营业收入降低 10%时，内部收益率为 10.31%，该因素的临界值出现在营业收入下降 18.8%时。当固定资产投资增加 5%时，内部收益率为 11.9%；当固定资产投资增加 10%时，内部收益率出现在 11.06%，该因素的临界值为固定资产投资增加 31.7%时。当经营费用增加 5%时，内部收益率为 12.02%；当经营费用增加 10%时，内部收益率为 11.22%，该因素的临界值出现在经营费用增加 29.7%

时。图 8-4 为本项目的敏感性分析。

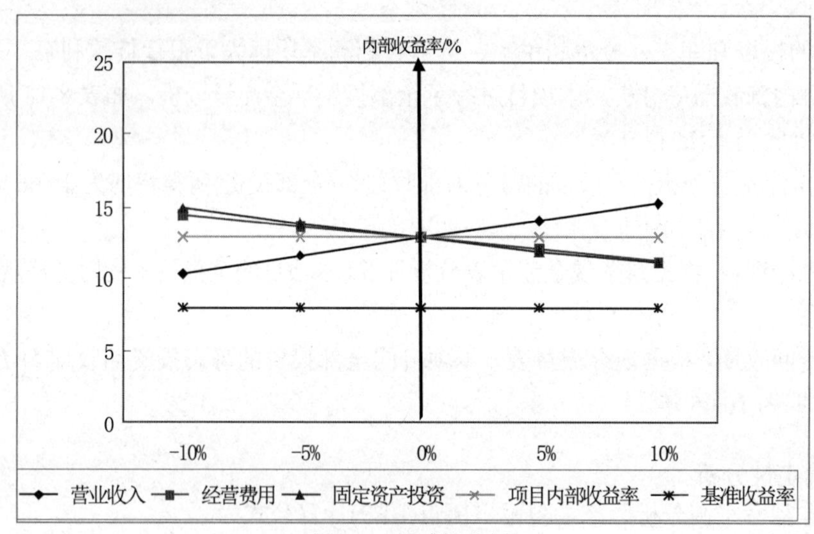

图 8-4 敏感性分析

综上，根据敏感性分析来看，本项目有一定的抗风险能力。

3. 结论

从本项目的财务评价的各项指标来看，各项财务指标都较好，本项目有一定的抗风险能力。因此，本项目在经济上可行。

本项目建成后，可以增加社会就业，有利于构建和谐社会，促进社会安定。

4. 财务评价计算报表

投资计划与资金筹措表，如表 8-13 所示。

表 8-13 投资计划与资金筹措表

单位：万元

序号	项目	建设期		建设经营期	合计
		1	2	3	
		2016	2017	2018	
1	总投资	10 000	50 000	37 850	97 850
1.1	建设投资	10 000	50 000	35 000	95 000
	其中：建设期利息			2 395.37	
1.2	流动资金			2 850	2 850

(续表)

序号	项目	建设期		建设经营期	合计
		1	2	3	
		2016	2017	2018	
2	资金筹措	10 000	50 000	37 850	97 850
2.1	自有资金	10 000	10 860	37 850	58 710
	其中：用于流动资金			2 850	2 850
	用于建设投资	10 000	10 860	35 000	55 860
2.2	借款		39 140		39 140
2.2.1	长期借款		39 140		39 140
2.2.2	流动资金借款				
2.2.3	其他短期借款				

借款还本付息计划表，如表 8-14 所示。

表 8-14　借款还本付息计划表

单位：万元

序号	项目	建设期		建设经营期	经营期			
		1	2	3	4	5	6	7
		2016	2017	2018	2019	2020	2021	2022
1	借款							
1.1	年初借款本息累计			41 535.37	39 140	39 140	39 140	39 140
1.1.1	本金							
1.1.2	建设期利息			2 395.37	4 937.33			
1.2	本年借款		39 140					
1.3	本年应计利息		2 395.37	2 541.96	2 395.37	2 395.37	2395.37	2 395.37
2	还本付息							
2.1	本年还本							39 140
2.2	本年付息			4 937.33	2 395.37	2 395.37	2395.37	2 395.37
2.3	年末本息余额		41 535.37	39 140	39 140	39 140	39140	0

营业收入和销售税金及附加估算表，如表 8-15 所示。

表 8-15 营业收入和销售税金及附加估算表

单位：万元

序号	项目	建设期		建设经营期	经营期													
		1	2	3	4	5	6	7	8	9	10	11	12	13	14	15	16	17
		2016	2017	2018	2019	2020	2021	2022	2023	2024	2025	2026	2027	2028	2029	2030	2031	2032
	生产负荷/%			82	91	100	100	100	100	100	100	100	100	100	100	100	100	100
1	营业收入			36 120	40 080	44 040	44 040	44 040	44 040	44 040	44 040	44 040	44 040	44 040	44 040	44 040	44 040	44 040
1.1	货运枢纽区费用			5 418	6 012	6 606	6 606	6 606	6 606	6 606	6 606	6 606	6 606	6 606	6 606	6 606	6 606	6 606
1.2	保税物流区费用			9 030	10 020	11 010	11 010	11 010	11 010	11 010	11 010	11 010	11 010	11 010	11 010	11 010	11 010	11 010
1.3	专业物流区费用			10 836	12 024	13 212	13 212	13 212	13 212	13 212	13 212	1 3212	13 212	13 212	13 212	13 212	13 212	13 212
1.4	配套服务区费用			3 612	4 008	4 404	4 404	4 404	4 404	4 404	4 404	4 404	4 404	4 404	4 404	4 404	4 404	4 404
1.5	通用物流区费用			7 224	8 016	8 808	8 808	8 808	8 808	8 808	8 808	8 808	8 808	8 808	8 808	8 808	8 808	8 808
2	销售税金及附加			1 986.6	2 204.4	2 422.2	2 422.2	2 422.2	2422.2	2 422.2	2 422.2	2 422.2	2 422.2	2 422.2	2 422.2	2 422.2	2 422.2	2 422.2
2.1	增值税			1 806	2 004	2 202	2 202	2 202	2 202	2 202	2 202	2 202	2 202	2 202	2 202	2 202	2 202	2 202
2.2	城市维护建设费			126.42	140.28	154.14	154.14	154.14	154.14	154.14	154.14	154.14	154.14	154.14	154.14	154.14	154.14	154.14
2.3	教育费附加			54.18	60.12	66.06	66.06	66.06	66.06	66.06	66.06	66.06	66.06	66.06	66.06	66.06	66.06	66.06

总成本费用估算表，如表 8-16 所示。

表 8-16　总成本费用估算表

单位：万元

序号	项目	建设期		建设经营期	经营期													
		2016	2017	2018	2019	2020	2021	2022	2023	2024	2025	2026	2027	2028	2029	2030	2031	2032
		1	2	3	4	5	6	7	8	9	10	11	12	13	14	15	16	17
1	房产税			265.2	353.6	442	442	442	442	442	442	442	442	442	442	442	442	442
2	燃料及动力费			2 132	2 132	3 165	3 165	3 165	3 165	3 165	3 165	3 165	3 165	3 165	3 165	3 165	3165	3 165
2.1	水费			207	207	286	286	286	286	286	286	286	286	286	286	286	286	286
2.2	电费			1 925	1 925	2 879	2 879	2 879	2 879	2 879	2 879	2 879	2 879	2 879	2 879	2 879	2879	2 879
3	工资及福利			387	387	387	387	387	387	387	387	387	387	387	387	387	387	387
4	修理费			1 710	1 710	1 710	1 710	1 710	1 710	1 710	1 710	1 710	1 710	1 710	1 710	1 710	1710	1 710
5	折旧费			5 700	5 700	5 700	5 700	5 700	5 700	5 700	5 700	5 700	5 700	5 700	5 700	5 700	5700	5 700
6	利息支出			4 937.33	2 395.37	2 395.37	2 395.37	2 395.37										
7	其他变动成本			9 030	10 020	11 010	11 010	11 010	11 010	11 010	11 010	11 010	11 010	1 1010	11 010	11 010	11 010	11 010
8	其他费用			4 063	4 063	4 063	4 063	4 063	4 063	4 063	4 063	4 063	4 063	4 063	4 063	4 063	4 063	4 063
9	总成本费用(1+2+⋯+8)			28 224.53	26 760.97	28 872.37	28 872.37	28 872.37	26 477	26 477	26 477	26 477	26 477	26 477	26 477	26 477	26 477	26 477
	其中：固定成本			17 062.53	14 608.97	14 697.37	14 697.37	14 697.37	12 302	12 302	12 302	12 302	12 302	12 302	12 302	12 302	12 302	12 302
	可变成本			11 162	12 152	14 175	14 175	14 175	14 175	14 175	14 175	14 175	14 175	14 175	14 175	14 175	14 175	14 175
10	经营成本(9−5)			22 524.53	21 060.97	23 172.37	23 172.37	23 172.37	20 777	20 777	20 777	20 777	20 777	20 777	20 777	20 777	20 777	20 777

损益表，如表 8-17 所示。

表 8-17　损益表

单位：万元

序号	项目	建设期		建设经营期	经营期													
		2016	2017	2018	2019	2020	2021	2022	2023	2024	2025	2026	2027	2028	2029	2030	2031	2032
		1	2	3	4	5	6	7	8	9	10	11	12	13	14	15	16	17
1	产品销售(营业)收入			36 120	40 080	44 040	44 040	44 040	44 040	44 040	44 040	44 040	44 040	44 040	44 040	44 040	44 040	44 040
2	销售税金及附加			1 986.6	2 204.4	2 422.2	2 422.2	2 422.2	2 422.2	2 422.2	2 422.2	2 422.2	2 422.2	2 422.2	2 422.2	2 422.2	2 422.2	2 422.2
3	总成本费用			28 224.5	26 761.0	28 872.4	28 872.4	28 872.4	26 477.0	26 477.0	26 477	26 477	26 477	26 477	26 477	26 477	26 477	26 477
4	利润总额			5 908.9	11 114.6	12 745.4	12 745.4	12 745.4	15 140.8	15 140.8	15 140.8	15 140.8	15 140.8	15 140.8	15 140.8	15 140.8	15 140.8	15 140.8
5	弥补前一年的亏损																	
6	所得税			1 949.9	3 667.8	4 206.0	4 206.0	4 206.0	4 996.5	4 996.5	4 996.5	4 996.5	4 996.5	4 996.5	4 996.5	4 996.5	4 996.5	4 996.5
7	税后利润(4+5−6)			3 958.9	7 446.8	8 539.4	8 539.4	8 539.4	10 144.3	10 144.3	10 144.3	10 144.3	10 144.3	10 144.3	10 144.3	10 144.3	10 144.3	10 144.3
8	特种基金																	
9	可供分配利润(7−8)			3 958.9	7 446.8	8 539.4	8 539.4	8 539.4	10 144.3	10 144.3	10 144.3	10 144.3	10 144.3	10 144.3	10 144.3	10 144.3	10 144.3	10 144.3

(续表)

序号	项目	建设期		建设经营期	经营期													
		2016	2017	2018	2019	2020	2021	2022	2023	2024	2025	2026	2027	2028	2029	2030	2031	2032
		1	2	3	4	5	6	7	8	9	10	11	12	13	14	15	16	17
9.1	盈余公积金、公益金			593.8	1 117.0	1 280.9	1 280.9	1 280.9	1 521.7	1 521.7	1 521.7	1 521.7	1 521.7	1 521.7	1 521.7	1 521.7	1 521.7	1 521.7
9.2	应付利润			3 365.1	6 329.8	7 258.5	7 258.5	7 258.5	8 622.7	8 622.7	8 622.7	8 622.7	8 622.7	8 622.7	8 622.7	8 622.7	8 622.7	8 622.7
计算指标		投资利润率：15.47%										投资利税率：17.95%						
		资本金利润率：25.79%										盈亏平衡点生产能力利用率：44.83%						

全部投资的现金流量表，如表 8-18 所示。

表 8-18　全部投资的现金流量表

单位：百万元

序号	项目	建设期		建设经营期	经营期														合计
		1	2	3	4	5	6	7	8	9	10	11	12	13	14	15	16	17	
		2016	2017	2018	2019	2020	2021	2022	2023	2024	2025	2026	2027	2028	2029	2030	2031	2032	
1	现金流入			361.2	400.8	440.4	440.4	440.4	440.4	440.4	440.4	440.4	440.4	440.4	440.4	440.4	440.4	563.9	6 611
1.1	产品销售(营业)收入			361.2	400.8	440.4	440.4	440.4	440.4	440.4	440.4	440.4	440.4	440.4	440.4	440.4	440.4	440.4	6 487
1.2	回收固定资产余值																	95	95
1.3	回收流动资金																	28.5	28.5
2	现金流出	100	500	643.1	269.3	298.0	298.0	298.0	282.0	282.0	282.0	282.0	282.0	282.0	282.0	282.0	282.0	282.0	5226

(续表)

序号	项目	建设期		建设经营期	经营期														合计
		1	2	3	4	5	6	7	8	9	10	11	12	13	14	15	16	17	
		2016	2017	2018	2019	2020	2021	2022	2023	2024	2025	2026	2027	2028	2029	2030	2031	2032	
2.1	固定资产投资(无建设期利息)	100	500	350															950
2.2	流动资金			28.5															28.5
2.3	经营成本			225.2	210.6	231.7	231.7	231.7	207.8	207.8	207.8	207.8	207.8	207.8	207.8	207.8	207.8	207.8	3 209
2.4	销售税金及附加			19.9	22.0	24.222	24.2	24.2	24.2	24.2	24.2	24.2	24.2	24.2	24.2	24.2	24.2	24.2	357
2.5	所得税			19.5	36.7	42.1	42.1	42.1	50.0	50.0	50.0	50.0	50.0	50.0	50.0	50.0	50.0	50.0	682
3	所得税后净现金流量(1−2)	−100	−500	−281.9	131.5	142.4	142.4	142.4	158.4	158.4	158.4	158.4	158.4	158.4	158.4	158.4	158.4	281.9	1 385
4	所得税后累计净现金流量	−100	−600	−881.9	−750.4	−608.0	−465.7	−323.3	−164.8	−6.4	152.1	310.5	469.0	627.4	785.8	944.3	1102.7	1384.7	
5	所得税前有项目净现金流量(3+2.5)	−100	−500	−262.0	153.5	166.6	166.6	166.6	182.7	182.7	182.7	182.7	182.7	182.7	182.7	182.7	182.7	306.2	1 741
6	所得税前累计净现金流量	−100	−600	−862.0	−708.5	−541.9	−375.3	−208.7	−26.0	156.6	339.3	522.0	704.6	887.3	1 070.0	1 252.6	1 435.3	1 741.5	
计算指标		财务内部收益率：12.81%(所得税后)；15.66%(所得税前)																	
		财务净现值(ic= 8%)：3.29 亿元																	
		投资回收期：10.05 年																	

财务评价主要经济指标如表 8-19 所示。

表 8-19　财务评价主要经济指标

序号	项目	单位	评价指标
1	总投资	亿元	9.785
1.1	建设投资	亿元	9.5
1.2	流动资金	万元	2850
1.3	利用原有固定资产价值	万元	
2	销售收入	亿元	4.4
3	利润总额	亿元	1.51
4	所得税	万元	4997
5	税后利润	亿元	1.01
6	内部收益率	%	(见表 8-20)
6.1	全部投资(所得税前)	%	15.66
	全部投资(所得税后)	%	12.81
7	财务净现值(*ic*=8%)	亿元	3.29
8	投资回收期(全部投资)	年	10.05
9	投资利润率	%	15.47
10	投资利税率	%	17.95
11	资本金利润率	%	25.79
12	产量盈亏平衡点生产能力利用率	%	44.83

敏感性分析如表 8-20 所示。

表 8-20　敏感性分析

项目	变化率/%	全部投资的内部收益率/%		敏感分析	备注
		所得税前	所得税后		
基本情况		15.66	12.81	敏感	
营业收入	−5	14.32	11.57		
	−10	12.97	10.31		
	5	16.97	14.03		
	10	18.26	15.23		
	18.8	8			临界值

(续表)

项目	变化率/%	全部投资的内部收益率/%		敏感分析	备注
		所得税前	所得税后		
经营费用	5	14.89	12.02	敏感	
	10	14.12	11.22		
	-5	16.42	13.6		
	-10	17.17	14.37		
	29.7	8			临界值
固定资产投资	5	14.65	11.9	敏感	
	10	13.73	11.06		
	-5	16.74	13.8		
	-10	17.93	14.87		
	31.7	8			临界值

思考题：

1. 请关注表 8-18 中历年所得税后净现金流量的计算过程。
2. 本项目中 44.83%的盈亏平衡产量是如何计算得到的？
3. 本案例运用内部收益率进行了敏感性分析，如果运用净现值进行敏感性分析，可以得到什么样的结论？
4. “理性促进和谐”，理性投资要求在进行投资决策时考虑各种风险因素。一般来说，企业进行投资决策时可能面临哪些方面的风险因素？

案例 8.4 决策相关成本：机会成本和沉没成本

8.4.1 资料：相关成本与不相关成本

在确定投资项目的相关现金流量时，应遵循一条基本的原则：只有增量现金流量才是与项目相关的现金流量。所谓增量现金流量，是指接受或拒绝某个投资项目后，企业的总现金流量因此发生的变动。只有那些由于采纳某个项目引起的现金支出增加额，才是该项目的现金流出。同样，也只有那些由于采纳某个项目引起的现金流入增加额，才是该项目的现金流入。

为了正确计算投资方案的增量现金流量，需要正确地判断哪些支出会引起企业总现金流量的变动，哪些支出不会引起企业总现金流量的变动。在进行判断时，要注意区分相关成本和非相关成本。

相关成本是指与特定决策有关的、在分析评价时必须加以考虑的成本。例如，差额成本、未来成本、重置成本、机会成本等都属于相关成本。与此相反，与特定决策无关的、在分析评价时不必加以考虑的成本就是非相关成本。例如沉没成本、过去成本、账面成本等往往都是非相关成本。如果把一个非相关成本纳入投资方案的总成本，则一个有利的方案可能因此变得不利，一个较好的方案可能因此变为较差，从而造成决策错误。沉没成本(sunk cost)，是指以往发生的，但与当前决策无关的费用。从决策的角度看，以往发生的费用只是造成当前状态的一个因素，当前决策所要考虑的是未来可能发生的费用及所带来的收益，而不考虑以往发生的费用。在经济学和商业决策制定过程中会用到沉没成本的概念，代指已经付出且不可收回的成本。

在选择投资方案时，如果选择了一个投资方案，则可能要放弃投资其他方案的机会，此时，其他投资机会可能取得的收益则是实行本方案所必须付出的一个代价，这也就是实行本方案的机会成本(opportunity cost)。机会成本不是普通意义上的“成本”，不是一种支出或者费用，而是失去的收益。这种收益不是实际发生的，而是潜在的。机会成本总是针对某个具体方案的，离开被放弃的方案就无从计量。

8.4.2　资料：大学毕业后选择直接工作还是选择考研

大多数人在大学生毕业时，有两个选择：直接就业和继续攻读硕士学位。假设从一个人出生到 22 岁大学毕业，不考虑父母投入的时间成本，只考虑经济投入，每年他要花费 5 万元。大学本科毕业时，如果他选择直接就业，则从 23 岁到 60 岁退休，平均每年可以获得经济收入 20 万元；如果他选择考研，在读研的 3 年里，父母仍然要为学生支付每年 5 万元的费用，则从 26 岁毕业后到 60 岁退休，平均每年可以获得 25 万元的经济收入。

实际上，学生求学，一方面为了掌握专业知识，以找到适合自己的工作，另一方面是为了培养健康的身心，提高自身的综合素质，以更好地为社会做出自己的贡献。在本案例中，为了使得计算简单化，仅以是否继续读研为例来说明投资决策中的相关成本问题。仅从经济性的角度出发，我们可以得到学生本科毕业直接就业和继续读研的现金流量情况，其中负值表示现金流出，正值表示现金流入，如表 8-21 所示。

表 8-21　直接毕业或者继续读研的现金流量

单位：万元

学生年龄/岁	1	2～21(每年)	22	23	24	25	26	27	28～60(每年)
方案 1：直接就业费用	−5	−5	−5	20	20	20	20	20	20
方案 2：继续读研费用	−5	−5	−5	−5	−5	−5	25	25	25
差量现金流量(2−1)	0	0	0	−25	−25	−25	5	5	5

实际上，在进行两个方案的比较时，并不会去计算方案 1 中直接就业的净现值和方案 2 中继续读研的净现值来比较，而是采用差量分析法，直接计算差量现金流量的净现值，来做出直接毕业或者继续读研的决策。

思考题：

1. 在本案例中，从一个人出生到 22 岁大学毕业，对于是直接毕业就业还是继续读研的决策来说，父母培养他所花费的经济投入是一项沉没成本，这种说法是否正确？对于某项决策来说，沉没成本是相关成本吗？

2. 如果一个人选择毕业直接就业，则每年可以获得 20 万元的经济收入；如果选择继续读研，则不但不能获得每年 20 万元的经济收入，每年还要花费 5 万元。那么，对于继续读研来说，这可以获得的 20 万元经济收入是一项机会成本，这种说法是否正确？对于决策来说，机会成本是相关成本吗？

3. 如表 8-21 中差量现金流量所示，如果差量现金流量的净现值为正，则说明应该选择继续读研，这样的考虑是否正确？

4. 作为一个学生，我们学习的目的，除了在毕业后能够找到一份收入不错的工作之外，还应该有些什么样的追求？我们应该如何去实现这些目标和追求？

第 9 章

营运资金管理

案例 9.1 营运资金持有政策：以贵州茅台为例

贵州茅台酒厂(集团)有限责任公司(以下简称“贵州茅台”)位于中国西南部的贵州省仁怀市茅台镇的赤水河旁，该酒厂酿造的茅台酒历史悠久，有着“国酒”的美誉。早在两千年前，赤水河的居民就十分善于酿酒，并以“蒟酱酒”闻名于世，这也是茅台酒最初的名字。贵州茅台酒厂的主要经营项目有以下几项：茅台酒及系列产品的生产与销售(主营)；饮料、食品、包装材料的生产、销售；防伪技术开发；信息产业相关产品的研制、开发。

1. 贵州茅台营运资金政策的表现及财务成因

1) 营运资金政策表现

营运资金政策是企业营运资金决策所依据的原则，指导企业的营运资金管理，企业营运资金管理目标的实现必须依靠科学的营运资金政策。从这几年贵州茅台的相关财务指标来看，流动比率的数值都是在 3 左右，速动比率都是大于 2，流动性很强，大体呈上升趋势，而且我们选取同行业具有代表性的公司进行比较，贵州茅台的流动比率、速动比率远远高于行业平均值，可见其采用的是稳健型营运资金政策。而贵州茅台之所以能够采用稳健型营运资金政策，可以说与它一直以来经营良好且积累了大量的现金流分不开。

2) 营运资金政策财务成因

(1) 远超同行业的盈利能力。从上市开始，茅台的毛利率就在 80%以上，而且一直维持逐年增长的趋势，而同行业中业绩比较好的五粮液的毛利率只有 50%～60%，所以茅台的盈利能力要远超同行业。在盈利强劲的同时，茅台的留存收益比率在 50%以上，留存收益增加促进营运资金增加。

(2) “饥饿营销”导致强势收账政策。首先，在销售上，贵州茅台采用了饥饿营销的策略。贵州茅台为了保持高利润的高端白酒的稀缺性，故意调低其产量，控制市场的供求关系，使茅台酒一直维持自己的优势，并处于价高、量缺的情形。在这样的情形下，贵州茅台对经销商的销售一直采用先收款、后发货的方式，将收到的钱计入预收账款。由于会计上要求在发货的时候将预收账款计入银行存款，这就导致货币资金增加，营运资金增加。也就是说，预收账款成了茅台调节收入的“蓄水池”。分析贵州茅台的财务报表可以得出，其预收账款构成了负债的主要部分，而巨额的预收账款为营业收入的平稳、快速增长提供了保证，同时巨额的预收账款也促进了流动负债增加，资产负债率也随之增加。其次，贵州茅台的流动负债接近于负债总额的 100%。可见，茅台公司负债融资倾向于短期融资方式，由于流动负债的资金成本低，企业的盈利能力随之提高。总体来说，贵州茅台营运资本比往年有所增加，并且流动资产的增加额远远大于流动负债的增加额，这从侧面反映出公司采用的是稳健型营运资金政策。

(3) 缺少有利的对外投资项目。贵州茅台近年来进行的与主营业务相关的投资额仅占公司未分配利润的 20%左右。不仅如此，企业的对外投资更是少之又少，近几年贵州茅台对外股权投资增加额为零，对外债权投资也只增加了少量金额的商业银行次级定期债券投资和国债投资。

2. 营运资金政策产生的后果

1) 资产负债率相对较低，增长放缓，不利于企业价值的最大化

贵州茅台的资产负债率不超过 20%，明显偏低，说明在白酒行业里贵州茅台的资本结构相对保守，没有更多的负债。事实上，贵州茅台的资产负债率是在 2012 年才开始下降的。贵州茅台是高端白酒的领军品牌，经常用于公务接待、商务宴请，“限酒令”、限制“三公”消费等一系列行政法规对其影响明显。白酒行业可供增长放缓，下游代理商业绩不佳，预收账款减少；行业内竞争加剧，成本上升毛利下降，是贵州茅台资产负债率低的重要原因。根据所得税 MM 理论，负债的发生会使企业发生节税收益，适度负债可以提升企业价值，使股东权益最大化。

2) 高比例的短期负债，减少企业负债成本，但是增加偿债风险

贵州茅台的流动负债占比一直很稳定，维持在 95%以上。这种高比例短期负债会使得贵州茅台在债务到期时出现高财务风险。而长期负债可以使企业短期内不用偿还贷款，与企业长远发展战略相匹配。长期负债成本高、风险低；短期负债成本低、风险高。鉴于长短期负债对风险的影响不同，要求贵州茅台在调整负债结构时注意掌控风险，确保企业以低财务风险获得高盈利。

3) 财务杠杆系数偏低，无法发挥负债收益

企业财务杠杆系数表明财务风险大小，两者正相关，财务杠杆系数越大，财务风险越大。贵州茅台的财务杠杆系数为 0.53，企业货币现金使用效率低，不能提高净资产收益率，没有

很好地发挥负债带来的节税收益。

3. 营运资金政策产生的深层次原因

1) 文化影响力

贵州茅台酒是国酒文化的载体。1915 年，茅台酒荣获巴拿马万国博览会金奖，享誉全球；1949 年的开国大典，周恩来确定茅台酒为开国大典国宴用酒，从此每年国庆招待会均指定用茅台酒，党和国家领导人无数次将茅台酒当作国礼，赠送给外国领导人。正是由于自身深远的品牌文化影响力，贵州茅台拥有了远超于同行业的盈利能力。近几年来，茅台的毛利率在 80%以上，超高的毛利率为茅台带来了丰厚的净利润，是贵州茅台拥有大量营运资金的原因之一。

2) 企业惰性

所谓惰性是指因主观原因而无法按照既定目标行动的一种心理状态，是一种不易改变落后习性和做法的倾向。“惰性”反映在贵州茅台上就表现为懒于改变现有的营运资金政策，依旧保持高资产流动性。贵州茅台是贵州省人民政府国有资产监督管理委员会控制下的国有企业，其凭借自身独有的酿酒技术和品牌优势就可以轻松获利，因而缺少挖掘更多利润的潜在动力。

3) 代理问题

管理层的很大一部分收入来源于工资收入，这导致管理层的风险偏好趋近于债权人而非股东。管理层将营运资金用于新的投资，需要承担投资失败的风险，一旦投资失败，就会对管理层的业绩考核产生负面影响。而保持目前的状况，虽然不能带来投资效率的提高，但是也不会产生对管理层有负面影响的事件。

4) 行业政策

根据现行产业政策，白酒被列为限制类投资项目，国家有关部门要根据产业结构优化升级的要求，遵循优胜劣汰的原则，实行分类指导。这样的政策在一定程度上限制了贵州茅台的长期投资，使其拥有大量的流动资金。

4. 贵州茅台营运政策优化对策

1) 积极开展多元化融资渠道，利用银行贷款

贵州茅台盈利能力强、资本市场信誉良好，同时财务弹性良好、抗风险能力强，在 1 年期贷款利率 4.35%的情况下，应当利用财务杠杆效应，增加银行贷款规模，从而达到优化资本结构的目的。为了保持企业长期发展，贵州茅台可以权益再融资，比如定向增发股本、配送股票、发行可转债等。

2) 加强资本结构优化管理能力

企业财务人员针对资产结构动态因素(如宏观经济速度、利率、税收，行业周期，内部的

资产规模、成长性、盈利性等)进行监督，使贵州茅台的资本结构适应内外部环境的变化；设立资本结构优化工作组，使资本结构优化向专业化方向发展，资本结构优化工作组在与其他部门合作时，保证不同部门间、上下级沟通准确无误，提高工作效率；加强与各子公司联系，保证财务信息的真实，及时更新，确保工作组优化工作有效实施，降低负债带来的财务风险，保证负债偿还能力和财务弹性。

3) 建立薪酬激励机制，减少企业代理成本

由于代理成本的存在，企业的高管人员不愿去投资新的项目，同时由于茅台超高的利润率，企业高管投资其他方面会使得净利率出现较大下滑，不利于业务考核。在这种情况下，企业可以通过薪酬激励、股权激励和精神激励来提高企业经营业绩。应满足管理层物质需求，使其薪酬与企业创造利润相匹配，提高管理层的满意度，激发管理层更强的治理能力，使其薪酬与净资产收益率、净利润等关键指标建立连接。

4) 改善股权结构，提高小股东监督作用，抑制企业惰性

为了优化股本结构，应当降低第一大股东比例，实行股权分置改革。股权分置改革使贵州茅台股份公司成为全流通股，使国有股份下降成为可能，员工持股计划、管理层股权激励都有助于股本结构合理分布。因为机构投资者具有行动主义，可以调研企业监控运营状况和财务风险，与大股东、中小股东就股东权利进行协调，从而挖掘更多的潜在投资机会。

资料来源：张文华. 贵州茅台营运资金政策的运用[J]. 现代企业. 2017，04(08): 22-23.

思考题：

1. 什么因素使得贵州茅台选择了稳健型的营运资金策略？
2. 对于企业来说，稳健型营运资金策略和激进型营运资金策略分别有哪些好处和坏处？
3. 你觉得什么样的企业可能会选择激进型营运资金策略？
4. 有一种说法叫“茅台不仅仅是一瓶酒”。从资本市场层面来看，更多股东只愿意将贵州茅台看作一个流淌着的酒业上市公司、白马股标杆。但从当地政府角度来看，茅台集团无疑是贵州国资旗下的尖子生，是当之无愧的大国企。贵州偏居西南，素有“八山一水一分田”之说，经济负担较重是不争的事实，“茅台要为贵州经济做出更大贡献”的说法早已人人皆知。请你点评这种说法。

案例 9.2 营运资金管理：企业的现金转换周期

9.2.1 资料：现金转换周期的含义

营运资金管理中有一个重要的概念，就是现金转换周期(cash conversion cycle，CCC)，其计算公式为

现金转换周期=(应收账款平均周转天数+存货平均周转天数)−应付账款平均周转天数

例如，某企业投入100万元购买原材料，但是原材料款将在60天后支付(应付账款周转天数)；然后原材料投入生产，直到产成品出库销售，这段时间生产周期为30天(存货周转天数)；之后成品赊销后，形成应收账款，货款在15天后收到(应收账款周转天数)，现金转换周期就是-15天。简单地说，企业不用垫支一分钱流动资金就可以实现利润，而且还可以无息使用上游供应商的100万元资金15天，在这15天里，企业还可以将这100万元用于投资短期项目，真可谓是资金运用的最高境界了。

9.2.2　资料：戴尔和沃尔玛公司的现金转换周期

戴尔公司(DELL)20×6财年公布的现金转换周期为-44天。这意味着，戴尔不仅不需要自筹流动资金，还有大量的现金可以自由支配44天！

戴尔的金融子公司DELL Finance负责这项投资。戴尔公司对这项投资策略非常谨慎，必须投资于最高信用等级的金融机构，因为在产品尚未运到客户时，理论上说，这笔钱的所有权还属于用户。戴尔公司的相关财务数据如表9-1所示。

表9-1　戴尔公司的相关财务数据

项目	年份						
	20×0	20×1	20×2	20×3	20×4	20×5	20×6
存货/百万美元			278	306	327	459	576
应收账款/百万美元			2 269	2 586	3 071	3 563	4 089
应付账款/百万美元			5 075	5 989	7 316	8 895	9 840
应收账款周转天数	34	32	29	28	31	32	29
存货周转天数	6	5	4	3	3	4	4
减：应付账款周转天数	58	58	69	68	70	73	77
现金转换周期/天	-18	-21	-36	-37	-36	-37	-44

沃尔玛公司的相关财务数据，如表9-2所示。

表9-2　沃尔玛公司的相关财务数据

项目	年份				
	20×2	20×3	20×4	20×5	20×6
存货/百万美元	22 614	24 401	26 612	29 762	32 191
应收账款/百万美元	2 000	1 569	1 254	1 715	2 662
应付账款/百万美元	16 360	17 908	22 692	25 799	29 127
存货周转天数	40	39	42	38	38
应收账款周转天数	4	2	2	2	3
减：应付账款周转天数	29	28	32	33	34
现金转换周期/天	15	13	12	7	7

9.2.3 资料：某公司现金转换周期的计算

以SD股份有限公司2014—2019年年报为例，进行现金转换周期计算。

第一步：计算周转天数

(1) 平均存货=(期初存货+期末存货)/ 2

SD股份有限公司平均存货，如表9-3所示。

表9-3 SD股份有限公司平均存货

年份	期初存货/元	期末存货/元	平均存货/元
2014	1 383 950.30	3 183 921.83	2 283 936.07
2015	3 183 921.83	2 666 202.88	2 925 062.36
2016	2 666 202.88	12 180 010.32	7 423 106.60
2017	12 180 010.32	25 930 966.37	19 055 488.35
2018	25 930 966.37	31 725 789.38	28 828 377.88

(2) 每日营业成本=营业成本/365

SD股份有限公司每日营业成本，如表9-4所示。

表9-4 SD股份有限公司每日营业成本

年份	营业成本/元	周期/天	每日营业成本/元
2014	309 491 917.82	365	847 923.06
2015	405 013 633.35	365	1 109 626.39
2016	628 614 258.26	365	1 722 230.84
2017	1 017 003 805.00	365	2 786 311.79
2018	1 299 797 947.65	365	3 561 090.27

(3) 存货周转天数=平均存货/每日营业成本

SD股份有限公司存货周期天数，如表9-5所示。

表9-5 SD股份有限公司存货周期天数

年份	平均库存/元	每日营业成本/元	存货周转天数/元
2014	2 283 936.07	847 923.06	2.69
2015	2 925 062.36	1 109 626.39	2.64
2016	7 423 106.60	1 722 230.84	4.31
2017	19 055 488.35	2 786 311.79	6.84
2018	28 828 377.88	3 561 090.27	8.10

第二步：计算应收账款周转天数

(1) 平均应收账款= (期初应收账款+期末应收账款)/2

SD 股份有限公司平均应收账款，如表 9-6 所示。

表 9-6 SD 股份有限公司平均应收账款

年份	期初应收账款/元	期末应收账款/元	平均应收账款/元
2014	208 735 135.34	372 549 490.22	290 642 312.78
2015	372 549 490.22	514 160 772.19	443 355 131.21
2016	514 160 772.19	732 362 051.60	623 261 411.90
2017	732 362 051.60	1 142 077 090.32	937 219 570.96
2018	1 142 077 090.32	1 614 592 100.56	1 378 334 595.44

(2) 每日营业收入=营业收入/365

SD 股份有限公司每日营业收入，如表 9-7 所示。

表 9-7 SD 股份有限公司每日营业收入

年份	营业收入/元	周期/天	每日营业收入/元
2014	523 151 395.77	365	1 433 291.50
2015	684 458 385.94	365	1 875 228.45
2016	972 011 806.67	365	2 663 046.05
2017	1 608 439 559.09	365	4 406 683.72
2018	2 112 137 830.34	365	5 786 678.99

(3) 应收账款周转天数=平均应收款/每日营业收入

SD 股份有限公司应收账款周转天数，如表 9-8 所示。

表 9-8 SD 股份有限公司应收账款周转天数

年份	平均应收账款/元	每日营业收入/元	应收账款天数/天
2014	290 642 312.78	1 433 291.50	202.78
2015	443 355 131.21	1 875 228.45	236.43
2016	623 261 411.90	2 663 046.05	234.04
2017	937 219 570.96	4 406 683.72	212.68
2018	1 378 334 595.44	5 786 678.99	238.19

第三步：计算平均应付周转账款

(1) 平均应付账款=(期初应付账款+期末应付账款)/ 2

SD 股份有限公司平均应付账款，如表 9-9 所示。

表 9-9　SD 股份有限公司平均应付账款

年份	期初应付账款/元	期末应付账款/元	平均应付账款/元
2014	224 734 381.76	270 798 603.35	247 766 492.56
2015	270 798 603.35	253 087 832.12	261 943 217.74
2016	253 087 832.12	341 856 534.84	297 472 183.48
2017	341 856 534.84	376 725 743.23	359 291 139.04
2018	376 725 743.23	327 643 225.84	352 184 484.54

(2) 应付账款周转天数=平均应付账款/每日营业成本

SD 股份有限公司应付账款周转天数，如表 9-10 所示。

表 9-10　SD 股份有限公司应付账款周转天数

年份	平均应付账款/元	每日营业成本/元	应付账款天数/天
2014	247 766 492.56	847 923.06	292.20
2015	261 943 217.74	1 109 626.39	236.06
2016	297 472 183.48	1 722 230.84	172.72
2017	359 291 139.04	2 786 311.79	128.95
2018	352 184 484.54	3 561 090.27	98.90

最后一步：计算现金转换周期

现金转换周期=存货周转天数+应收账款周转天数-应付账款周转天数

SD 股份有限公司现金转换周期，如表 9-11 所示。

表 9-11　SD 股份有限公司现金转换周期

年份	存货周转天数	应收账款周转天数	应付账款周转天数	现金转换周期/天
2014	2.69	202.78	292.20	-86.73
2015	2.64	236.43	236.06	3.00
2016	4.31	234.04	172.72	65.63
2017	6.84	212.68	128.95	90.57
2018	8.10	238.19	98.90	147.39

思考题：

1. 戴尔公司 20×6 年可以结余多少资金用于子公司 DELL Finance 的投资？

2. 根据数据资料计算戴尔公司和沃尔玛公司 20×6 年的营业收入分别是多少？

3. 如何能够加快存货周转和应收账款周转？如何能够使得应付账款周转天数更长一些？

4. 企业营运资金管理的目标是不是要追求现金转换周期的缩短？如何能够实现现金转

换周期的缩短？

5. 从 20×6 戴尔公司的数据看，应收款周转天数为 29 天，存货周转天数为 4 天，经营的效率很高，但是，应付账款周转天数高达 77 天，这在一定程度上加大了供应商的资金压力。你是怎么理解这种说法的？企业在追求自身利益最大化的同时，如何充分考虑利益相关者的利益？

案例 9.3　现金管理：企业的账面货币资金越多越好吗

9.3.1　资料：相关理论背景

1. 最佳现金持有量的管理目标

现金(这里指货币资金)是企业运转的血脉，是维持企业正常运转的必要因素，具有很强的流动性，企业可以通过现金对资产的分布进行调整，因此现金在企业日常运转中占有不可或缺的位置。企业持有现金的动机是为了满足企业日常的资金需求，企业的资金需求主要分为交易性需求、预防性需求与投机性需求这三大需求。交易性需求通常指的是企业日常活动当中用现金作为交易途径所产生的需求。企业在经营过程中，主要有收入与支出两大行为，而收入与支出是不同步的，因此必须留存有一定数量的现金，来满足企业日常的交易活动。预防性需求主要是为了应对企业运转过程中可能发生的资金周转不灵所面临的财务困局以及应对在企业预算范围之外的突发性支出。在面临市场风险时，企业现金持有量越多，对市场风险的预防能力就越强；反之，现金持有量越小，则风险防控能力就越弱。投机性需求一般是指企业的市场投机行为对现金的需求、企业用留存的现金来获取低于市场平均价格水平的原材料或者把握有利的投资机会等。但现金的获利能力通常较弱，如果企业持有过多的现金，其资产的获利能力就会相应地减弱，不利于企业的发展。企业现金持有不足，则会使企业面临资金链断裂的风险，影响企业的正常运转。通常情况下，企业现金余额管理主要是指对交易性现金的管理，在进行现金持有量管理的过程中，要注意以下两点：一是在企业能够正常、稳定运转的前提下，现金持有量应尽可能地减少，保持最佳现金持有水平；二是加快现金的周转速度，实现现金的均衡流动，达到现金流出与现金流入的平衡。这两点也是最佳现金持有量的管理目标。

2. 确定最佳现金持有量的现金周转模式

现金周转模式是利用现金周转期与企业平均现金需求量来确定企业最佳现金持有量的管理模式。年现金需求总额等于未来一年度的现金总需求量。此种方法可以更加系统、深入地分析企业现金周转问题以及现金划拨问题。这种管理模式所涉及的时间范围从现金被投资与生产开始，直到通过经营，最终又转变为现金，在整个过程都能够针对不同时期内的现金持有量变化情况及变化趋势加以全面分析。计算步骤如下所述。

(1) 明确企业的现金转换周期，计算公式为

现金转换周期=存货周转天数＋应收账款周转天数－应付账款周转天数

(2) 确定企业的现金周转率，计算公式为

现金周转率=360/现金转换周期

(3) 确定企业最佳现金持有数量，计算公式为

最佳现金持有量=年现金总需求量/现金周转率

在本模式中，综合考虑了现金周转、存货管理和销售管理。根据存货和应收账款相关的管理可知，如果存货周转率水平超过了正常水平，其主要原因是企业没有达到经济批量订货的要求，从而使得成本相应增加。而应收账款周转率高，则主要是由于销售信用控制过度，造成了企业市场占有程度不充分，造成一定损失。企业应提高存货周转率，降低经营成本的同时加强对应收账款的管理。现代战略管理理论的形成、现代信息技术的出现和快速发展为上述战略思想的实现打好了基础。前沿的物流管理、价值链管理以及电子商务等新型经营管理内容的出现也为企业实施上述管理创新提供了充分条件。存货周转管理和应收账款周转管理之间的差异性主要体现为：前者主要是企业内部管理活动，而后者主要是企业开展的外部管理活动，如供应商管理；前者受市场环境影响程度相对较弱，比较容易实施。

应付账款周转的管理主要是商业信用的管理。要想得到比其他企业或一般水平更高的信用，企业必须具备良好的品牌形象，占据优势的市场地位，或者具有其他核心能力(如支付能力)。而这些因素需要企业通过长期的战略发展逐步积累取得。企业可以凭借这些条件得到延长付款的经济优惠，帮助企业朝着零库存管理的理想状态不断前进。现金周转模式使用的前提条件是企业预计期内现金总需求量可以预知，现金周转天数与次数可以有效测算，并且测算结果符合实际；否则将不能准确计算出企业的最佳现金持有量。但如果未来年度的现金周转效率与历史年度相比较发生变化，且这种变化是可以预计的，那么该模式仍然适用。

9.3.2 资料：贵州茅台的现金持有量

表 9-12 是 2017 年 12 月 31 日—2019 年 9 月 30 日贵州茅台各季度末的资产负债表信息。

表 9-12 各季度末的资产负债表信息

单位：百万元

项目	2019.09.30	2019.06.30	2019.03.31	2018.12.31	2017.12.31
流动资产：					
货币资金	112 728.86	115 557.86	111 684.42	112 074.79	87 868.87
应收票据及应收账款	858.68	709.66	519.78	563.74	1 221.71
其中：应收票据	858.68	709.66	519.78	563.74	1 221.71

(续表)

项目	2019.09.30	2019.06.30	2019.03.31	2018.12.31	2017.12.31
应收账款	0.00	0.00	0.00	0.00	0.00
预付款项	2 060.53	1 419.69	1 141.22	1 182.38	790.81
应收利息	80.29	386.37	384.48	343.89	241.46
存货	23 755.49	24 014.00	24 025.12	23 506.95	22 057.48
其他流动资产	24.58	20.26	43.25	140.08	37.54
流动资产合计	139 949.15	142 545.95	137 874.00	137 861.84	112 249.19
非流动资产：					
发放贷款及垫款	39.00	29.30	36.03	36.08	33.15
可供出售金融资产	0.00	0.00	0.00	29.00	29.00
固定资产净额	0.00	15 013.82	0.00	15 248.56	15 244.10
在建工程	0.00	2 507.84	0.00	1 954.32	2 016.41
无形资产	3 445.63	3 465.77	3 500.75	3 499.18	3 458.62
长期待摊费用	161.05	163.25	165.83	168.42	177.86
递延所得税资产	1 118.56	1 056.03	802.48	1 049.30	1 401.80
非流动资产合计	22 601.26	22 575.70	22 014.18	21 984.84	22 360.93
资产总计	162 550.41	165 121.65	159 888.18	159 846.68	134 610.12
流动负债：					
应付票据及应付账款	1 195.67	1 326.08	1 174.01	1 178.30	992.06
其中：应付票据	0.00	0.00	0.00	0.00	0.00
应付账款	1 195.67	1 326.08	0.00	1 178.30	992.06
预收款项	11 255.30	12 256.90	11 384.57	13 576.52	14 429.11
应付职工薪酬	326.86	411.91	452.03	2 034.52	1 901.64
应交税费	4 599.97	3 257.95	2 703.62	10 771.08	7 726.14
应付利息	29.19	45.74	32.90	42.77	23.42
其他应付款	0.00	4 572.50	0.00	3 362.00	3 039.95
流动负债合计	31 679.42	45 437.20	30 566.12	42 438.19	38 574.92
非流动负债：					
专项应付款	0.00	0.00	0.00	0.00	15.57
递延所得税负债	48.95	77.68	0.00	0.00	0.00
非流动负债合计	48.95	77.68	0.00	0.00	15.57
负债合计	31 728.36	45 514.87	30 566.12	42 438.19	38 590.49
所有者权益					
实收资本(或股本)	1 256.20	1 256.20	1 256.20	1 256.20	1 256.20

（续表）

项目	2019.09.30	2019.06.30	2019.03.31	2018.12.31	2017.12.31
资本公积	1 374.96	1 374.96	1 374.96	1 374.96	1 374.96
减：其他综合收益	−7.72	−7.21	−9.21	−7.07	−7.40
盈余公积	16 408.53	16 408.53	13 444.22	13 444.22	8 215.60
一般风险准备	788.30	788.30	788.30	788.30	600.86
未分配利润	105 437.94	94 934.11	107 203.38	95 981.94	80 011.31
归属于母公司股东权益合计	125 258.22	114 754.89	124 057.85	112 838.56	91 451.52
少数股东权益	5 563.83	4 851.88	5 264.21	4 569.92	4 568.11
股东权益合计	130 822.05	119 606.78	129 322.06	117 408.49	96 019.63
负债和股东权益总计	162 550.41	165 121.65	159 888.18	159 846.68	134 610.12

表 9-13 是利润表信息。

表 9-13 利润表信息

单位：万元

项目	2019.09.30	2019.06.30	2019.03.31	2018.12.31	2017.12.31
一、营业总收入	63 508.66	41 172.68	22 480.53	77 199.38	61 062.76
营业收入	60 934.66	39 487.79	21 644.00	73 638.87	58 217.86
二、营业总成本	20 079.87	12 768.90	6 484.30	25 866.03	22 122.75
营业成本	5 185.88	3 211.62	1 707.44	6 522.92	5 940.44
税金及附加	7 947.16	4 739.16	2 407.16	11 288.93	8 404.21
销售费用	2 613.99	1 986.96	871.50	2 572.08	2 986.07
管理费用	4 139.41	2 715.86	1 456.80	5 325.94	4 720.54
财务费用	−0.54	−1.91	−0.34	−3.52	−55.72
资产减值损失	0.00	0.00	0.00	1.29	−8.05
公允价值变动收益	−109.01	5.91	0.00	0.00	0.00
投资收益	0.00	0.00	0.00	0.00	0.00
汇兑收益	0.00	0.00	0.00	0.00	0.00
三、营业利润	43 312.31	28 398.00	15 996.22	51 342.99	38 940.01
加：营业外收入	8.89	7.27	2.46	11.62	12.20
减：营业外支出	115.29	115.13	110.00	527.00	212.14
四、利润总额	43 205.91	28 290.13	15 888.68	50 827.60	38 740.07
减：所得税费用	10 793.61	7 093.60	3 972.96	12 997.99	9 733.65
五、净利润	32 412.30	21 196.53	11 915.72	37 829.62	29 006.42
归属于母公司所有者的净利润	30 454.86	19 951.03	11 221.43	35 203.63	27 079.36
少数股东权益	1 957.45	1 245.50	694.29	2 625.99	1 927.06

表 9-14 是现金流量表信息。

表 9-14　现金流量表信息

单位：万元

项目	2019.09.30	2019.06.30	2019.03.31	2018.12.31	2017.12.31
一、经营活动产生的现金流量					
销售商品、提供劳务收到的现金	66 168.24	43 329.08	22 758.18	84 268.70	64 421.48
收到的其他与经营活动有关的现金	1 218.95	1 187.06	105.32	621.56	542.16
经营活动现金流入小计	69 447.80	58 251.66	23 451.02	89 345.64	67 369.46
购买商品、接受劳务支付的现金	4 090.51	2 791.25	1 766.49	5 298.52	4 875.77
支付给职工以及为职工支付的现金	6 000.87	4 577.38	3 231.57	6 653.14	5 489.61
支付的各项税费	32 541.65	24 399.86	17 276.67	32 032.18	23 065.65
支付的其他与经营活动有关的现金	4 286.83	2 376.76	905.42	2 935.77	2 940.30
经营活动现金流出小计	42 132.40	34 164.74	22 261.81	47 960.40	45 216.43
经营活动产生的现金流量净额	27 315.40	24 086.92	1 189.21	41 385.23	22 153.04
二、投资活动产生的现金流量					
收到的其他与投资活动有关的现金	7.32	4.08	0.61	11.24	21.45
投资活动现金流入小计	7.32	4.08	0.61	11.24	21.45
购建固定资产、无形资产和其他长期资产所支付的现金	2 028.04	1 124.79	609.48	1 606.75	1 125.02
支付的其他与投资活动有关的现金	19.55	15.67	9.44	33.46	17.08
投资活动现金流出小计	2 047.59	1 140.46	618.92	1 640.21	1 142.09
投资活动产生的现金流量净额	−2 040.27	−1 136.38	−618.30	−1 628.96	−1 120.65
三、筹资活动产生的现金流量					
吸收投资收到的现金	833.00	833.00	0.00	0.00	6.00
其中：子公司吸收少数股东投资收到的现金	833.00	833.00	0.00	0.00	6.00
筹资活动现金流入小计	833.00	833.00	0.00	0.00	6.00
分配股利、利润或偿付利息所支付的现金	20 121.15	19 865.23	0.00	16 441.09	8 905.18
其中：子公司支付给少数股东的股利、利润	1 796.54	1 796.54	0.00	2 624.17	379.36
筹资活动现金流出小计	20 121.15	19 865.23	0.00	16 441.09	8 905.18
筹资活动产生的现金流量净额	−19 288.15	−19 032.23	0.00	−16 441.09	−8 899.18
四、汇率变动对现金及现金等价物的影响	−0.05	−0.03	−0.21	0.03	0.07
五、现金及现金等价物净增加额	5 986.93	3 918.28	570.69	23 315.21	12 133.29
加：期初现金及现金等价物余额	98 243.29	98 243.29	98 243.29	74 928.08	62 794.79
六、期末现金及现金等价物余额	104 230.22	102 161.56	98 813.98	98 243.29	74 928.08

9.3.3 资料：影响企业现金持有量的因素

1. 现金存量、流量对现金持有量的影响

现金存量作为一个时点指标，是指在某一特定时点上企业的现金持有量。现金存量能够直观地反映企业现有的偿债能力，从而影响企业的财务状况。在某一特定时点，企业的现金存量越接近于所需偿还的债务数额，企业的偿债能力越强。企业日常运转过程中的经营活动主要分为采购和销售两个环节，将企业整体经营活动按照时点进行划分，不同时点具有不同的购买点和销售点，面对不同步的购买与销售，现金存量就显得尤为重要。在某一特定时点，企业的现金存量越接近于经营活动所需的现金支出额，则越能满足企业的支付需求，从而影响企业的经营成果。

现金流量对于企业的运转具有重大意义，企业的经营活动、资本运作，始终存在着现金流。企业的每一笔经营业务也都会发生现金的周转。现金转换是非现金资产转变为现金，是一条完整的现金周转链。当企业的现金循环周期与企业的付款周期相近时，就会对企业的经营活动产生更加有利的影响。这两者的周转周期越接近，企业的现金持有量就会降低，与其相关的现金持有的机会成本、短缺成本和转换成本等也会相应地减少。除此之外，现金流量状况是企业的财务状况的表现。资产的变现性反映现金流量的循环速度，变现性越强，现金流量的循环速度越快，资本的流动性越强。现金流量的变现周期与企业的偿债周期越接近，越有利于企业的资本运作，即企业的财务状况越好。现金存量和现金流量在时点和时间段上的共同配合，使得企业的支付和偿债需求得以充分满足，最终反映企业良好的经营成果和财务状况。此种情况下的现金存量和流量即是企业的最优现金存量和流量。

由此，可以明确企业最优的现金持有模式主要由现金流量、现金流动速度(即现金循环周转速度)、现金存量(即特定时点的现金持有量)、与偿债支付需要的匹配程度这 4 个因素来反映。现金流量主要从量上反映在特定时间段内现金的流动情况；现金流动速度主要从质上反映在特定时间段内现金循环周转速度的快慢；现金存量主要从量上反映在特定时间点上现金持有的数量；与偿债支付需要的匹配程度主要从量上反映在特定时间点上企业的现金持有数量与企业支付偿债数量的接近程度。只要这 4 个因素都以最佳的方式存在，即可构建企业的最佳现金持有模式，即现金流的时空配合模式。现金流的时空配合模式包括时间和空间两重含义：时间上要求变现周期的变现时点尽可能地接近企业支付时点或偿债时点；空间上要求变现量应尽可能等于支付量或偿债量。在时间和空间上最接近的现金流即是企业的最佳现金流，而企业的支付时点、偿债时点、支付量、偿债量可以依据企业的现金预算表来确定。确定的支付时点、偿债时点、支付量、偿债量越接近企业现金预算，就表明企业预算执行情况越好，最终表明此种情况下的现金持有即为企业的最佳现金持有。

从财务指标特征角度来看，现金持有量的影响因素可以总结为以下几个。

第一，获取现金能力。从权衡理论来看，企业持有的现金除了要产生一定成本之外，还要创造相应的效益，企业的最佳现金持有量便是企业根据现金的成本和收益进行权衡而得到

的。若是企业的现金获取能力相对较强，则企业可以借助于经营活动在短期内获得大量现金，这样便能够更快地满足企业对于现金的需求，从而使得因为现金短缺而产生的机会成本有所减少，企业的现金持有的收益将随之增大，这种情况下企业最佳的现金持有数量将有所降低。所以，获现能力相对较强的企业更倾向于持有较少的现金。

第二，现金流量。按照权衡理论的观点来看，现金流能够替代企业的现金持有量，企业在经营过程中现金流量越多，企业所持有的现金便会减少。这是因为假使企业发生现金短缺问题，或者企业在经营中需要现金投入，现金流量相对多的企业能够较为轻松地运用未来现金流量满足需求，应对现金短缺问题。所以，现金流量相对少的企业更倾向于持有更多现金，避免企业发生现金短缺危机。

第三，现金流的波动性。若企业的现金流量变动幅度相对较大，预期现金流入存在不确定性，则企业所面临的财务风险也会较大，企业为了防止财务风险的发生，通常会持有更多的现金。

第四，现金周转率。持有现金的主要目的是满足企业日常的交易需要，并且作为一个流动储备以弥补现金流入和流出不平衡时出现的资金短缺，较高的现金周转率意味着企业对现金的利用率较高。现金周转效率越高，周转期就越短，现金流转的速度就越快，相应的现金回收速度就越快，这样，企业可以快速弥补资金需求。良好的现金周转率不仅能够削弱未来市场的不确定性对企业带来的冲击，还能够减少企业资金占用的成本，提高企业资金利用率。因此，一个现金周转率较高的企业在现金持有水平较低时，也可以正常经营。

第五，负债水平和债务结构。根据权衡理论，负债会带来财务风险，且高负债水平的企业平衡债权人和股东的代理成本也会较高，这就导致企业外部融资成本更高，面临的融资约束也较多，获得外部融资的难度也较大。企业负债水平越高，面临的还款压力会越大，严重时可能导致资金链断裂，陷入财务困境，此时持有现金的边际收益会不断增加。因此，高负债的公司更倾向于持有更多的现金。一般而言，在公司的债务融资中，短期负债的风险一般高于长期负债。首先，由于短期负债到期日近，容易出现不能按时偿还本金的风险。其次，由于短期负债可以看作循环借贷的过程，每一次借款利率会随着央行基准利率的调整而变动，不是固定不变的，这使得短期负债在利息成本方面具有较大的不确定性。由于短期负债的成本具有较大的不确定性，风险较高，公司现金持有水平会随着短期负债比例的提高而提高。

2. 治理特征因素对现金持有量的影响

(1) 企业管理者风险偏好。学者 Kahneman 认为，企业的投资行为是由企业家制定的，其将会在很大程度上被企业家的个人认知、风险偏好以及个人情感等左右。学者 Simon 在研究之后得出，由于信息具有不完全性和不确定性，企业家很难通过得到的所有信息而制定完全正确的决策，这也正体现出了投资决策的偏差，即投资行为和最优水平有所偏离。而投资决策存在偏差正是个人心理特性的外在表现形式，很难通过个人特征变量加以表述，不过对企业的一些非理性投资决策制定产生较大影响。学者 Kahneman 和学者 Tversky 研究得出，当企业家依据潜在收益做出投资决策时，常常有规避风险的倾向；而当其依据潜在损失做出投资决策时，其风险意识性便会提高。可见，企业家心理特征所表现出不同的风险偏好对企业投资行为有着重要影响。

(2) 股东保护程度。从代理理论的观点来看，企业的股东与企业管理层之间有相应的代理关系，要是企业股东对于企业管理人员未制定合理的监督激励制度，则将极易导致管理人员忽略股东利益，而为了自身利益使企业持有高额的现金。一方面，管理人员若是确保企业能够持有相对多的现金，便能更好地避免财务风险，使企业不受市场变化制约。另一方面，企业持有较多的现金，管理人员在实现自身目标过程中会具有更强的灵活性。中、小股东和大股东同样存在代理关系，在企业的股权相对集中的情况下，代理问题多是出现在控股股东与少数股东之间，使得大股东对少数股东利益造成侵害。因为大股东在投票权方面拥有绝对优势，会控制董事会以及股东大会等，所以大股东能够借助控股权而做出更加有益于自身的决策，使中、小股东的权益受到侵害。而在现金持有量中，这一问题主要表现为大股东通过各种方式侵占企业利益，例如，对企业资金进行挪用、截留企业的募集资金等。若是企业股东能够被有效保护，股东便可以借助于股东大会以及董事会等维护自身权利，给企业管理层以及大股东等制造压力，从而确保管理人员和大股东在进行现金管理和投资过程中，将中、小股东利益考虑在内。此时，要是企业的现金持有量相对较多，近期之内未能找到合适的投资项目，企业便可以通过现金股利方式，将这部分收益回馈给股东，或用以回购股票，让企业的股票价格进一步提升，采用资本利得的方式回馈给股东，这样便可以使得企业现金持有量减少。因此，企业的股东保护程度越好，企业的现金持有水平可能越低；企业的股东保护程度越差，企业的现金持有水平可能越高。

思考题：

1. 从2018年报上看，贵州茅台的期末货币资金持有量为1 120.74亿元，是否过高？持有过多的货币资金对企业有什么不利之处？有什么有利之处？

2. 如果以贵州茅台2018年度现金流量表中的经营活动现金流出作为每年的现金支出额，而以2018年末的货币资金持有量作为平均现金持有量，那么按照现金周转模式计算，贵州茅台的现金周转率是多少？周转天数是多少？

3. 如果只是考虑到经营活动现金支出的需要，将现金周转期确定为20天即可，则贵州茅台的期末货币资金持有量保持多少？从企业合理经营的角度出发，如果期末货币资金余额超出合理货币资金持有量的部分，那么企业应如何处置？

4. 结合贵州茅台的资产负债情况、经营成果情况，再考虑资料9.3.3中影响货币资金持有量的因素，分析为什么贵州茅台期末货币资金余额一直保持在高水平？

5. 再次思考：企业现金管理的目标是什么？

案例 9.4　应收账款管理：销售部门与财务部门的冲突

应收账款往往是企业为了扩大销售而采用赊销方式所形成的。应收账款一方面可以扩大企业的产品销量，提高企业的竞争能力，但另一方面会增加管理应收款项的直接成本和间接成本，或者由于应收账款占用了过多的资金而导致企业营运资金管理的困难。所以，应收款项管理目标就是要在应收账款信用政策所增加的盈利和相应的成本之间做出权衡，只有当应收账款所增加的盈利超过所增加的成本时，才应当实施应收账款赊销。这里通过一个案例来说明销售部门为了扩大市场而带来的应收账款管理方面困难。

1. 企业基本情况介绍

JZZ 酒业股份有限公司(以下简称 JZZ)的前身是一家始建于 1949 年的酒厂，注册资本为 26 072 万元，后于 1998 年在上海证券交易所挂牌上市。该企业主要从事白酒与其他酒的生产；普通货运；包装材料加工、制造与销售等业务。作为全国重点的骨干酿酒企业，其品牌价值超过 100 亿元，是中国 500 个最具价值的品牌之一，其核心销售区域为安徽省内的市场。JZZ 先后荣获“全国轻工业质量效益型先进企业”和“全国企业管理杰出贡献奖”等 120 多项国家、省、市级荣誉。该企业主打的 3 款白酒产品因为定价亲民，拥有一定的市场基础，在阜阳市当地的白酒市场有较强的竞争优势。2002 年，JZZ 围绕白酒的有关业务实施了 ERP 项目，实现了财务管理、生产管理等方面的信息化和集成应用。

在 2012 年之前的白酒黄金期内，白酒行业的存货量较多。自国家颁布禁酒令、严查“三公”消费、禁止价格垄断以来，白酒行业遭到了巨大的打击，整个行业的盈利能力有所下降，不少白酒企业试图通过先货后款的方式拓展市场。近年来，一线酒企凭借其品牌与强大的知名度维持市场份额不减，但二线品牌则承压严重，需要通过多种手段维护市场，导致应收账款出现不同程度地增加。

2. JZZ 的应收账款现状

1) 应收账款的规模分析

JZZ 的 2015—2017 年年度报告显示，该企业 2015 年的应收账款为 52 022 554.05 元，2016 年的应收账款为 88 397 575.30 元，2017 年的应收账款达到 114 172 397.63 元。应收账款总额逐年上升，且增长速度较快，然而，营业收入总额却逐年递减，应收账款增长速度远远高于营业收入增长速度，应收账款占营业收入的比重处于逐年攀升的状态。

2015 年，该企业的应收账款占营业收入的 3.01%；2016 年，应收账款占营业收入的 6.16%；2017 年，应收账款占营业收入的 8.85%。这说明该企业越来越多地使用赊账方式进行交易，经营风险增大，该企业对应收账款缺乏有效管理。

2) 应收账款比率分析

应收账款周转率是当期销售净收入与应收账款平均余额之比，它反映的是企业应收账款周转速度，即一段时间内应收账款转变为现金的平均次数。应收账款周转率越高，说明企业收回账款的速度越快，资产流动性强，企业偿债能力强。反之，说明营运资金过多被占用，不利于企业正常资金周转，影响偿债能力。而应收账款周转天数=360/应收账款周转率，表明从销售开始到回收现金平均需要的天数。应收账款周转天数反映了应收账款转换为现金所需的时间。JZZ 的应收账款周转率在 2015—2017 年分别为 31.40 天、20.45 天、12.74 天，数值逐年下降，低于同行业可比企业的平均值，说明买家货款的拖欠时间越来越长。同时，JZZ 的应收账款周转天数从 2015 年的 11.46 天逐年攀升至 2016 年的 17.60 天，到了 2017 年已经上涨到 28.26 天。这说明该企业应收账款的回收形势严峻，客户长期拖欠货款，大量的销售款不能及时收回，资金周转速度与能力越来越差，流动资金的使用效率低下，如果持续这一现状将不利于企业的经营。

3) 应收账款账龄分析

JZZ 采取账龄分析法将账龄划分为 1 年以内、1～2 年、2～3 年以及 3 年以上 4 个部分，(见表 9-15)。从表 9-15 可知，JZZ 应收账款的账龄主要集中在 1 年以内和 3 年以上的部分，形成两头重、中间轻的格局。从 2017 年年度该企业财务报告中关于应收账款部分的账龄分析可以看出，应收账款质量不佳，3 年以上的应收账款占应收账款总额的比例维持在 30%以上，而应收账款的账龄越长，发生坏账损失的可能性就越大，账龄在 3 年以上的应收账款基本失去了变现能力。从表 9-15 还可知，应收账款账龄在 2～3 年间的比例最低，2015 年、2016 年和 2017 年分别为 0.38%、3.85%和 0.82%。因此，JZZ 的应收账款有相当一部分在账龄 2～3 年时才能收回，一旦账龄超过 3 年，则这笔账款收回难度极大，需要计提坏账准备 100%。可见，JZZ 对客户的信用状况调查出现了问题，应收账款的管理不善会使公司付出大量的机会成本，而且，围绕客户信用信息的收集工作也花费了一定的费用。

表 9-15　按账龄分析法计提坏账准备的应收账款

账龄	2015 年		2016 年		2017 年	
	应收账款/元	比例	应收账款/元	比例	应收账款/元	比例
1 年以内	44 979 219.00	37.29%	79 973 602.28	50.05%	106 192 820.75	57.27%
1～2 年	9 889 104.33	8.20%	7 999 249.89	5.01%	13 325 810.89	7.19%
2～3 年	461 296.64	0.38%	6 145 092.05	3.85%	1 524 670.71	0.82%
3 年以上	65 282 545.77	54.13%	65 666 651.16	41.10%	64 386 715.12	34.72%
合计	120 612 165.74	100.00%	159 784 595.38	100.00%	185 430 017.47	100.00%

3. JZZ 在应收账款管理与控制方面存在的问题

1) 盲目赊销

JZZ 的应收账款数额逐年增长，但营业收入逐年下降，造成应收账款占营业收入的比重越来越大，在不久的将来，这可能会成为企业资金周转不灵的根源。根据 JZZ 的年报，与其他很多酒类企业一样，JZZ 主要采取先款后货的方式结算，然而 JZZ 并未和其他诸多 A 股白酒企业一样，具有预收款较多、应收账款较少的财务状况，而是呈现完全相反的财务状况。这与 JZZ 公司的营业和销售情况相关，因为 JZZ 为了扭转在销售市场上的不利局面，大量使用延长结算账期的手段创造业绩。

2) 应收账款回收不及时

尽管近年来 JZZ 努力扩大 1 年内应收账款的比例，逐步减少 3 年以上应收账款的比例，但由于前期应收账款的累积额多，基数较大，总额逐年增加，即便缩小了长期应收款的比例，还是会造成大量的坏账损失。为了维持与客户的正常交易、继续扩大销售额，公司显然没有重视账龄在 1 年以内的应收账款，导致 1 年以内的应收账款比重在 2017 年接近 60%。JZZ 的信用管理系统不完善，事前、事中和事后都缺少行之有效的应收账款管理手段，由于客户的偿债能力降低，JZZ 认为 3 年以上的应收账款难以追回，计提了大量的坏账损失。

3) 缺乏合理的信用管理政策

一些客户缺乏信用，可能存在故意拖欠账款的历史，而 JZZ 在赊销之前对客户缺乏信用状况调查，对客户的信用分析不到位，使该企业的应收账款负担更大的坏账风险。这种一味地将应收账款管理工作留在事后催收，忽视事前控制，不仅体现了企业缺乏合理的信用管理政策，还反映了其风险意识较低。

4. 企业控制和管理应收账款的建议

1) 加强对应收账款的内部控制

JZZ 的业务部门为了提高业绩、尽快实现销售任务，未能与其他部门保持良好的沟通，对应收账款后期给公司带来的不良影响缺乏全面的认识，内部控制体系不完善。该企业可以组织相关员工参加应收账款控制能力的培训，并将赊销纳入销售人员的绩效考核范围，倘若赊销货款未能及时收回，则不记入奖金核算中，货款收回之后，再给予销售人员一定的奖励。业务、财务等相关部门之间应当加强沟通。一方面，财务部门定期向业务部门和其他有关部门报送应收账款的信息，共同监督赊销状况，重点强调近期即将到期的应收账款，敦促有关人员尽快催收，避免赊销款拖延太久，减少损失；另一方面，业务部门在销售过程中，应及时向上级部门请示必要的赊销方案，从源头上加强对应收账款的控制。

2) 加强对客户的信用管理

JZZ 可以建立客户信用档案，运用“5C”系统，从品质(character)、能力(capacity)、资本(capital)、抵押(collateralization)和条件(condition)5 个方面全面评估客户的信用状况，给客户划分信用等级；充分利用金融机构、信用调查机构、工商行政管理部门和新闻媒体报道等途径获取客户的资信信息，力求掌握更全面及时的信息，对客户的信用档案建立动态管理和补充机制，实现客户信用分级与赊账金额分层的相互对应。倘若客户的信用度良好、还款能力强、资本雄厚，则给予客户提前还款的优惠政策，鼓励提前还款；倘若客户有失信行为的前科，可以在签订合同时要求客户寻求第三方作为担保人，若客户还不上款，则由担保人负责赔偿，否则放弃合作。

3) 选择合理的结算方式

相比于应收账款，应收票据有更高的保障性，按照我国法律的规定，商业汇票的付款期限不超过6个月，可随时贴现或者转让给他人，若企业的应收账款周转出现问题，该结算方式可以确保企业及时收回赊销款。根据JZZ的2017年年报，JZZ的应收票据占应收票据和应收账款总和的56%，所以JZZ可以在销售方式中扩大应收票据的结算比例。

4) 对于各类情况采取不同的催收方法

对于小额欠款的追回，该企业可以通过寄送催账单或派专人上门催收的简便方式进行，若采用高成本的收账方式可能得不偿失；若无法收回，可以在一定时期内终止交易。对于金额庞大的应收账款，该企业应当经常性地与客户核账，确保账目一致；若客户延期还款，要追加相应的利息或要求抵押，若催收无效，可以委托专业的机构催收或通过法律程序维护企业的利益。

资料来源：汪馨妮. 浅谈企业应收账款的控制和管理——以安徽JZZ酒业股份有限公司为例[J]. 会计师，2019，(16)：22-23.

思考题：

1. 从表9-15中可以看到，该企业应收账款余额逐年增加。从企业经营的角度看，什么原因会导致应收账款的余额逐年增加？这种增加会带来什么样的财务后果？

2. 企业的信用政策或应收账款政策应该包括哪些方面的内容？

3. 诚信经营是企业长期稳定发展的重要基础，如何权衡长期诚信经营与短期利益之间的关系？

案例9.5 存货管理：降低存货资金占用

随着市场经济与全球经济一体化的逐步深入，市场对企业的生存和发展提出了更高要求，同时也对企业的各项资产运营能力提出了更高要求。存货作为一项重要的流动资产，它的存在势必占用大量的流动资金，存货的管理利用直接关系到企业的资金占用水平以及资产运作效率，其管理的好坏在很大程度上影响着企业的盈利和生存。这里介绍×公司降低存货资金占用的实践。

1. 背景描述

×公司是一家国有上市公司，主要从事特殊设备生产制造。近年来，市场竞争愈加激烈，市场对产品的要求更加精细化，由于×公司产品更新换代不及时，导致存货积压，占用大量流动资金，使企业对新产品的研发投入无足够的现金流支撑，企业发展后劲不足。

为提高资产运行效率与质量，增加企业发展能力，提高存货管理水平，×公司开展了全面存货清查活动，并将管理的先进理念及方法运用于实际工作当中，通过采取安全库存、经济采购量、产品设计标准化、项目本量利分析等一系列方法，使得清查中发现的问题得到有效控制，取得了良好成效。

2. 存货管理中存在的问题

通过清查，×公司发现，存货质量较差，仓储管理松散。

(1) 内部控制制度较完善，但监管、执行不到位，长期存在“白条”领料和化工原料不及时入库的现象，存货的收入、发出、结存缺乏真实记录，造成产品成本核算失真。

(2) 存货积压，流动资金占用额高。在生产经营中，该公司忽视未来市场的变化和对风险的评估，一味扩大生产和销售规模，导致库存积压严重，存货变现能力较差，这给企业流动资金周转带来很大困难，成为企业持续发展的绊脚石。

(3) 忽视存货的价值形态。该公司对存货的积压、贬值等重视不够，仓库存货摆放杂乱，环境恶劣，仓储管理人员责任心差，致使一些长期堆放的贵重原材料变质和损坏；存货账面价值与实际可收回金额差异较大，导致产品毛利下降，经营成果较差。

(4) 项目管理混乱，亏损项目占比较高。该公司合同签订前未对项目进行合理的利润预测，也未对项目所需材料进行有效控制，有的项目材料成本已超过了合同金额，形成亏损合同。

3. 存货管理改善工作方案

1) 建立健全内控制度，落实执行力度

×公司进一步建立健全内控制度，落实执行力度，加强考核，树立精益存货管理的观念；坚决杜绝“白条”领料和化工原料不及时入库现象，指定专门部门监督制度执行情况，并将执行情况纳入绩效考核。

(1) 针对“白条”领料现象，要求各车间、部门严格执行相关管理制度，使用物料时，必须严格按照 ERP 流程进行业务处理，严禁领用未办理入库手续的物料。各业务部门对本部门未关闭业务负责追踪，对因其上、下游环节影响不能按时完成的业务进行考核，直至业务完成。

(2) 针对化工原料计划外采购现象，充分考虑需求量、订货提前期、缺货成本等因素，计算合理的安全库存。对照生产计划及安全库存量制订采购计划，按采购计划量及时入库；超出采购需求的物资由供应部门联系供应商退回。

2) 区分存货的重要性，实行 ABC 分类管理

(1) 将重点项目和重点产品使用的存货，以及单位金额超过 5 万元的存货纳入 A 类管理。这类存货品种虽然不多，但占用资金可占全年采购资金的 65%以上，对企业持续发展影响深远，严格按照订单或品种进行重点管理。

(2) 将产品的主要零部件、配套件列为 B 类管理。该类存货是产品的重要组成部分，对产品质量及合同履约率影响较大。针对该类存货，企业综合考虑订单提前期、缺货成本等因素，计算确定合理的订货批量和安全库存，按类别管理控制。

(3) 将其余的一般零部件、辅料、杂品等列为 C 类管理。该类物资种类繁杂，但价值量小，企业采用较为简便的总额控制的管理方法。

3) 订单采购与经济批量模型相结合，提升存货管理效率

×公司合理制定各类物资最低库存量(安全库存)和最高采购量，控制库存及采购量，节约采购资金。针对 A 类存货，企业严格按生产计划需求安排采购，确定合理的采购间隔期和储备量，避免囤积占用资金或缺料造成的停工损失，以及延迟履约对企业造成的不良影响；针对 B 类存货，企业采用经济批量与安全库存相结合的管控方式，计算出最恰当的物资采购量，确定合理的订货提前期，使存货既能保证生产需求，又可以避免增加无效库存，提高资金的使用效率；因 C 类存货订货成本基本固定，增量成本很小，可忽略不计，企业采用减少订货次数、适当增加单次采购量、降低存货的购置成本的方法，达到节约资金、降低成本的目的。

4) 运用“本量利”分析法确定项目盈亏平衡点，倒轧成本

×公司建立项目利润预测制度，在合同评审前即运用“本量利”分析法合理预测项目毛利，确定项目的盈亏平衡点。针对亏损项目要求技术、工艺、生产、检验、销售、采购等部门共同修正制造方案，对所需材料单独进行招标采购，降低材料成本，以盈亏平衡点为目标倒轧项目成本，减少亏损项目，提高盈利能力。

5) 技术创新，提高产品标准化程度，降低存货购置及储存成本

×公司大力推行技术创新，设计、制造更加贴合市场的产品，避免设计裕度过大，严格控制产品设计成本；推进产品小型化及标准化设计，提高产品装配效率，提升产品质量，降低售后服务成本，减少库存物资种类，降低采购成本及储存成本。以某类物料为例，标准化前为 6 种物料，平均单价 1 555.79 元，全年采购量约 1 200 件。标准化后，由于批量增大，经与供应商谈判，确定最终单价为 1 415 元，平均每件降价 140.79 元，全年共节约资金 16.9 万元。

4. 取得的成效

×公司采取相应措施一段时间后，存货占用资金明显下降，尤其是 1 年以上、非正常及提前生产的存货下降明显，取得了良好成效，主要表现如下所述。

1) 存货管理水平大幅提升，存货质量明显提高

×公司采用 ABC 分类管理，区分“关键的少数”和“次要的多数”，合理分配管理资源，提高了劳动效率。×公司对A类物资的严格管理，使仓储损失率大大降低，从而减少了成品对这部分损失的成本负担，万元产值占用储备资金由3 054元下降到2 662元。

×公司运用经济批量模型合理制定各类物资安全库存和采购批量，提高了资金使用效率，消化利用非正常存货231.57万元、1年以上存货1 146.6万元，有效降低了库存占用资金，存货质量显著提高。

2) 盘活资产，提高存货周转率

在产值增加的情况下，×公司存货占用资金较以前下降约950万元，采取削价处置、抵账、返修、改型、再利用等手段处理非正常存货 457.17 万元，存货周转次数由原来的 3.24 次增至3.98次，增加了0.74次，资金使用效率进一步提高。

3) 技术引领市场，增强产品竞争力

×公司产品原有主要零部件5 000余种，提高产品标准化程度后，减少零部件600余种，降低了存货管理难度，节约了管理成本，而且标准化的新物料用量增加，实现按经济批量采购，全年共节约采购资金约350万元。同时，由于标准化程度的提高，零部件装配环节吻合度提高，产品质量更加稳定，应用市场更加广阔，产品市场竞争力更强。

4) 准确反映企业经营成果

根据企业实际情况，×公司实施项目“本量利”分析，树立倒轧项目成本的管理理念，减少了亏损项目，提高了企业的经营业绩；建立适用的存货管理系统，随时了解、掌握存货的每一次进出流动及成本，规范存货管理，严格执行业务流程，避免了因存货计价错误、“白条”领料等造成的多进或少进成本现象，使产品成本更加准确，企业经营成果更加真实可靠。

资料来源：邢欣雅. 管理会计方法在企业存货管理中的运用[J]. 财会学习，2018，04(10)：226-227.

思考题：

1. 进行存货管理的主要目的就是要在满足正常生产经营活动的前提下，尽可能使存货投资最少，存货周转率最高。那么，存货过多或者存货过少，会对企业产生什么样的影响？

2. 了解并理解及时制(JIT)和零库存等概念及含义。

3. 科技推动社会、经济发展的巨大动力。请列举几个科技推动存货管理、降低存货的例子。

案例9.6 存货管理：存货资金定额的确定

存货是企业流动资产的主要组成部分。在制造业中，存货资金主要包括生产储备资金、在产品资金和产成品资金在各个项目上的资金总和。为了确定企业存货经常必须占用的最低资金需要，必须首先核定各个项目上的资金定额。

核定存货资金定额的方法通常可以采用周转期计算法。周转期计算法，又称为定额日数计算法，是根据各种存货平均每天的周转额和其资金周转日数来确定资金定额的一种方法。存货资金定额的大小取决于两个基本因素：一是资金完成一次循环所需要的日数，即资金定额日数；二是每日平均周转额，即每日平均资金占用额。存货资金定额的计算公式为

存货资金定额=资金定额日数×每日平均周转额

周转期计算法是核定存货资金定额的基本方法，通常适用于原料及主要材料、辅助材料、燃料、修理用备件、包装物、低值易耗品、在产品、自制半成品、产成品和外购商品项目的核定。下面举例说明生产储备、在产品和产成品等资金定额按定额日数计算的方法。

1. 生产储备资金定额的核定

生产储备资金是指从企业用货币资金购买各种材料物资开始，直到把它们投入生产为止的整个过程中所占用的资金。生产储备资金包含的材料物资品种很多，其中最主要的就是原材料资金占用，这里主要介绍的就是原材料资金定额的核定。一般来讲，材料资金应按照不同规格分别核定，而对于数量少、品种多的原材料，则可按照类别加以核定。

原材料资金定额取决于 3 个因素：计划期原材料计划每日平均耗用量、原材料计划价格和原材料资金定额日数。

原材料资金占用额的计算公式为

原材料资金占用额=计划期原材料计划每日耗用量×原材料计划价格×原材料资金定额日数

例如，特种钢计划每日平均耗用量为 4 000 千克，计划单价为每千克 3 元，资金定额日数为 26 天，则原材料资金定额为

4 000×3×26=312 000(元)

在上述公式中，原材料每日平均耗用量是根据计划期原材料耗用量与计划期日数确定的，即平均每日耗用量=计划期原材料耗用总量÷计划期日数。计划期日数是指计划期的日历日数，一般按每年 360 天、每月 30 天计算；而计划期原材料的耗用总量可以根据计划期产量和材料消耗定额计算确定。

材料的计划价格应包括买价、运输费、装卸费、保险费、运输途中的合理损耗、入库前的加工整理及挑选费用。

材料资金定额日数，是指从企业支付原材料价款起，直到将材料投入生产为止这一过程中资金占用的日数，它包括在途日数、验收日数、应计供应间隔日数、整理准备日数和保险日数。原材料资金周转天数的计算公式为

原材料资金周转天数=在途日数+验收日数+应计供应间隔日数+整理准备日数+保险日数

(1) 在途日数，是指企业采购原材料时，由于结算关系使货款支付在先，收到原材料在后，从而形成的资金占用日数。实际上，在途日数，是指从支付价款开始，一直到原材料到

达之间的过程。因此，在途日数的大小取决于原材料价款的计算方式、原材料的运输条件以及采购地点的远近等因素。

在实际工作中，有些原材料是由几个单位同时供应的，由于每个供应单位距离远近不同，运输方式和货款结算方式也不同，从而所需的在途日数也不相同。在这种情况下，可先计算出各个供应单位原材料的在途日数，然后以各个供应单位供应的季度数量做权数，采用加权平均的方法计算这种原材料的在途日数。

例如，特种钢由甲、乙、丙 3 个供应单位供应，有关资料如表 9-16 所示。

表 9-16　供应单位在途日数有关资料

供应单位	季度供应次数	每次供应量/千克	季度供应量/千克	在途日数/天	加权在途日数供应量/千克
甲	3	10 000	30 000	5	150 000
乙	5	8 000	40 000	6	240 000
丙	2	10 000	20 000	3	60 000
合计			90 000		450 000

根据以上资料，可以计算出该特种钢的加权平均在途日数=450 000/90 000=5 天。

(2) 验收日数，是指原材料运到企业后进行计量点收、拆包开箱、检查化验到入库为止这一过程中资金占用的日数。

(3) 应计供应间隔日数，是指供应间隔日数与供应间隔系数之积，即应计供应间隔日数=供应间隔日数×供应间隔系数。

企业在原材料仓库中必须经常储存一定数量的原材料，以保证生产不间断地进行，不至于发生停工待料的现象。仓库中经常储存的一定数量的原材料，就是库存周转储备。库存周转储备是原材料储备定额中的主要组成部分，是决定原材料资金占用量的主要因素。原材料周转储备量的大小取决于供应间隔日数的长短。

供应间隔日数，是指前后两次供应原材料的间隔日数。供应间隔日数又取决于供应单位的供应周期或用料单位的采购周期。例如，某种原材料一个月供应一次，或者一个月采购一次，其供应间隔日数就是一个月。在一定期限内，供应或采购的次数越多，每次采购的批量就越小，供应间隔日数就越短，库存周转储备量也就越低。但是，缩短供应间隔日数，也会增加采购次数，从而增加采购成本，因此，企业应合理地确定供应间隔日数。在实际工作中，如果企业的某种原材料是由若干个供应单位供应的，并且每个供应单位的供应数量和供应间隔日数也不相同，那就要根据各个供应单位的供应间隔日数，以其季度供应数量做权数，计算加权平均供应间隔日数。

在供应间隔期即库存周转期内，原材料资金的占用情况与在途、验收、整理准备等日数内是有所不同的。在在途、验收、整理准备等日数内，资金的占用量是保持不变的，而在两次供应间隔期内，每批原材料占用的资金量是随着生产的领用而不断降低的，一直降到最低限额，随着购入一批新材料，资金占用达到最高点。也就是说，原材料资金占用的数量总是在最高点和最低点之间经常变动的。在整个供应间隔期内，原材料的平均资金占用量只占最高周转储备量的一部分。

企业使用的原材料往往多达千百种，各种原材料一般不会在同一时间达到最高储备量，当一种原材料刚刚到货、库存周转储备量最高的时候，另一种原材料可能处于下次到货的前夕、库存周转储备量最低的时候。这样，投入各种原材料库存周转储备上的资金，就可以互相调剂使用。在确定资金定额日数时，不能直接按照各种原材料的供应间隔日数确定，而应该根据各种原材料的供应和使用情况，考虑资金之间的相互调剂使用的可能性，将供应间隔日数打个折扣。这个折扣，就是每日平均库存周转储备额占最高库存周转储备额的比率，叫做供应间隔系数。供应间隔系数的计算公式为

供应间隔系数=每日平均库存周转储备额/最高库存周转储备额×100%

其中，

每日平均库存周转储备额=各种材料每日库存周转储备额合计/计划期日数

当然，上述的计算过程比较复杂，在实际工作中，供应间隔系数受主观因素的影响较大。一般来讲，企业原材料数量越多，资金相互调剂使用的可能性就越大，供应间隔系数也就越小。在通常情况下，供应间隔系数多在50%～70%之间。

(4) 整理准备日数，是指原材料投入生产以前进行技术处理和生产准备所占用资金的日数。如木材的干燥、废钢废铁的压碎、金属棒材的截锯等的日数。

(5) 保险日数，是指为了防止特殊原因致使原材料供应偶然中断而建立的保险储备这一过程所占用的资金的日数。保险日数的长短应根据供应单位执行合同的情况、材料货源的充分程度、是否有可替代原材料、交通运输是否有延误的可能性等因素予以确定。

例如，某企业生产甲产品，预计年生产量180 000件，每件产品需要消耗A材料1千克，各月的生产比较均衡。A材料的计划单位价格为10元/千克。预计A材料的在途日数为4天，验收日数1天，供应间隔天数30天，供应间隔系数60%，整理准备日数1天，保险日数3天，则A材料所需要的储备资金定额可以计算为

180 000×1×10×(4+1+30×60%+1+3)/360=135 000(元)

2. 在产品资金占用额的核定

在产品资金是指从原材料投入生产开始，直到产品制成入库为止的整个过程中所占用的资金。在产品资金主要是指在产品占用的资金，当然也包括自制半成品占用的资金。在产品资金定额也应该按照不同的半成品种类分别核定。

在产品资金定额取决于4个因素：计划期某种产品的每日平均产量、单位产品计划生产成本、在产品成本系数和生产周期。在产品资金定额的计算公式为

在产品资金定额=产品每日平均产量×单位产品计划生产成本×在产品成本系数×生产周期

例如，计划期某机床每日的平均产量 2 台，计划单位生产成本为 33 630 元，在产品成本系数为 53.8%，生产周期为 25 天，则该机床的在产品资金定额可以计算为

$$2\times 33\ 630\times 53.8\%\times 25=904\ 647(元)$$

在该计算公式中，计划期产品的每日平均产量，同样可以直接根据计划产量除以计划期天数计算得到，而产品的单位计划生产成本也可以从成本计划中得到。

在产品投入生产之后，生产费用并不是一次发生的，而是在生产过程中逐渐发生和增加的，直到产品生产完工，生产费用才递增到产品的计划生产成本。因此，在核定在产品资金定额时，不能按产品的单位计划生产成本全额计算，而应该按照一定的比率予以压缩，这个比率就是在产品成本系数。其在产品成本系数是指在产品在生产过程中的平均生产费用占完工产品成本的比重。对于不同的生产过程，在产品成本系数的确定和计算方法是不一样的。

(1) 生产周期短，生产费用发生不规则，但可以确定每日生产费用发生额的产品，可以根据在产品费用逐日递增情况，其在产品成本系数的计算公式为

$$在产品成本系数=\frac{生产周期中每天累计发生费用额累计数}{单位产品计划成本\times 生产周期}\times 100\%$$

例如，某种产品的生产周期为 5 天，单位计划生产成本为 20 000 元，生产费用的发生情况如表 9-17 所示。

表 9-17　生产费用发生情况

生产周期日数/天	1	2	3	4	5	合计
生产费用当日发生数/元	4 000	2 000	6 000	4 000	4 000	20 000
生产费用累计发生数/元	4 000	6 000	12 000	16 000	20 000	58 000

本例中的在产品成本系数就可以计算为

$$在产品成本系数=\frac{58\ 000}{20\ 000\times 5}\times 100\%=58\%$$

(2) 生产一开始投入大量的费用，随后陆续均衡投入其他费用的产品，可以采用下列公式计算在产品成本系数。

$$在产品成本系数=\frac{\begin{matrix}生产过程一开\\始投入的费用\end{matrix}\times 100\%+\begin{matrix}随后陆续\\投入的费用\end{matrix}\times 50\%}{产品单位计划生产成本}\times 100\%$$

例如，某种产品单位计划生产成本为 20 000 元，开始生产时投入全部费用的 60%，其余 40%随后陆续均衡投入，则有

$$在产品成本系数=\frac{12\ 000\times 100\%+8\ 000\times 50\%}{20\ 000}\times 100\%=80\%$$

(3) 生产过程比较复杂，原材料分次投入生产的产品，应先按照每个生产阶段分别计算各个阶段的在产品成本系数，然后计算综合的在产品成本系数，再求得在产品资金定额。每

个阶段在产品成本系数可以用上述两种方法确定，在确定了每个阶段的在产品成本系数之后，可以用下列公式来计算综合的在产品成本系数。

$$在产品成本系数=\frac{\sum 各生产阶段在产品单位成本\times 各生产阶段在产品成本系数\times 各生产阶段生产周期}{产品单位计划生产成本\times 各阶段生产周期之和}\times 100\%$$

例如，某种产品计划年度第四季度的计划产量为 180 件，单位产品各生产阶段的在产品累计单位成本、各阶段的在产品成本系数与生产周期资料如表 9-18 所示。

表 9-18　分阶段产品生产费用及在产品成本系数资料

生产阶段	本阶段累计单位生产成本/元	在产品成本系数/%	本阶段生产周期/天
铸造车间	11 210	68	5
毛坯库	11 210	100	3
机械加工车间	25 000	75	10
零件库	25 000	100	2
装配车间	33 630	85	5
合计			25

按照上述公式，可以计算出本例中的在产品成本系数为 53.8%，从而也就可以计算出该产品的在产品资金占用额为 904 343 元。

3. 产成品资金定额的核定

产成品资金是指产品制成入库，直到销售并取得货款或结算货款为止的整个过程中所占用的资金。产成品资金定额取决于 3 个因素：计划期产成品的每日平均产量、产成品单位计划生产成本和产成品资金定额日数，其计算公式为

产成品资金占用额=产成品每日平均产量×产成品单位计划生产成本×产成品资金定额日数

其中，计划期产品的每日平均产量可以根据生产计划的计划产量确定；计划期产品的单位计划生产成本也可以根据成本计划获得；产成品资金定额日数，是指从产成品制成入库开始，直到销售并取得货款或结算货款为止这一过程所占用资金的日数，包括产成品储存日数、发运日数和结算日数。

(1) 产成品储存日数，是指从产品制成入库开始，到产品开始向购货单位发运为止所需要的天数，主要包括组织成批发运日数、选配日数和包装日数等。

(2) 发运日数，是指产品经过选配、包装后，运送到车站或码头，取得运输凭证这一过程所需要的时间。发运日数的长短主要取决于企业距码头车站的距离长短、运输能力的大小以及运输力量的组织能力大小等。

(3) 结算日数，是指从取得运输凭证开始，直到取得货款或结算货款为止的日数。结算日数主要取决于产品销售的结算方式。

思考题：

1. 对于商品流通企业来说，当存货资金占用较大时，存货资金定额的确定就很重要。请思考，商品流通企业的存货资金定额应该如何确定？

2. 在企业经营规模一定的情况下，要降低存货资金的占用，可以通过减少存货资金的周转天数来实现。请考虑，企业如何降低存货资金的周转定额天数？

第10章

利润分配管理

案例10.1 利润分配的程序：认知留存收益

10.1.1 资料：利润分配的程序

利润分配程序是指公司制企业根据适用法律、法规或规定，对企业一定期间实现的净利润进行分派必须经过的先后步骤。根据《中华人民共和国公司法》(以下简称《公司法》)等有关规定，企业当年实现的利润总额应按国家有关税法的规定做相应的调整，然后依法缴纳所得税。缴纳所得税后的净利润按下列顺序进行分配。

1. 弥补以前年度的亏损

按我国财务和税务制度的规定，企业的年度亏损可以由下一年度的税前利润弥补，下一年度税前利润尚不足以弥补的，可以由以后年度的利润继续弥补，但税前利润弥补以前年度亏损的连续期限不超过5年。5年内弥补不足的，用本年税后利润弥补。本年净利润加上年初未分配利润为企业可供分配的利润，只有可供分配的利润大于零时，企业才能进行后续分配。

2. 提取法定盈余公积金

根据《公司法》的规定，法定盈余公积金的提取比例为当年税后利润(弥补亏损后)的10%。当法定盈余公积金已达到注册资本的50%时，可不再提取。法定盈余公积金可用于弥补亏损、扩大公司生产经营或转增资本，但公司用盈余公积金转增资本后，法定盈余公积金的余额不得低于转增前公司注册资本的25%。

3. 提取任意盈余公积

根据《公司法》的规定，公司从税后利润中提取法定公积金后，经股东会或者股东大会决议，还可以从税后利润中提取任意公积金。

4. 向投资者分配利润

根据《公司法》的规定，公司弥补亏损和提取公积金后所余税后利润，可以向股东(投资者)分配股利(利润)，其中有限责任公司股东按照实缴的出资比例分取红利，全体股东约定不按照出资比例分取红利的除外；股份有限公司按照股东持有的股份比例分配，但股份有限公司章程规定不按持股比例分配的除外。

根据《公司法》的规定，在公司弥补亏损和提取法定公积金之前向股东分配利润的，股东必须将违反规定分配的利润退还公司。

10.1.2 资料：宝钢股份的利润分配

下面是宝钢股份(600019)2018 年度的部分合并财务报表以及相关附注信息。

1. 合并资产负债表

合并资产负债表，如表 10-1 所示。

表 10-1 合并资产负债表

2018 年 12 月 31 日 单位：元

项目	附注五	期末余额	期初余额
流动资产：			
货币资金	1	16 959 171 653.98	17 857 363 941.27
以公允价值计量且其变动计入当期损益的金融资产	2	2 025 074 853.86	1 726 166 623.63
应收票据及应收账款	3	41 826 205 117.19	43 936 399 772.39
其中：应收票据		29 130 196 898.24	31 857 024 088.54
应收账款		12 696 008 218.95	12 079 375 683.85
预付款项	4	6 328 023 809.67	8 018 401 078.40
其他应收款	5	3 176 459 039.28	2 759 865 430.00
其中：应收利息		14 226 030.25	13 568 978.49
应收股利		16 429 765.43	45 043 206.68
买入返售金融资产	6	500 000 000.00	3 583 919 000.00
存货	7	41 505 389 921.56	39 488 037 616.60
一年内到期的非流动资产	8	—	547 982 220.29
其他流动资产	9	7 768 245 389.89	15 374 474 805.32

(续表)

项目	附注五	期末余额	期初余额
流动资产合计		120 088 569 785.43	133 292 610 487.90
非流动资产：			
发放贷款和垫款	10	5 580 901 203.10	3 941 771 480.10
可供出售金融资产	11	12 637 230 889.65	13 016 772 119.86
长期应收款	12	302 259 703.90	323 443 628.36
长期股权投资	13	18 985 069 558.92	17 286 462 494.34
投资性房地产	14	466 585 011.76	437 906 877.45
固定资产	15	150 718 491 669.54	154 221 659 305.18
在建工程	16	7 765 259 043.39	10 095 065 654.83
无形资产	17	12 313 714 412.80	12 384 059 562.20
商誉	18	524 024 603.46	520 886 853.98
长期待摊费用	19	1 393 063 252.51	1 330 650 683.79
递延所得税资产	20	2 897 420 484.50	2 413 983 183.78
其他非流动资产	21	1 468 016 192.69	969 360 283.40
非流动资产合计		215 052 036 026.22	216 942 022 127.27
资产总计		335 140 605 811.65	350 234 632 615.17
流动负债：			
短期借款	23	38 324 057 065.49	60 282 446 151.02
向中央银行借款		—	—
吸收存款及同业存放	24	8 802 169 865.15	8 471 020 955.41
拆入资金	25	—	400 000 000.00
以公允价值计量且其变动计入当期损益的金融负债		629 641.69	371 853 492.51
应付票据及应付账款	26	45 930 563 669.04	39 673 341 441.64
预收款项	27	19 853 241 501.99	23 744 883 795.03
卖出回购金融资产款	28	142 071 814.59	130 556 138.69
应付职工薪酬	29	2 683 454 050.18	2 365 608 949.15
应交税费	30	4 431 480 822.53	4 699 230 756.94
其他应付款	31	1 896 508 138.46	2 607 501 607.46
其中：应付利息		359 359 786.14	582 058 272.27

(续表)

项目	附注五	期末余额	期初余额
应付股利		660 334.78	50 674 285.20
一年内到期的非流动负债	32	5 162 332 379.53	20 407 281 386.07
其他流动负债	33	6 076 755 143.04	52 914 690.00
流动负债合计		133 303 264 091.69	163 206 639 363.92
非流动负债：			
长期借款	34	5 610 231 171.28	413 368 004.28
应付债券	35	3 000 000 000.00	8 553 245 927.39
长期应付款	36	927 504 518.00	974 276 884.50
长期应付职工薪酬	37	1 124 563 460.90	781 049 807.00
预计负债	38	—	1 989 562.11
递延收益	39	1 089 170 358.84	1 116 879 279.02
递延所得税负债	20	840 782 711.34	714 779 247.74
非流动负债合计		12 592 252 220.36	12 555 588 712.04
负债合计		145 895 516 312.05	175 762 228 075.96
所有者权益(或股东权益)：			
实收资本(或股本)	40	22 267 915 125.00	22 268 111 875.00
其他权益工具	41	—	77 717 323.62
资本公积	42	49 581 655 764.24	48 714 559 218.40
减：库存股	43	665 644 518.00	712 416 884.50
其他综合收益	44	−348 278 735.39	−301 403 547.57
专项储备	45	37 950 958.62	41 582 048.73
盈余公积	46	32 628 859 658.50	29 774 721 062.00
未分配利润	47	73 260 095 692.16	64 569 632 340.12
归属于母公司所有者权益合计		176 762 553 945.13	164 432 503 435.80
少数股东权益		12 482 535 554.47	10 039 901 103.41
所有者权益(或股东权益)合计		189 245 089 499.60	174 472 404 539.21
负债和所有者权益(或股东权益)总计		335 140 605 811.65	350 234 632 615.17

法定代表人：邹×× 主管会计工作负责人：吴×× 会计机构负责人：王×

2. 合并利润表

合并利润表，如表 10-2 所示。

表 10-2　合并利润表

2018年1月—12月　　　　单位：元　　　　币种：人民币

项目	附注五	本期发生额	上期发生额
一、营业总收入		305 204 866 810.21	289 497 791 860.43
其中：营业收入	48	304 779 462 646.47	289 092 900 259.28
利息收入		410 823 212.47	392 745 524.75
手续费及佣金收入		14 580 951.27	12 146 076.40
二、营业总成本		281 929 347 788.10	267 977 947 591.25
其中：营业成本	48	259 084 996 014.67	248 425 102 399.15
利息支出		169 590 516.73	174 760 042.55
手续费及佣金支出		3 881 986.17	4 043 601.08
税金及附加	49	1 623 496 443.44	1 879 904 404.45
销售费用	50	3 492 708 128.90	3 366 451 987.33
管理费用	51	5 926 621 238.07	5 424 541 673.78
研发费用	52	7 030 591 170.37	4 207 433 798.89
财务费用	53	4 366 071 309.65	3 370 418 534.10
其中：利息费用		3 060 248 761.78	3 634 233 937.77
利息收入		236 324 528.27	168 683 587.80
资产减值损失	54	231 390 980.10	1 125 291 149.92
加：其他收益	55	595 201 794.44	546 199 583.81
投资收益(损失以“—”号填列)	56	4 122 898 284.88	3 042 271 247.77
三、营业利润(亏损以“—”号填列)		28 183 308 273.22	24 924 170 426.65
加：营业外收入	58	311 558 092.84	274 526 446.84
减：营业外支出	59	678 808 731.27	1 163 566 737.88
四、利润总额(亏损总额以“—”号填列)		27 816 057 634.79	24 035 130 135.61
减：所得税费用	60	4 537 916 749.89	3 631 992 918.56
五、净利润(净亏损以“—”号填列)		23 278 140 884.90	20 403 137 217.05
(一)按经营持续性分类			
1. 持续经营净利润(净亏损以“—”号填列)		23 278 140 884.90	20 403 137 217.05
2. 终止经营净利润(净亏损以“—”号填列)		—	—

（续表）

项目	附注五	本期发生额	上期发生额
(二)按所有权归属分类			
1. 少数股东权益		1 712 977 130.11	1 232 799 647.41
2. 归属于母公司股东的净利润		21 565 163 754.79	19 170 337 569.64
六、其他综合收益的税后净额		−36 602 358.89	−18 454 491.59
归属于母公司所有者的其他综合收益的税后净额	44	−46 875 187.82	−18 452 339.98
(一)不能重分类进损益的其他综合收益		−2 150 755.42	5 575 231.86
1. 重新计量设定受益计划变动额		−2 150 755.42	5 575 231.86
2. 权益法下不能转损益的其他综合收益		—	—
(二)将重分类进损益的其他综合收益		−44 724 432.40	−24 027 571.84
1. 权益法下可转损益的其他综合收益		54 019 248.24	−36 282 078.82
2. 可供出售金融资产公允价值变动损益		−293 052 667.67	115 131 972.11
3. 持有至到期投资重分类为可供出售金融资产损益		—	—
4. 现金流量套期损益的有效部分		—	—
5. 外币财务报表折算差额		194 308 987.03	−102 877 465.13
6. 其他		—	—
归属于少数股东的其他综合收益的税后净额	44	10 272 828.93	−2 151.61
七、综合收益总额		23 241 538 526.01	20 384 682 725.46
归属于母公司所有者的综合收益总额		21 518 288 566.97	19 151 885 229.66
归属于少数股东的综合收益总额		1 723 249 959.04	1 232 797 495.80
八、每股收益	61		
(一)基本每股收益(元/股)		0.97	0.86
(二)稀释每股收益(元/股)		0.97	0.86

法定代表人：邹××　　主管会计工作负责人：吴××　　会计机构负责人：王×

3. 合并所有者权益变动表

本期的所有者权益变动表如表 10-3 所示。

表 10-3　本期的所有者权益变动表

2018 年 1 月—12 月　　单位：元　　币种：人民币

项目	本期									
	归属于母公司所有者权益								少数股东权益	所有者权益合计
	股本	资本公积	其他权益工具	减：库存股	其他综合收益	专项储备	盈余公积	未分配利润		
一、上年期末余额	22 268 111 875.00	48 714 559 218.40	77 717 323.62	712 416 884.50	−301 403 547.57	41 582 048.73	29 774 721 062.00	64 569 632 340.12	10 039 901 103.41	174 472 404 539.21
二、本年期初余额	22 268 111 875.00	48 714 559 218.40	77 717 323.62	712 416 884.50	−301 403 547.57	41 582 048.73	29 774 721 062.00	64 569 632 340.12	10 039 901 103.41	174 472 404 539.21
三、本期增减变动金额(减少以“—”号填列)	−196 750.00	867 096 545.84	−77 717 323.62	−46 772 366.50	−46 875 187.82	−3 631 090.11	2 854 138 596.50	8 690 463 352.04	2 442 634 451.06	14 772 684 960.39
(一) 综合收益总额	—	—	—	—	−46 875 187.82	—	—	21 565 163 754.79	1 723 249 959.04	23 241 538 526.01
(二) 所有者投入和减少资本	−196 750.00	687 979 739.63	—	−46 772 366.50	—	—	—	—	1 142 454 715.34	1 877 010 071.47
1．所有者投入的普通股	—	406 079 335.59	—	−46 396 574.00	—	—	—	—	1 247 530 834.24	1 700 006 743.83
2．其他权益工具持有者投入资本	—	—	—	—	—	—	—	—	—	—
3．股份支付计入所有者权益的金额	—	271 536 699.45	—	—	—	—	—	—	13 383 045.57	284 919 745.02
4．其他	−196 750.00	10 363 704.59	—	−375 792.50	—	—	—	—	−118 459 164.47	−107 916 417.38
其中：购买子公司少数股东股权	—	10 565 131.86	—	—	—	—	—	—	−17 520 931.86	−6 955 800.00
回购股份	−196 750.00	−179 042.50	—	−375 792.50	—	—	—	—	—	—
处置子公司		−22 384.77							−100 938 232.61	−100 960 617.38
(三) 利润分配	—	—	—	—	—	—	2 854 138 596.50	−12 874 700 402.75	−418 646 840.86	−10 439 208 647.11

(续表)

项目	本期									
	归属于母公司所有者权益								少数股东权益	所有者权益合计
	股本	资本公积	其他权益工具	减：库存股	其他综合收益	专项储备	盈余公积	未分配利润		
1. 提取盈余公积	—	—	—	—	—	—	2 854 138 596.50	-2 854 138 596.50	—	—
2. 提取一般风险准备	—	—	—	—	—	—	—	—	—	—
3. 对所有者(或股东)的分配	—	—	—	—	—	—	—	-10 020 561 806.25	-418 646 840.86	-10 439 208 647.11
(四) 所有者权益内部结转	—	—	—	—	—	—	—	—	—	—
(五) 专项储备	—	—	—	—	—	-3 631 090.11	—	—	-4 867 790.06	-8 498 880.17
1. 本期提取	—	—	—	—	—	588 830 383.55	—	—	18 748 407.72	607 578 791.27
2. 本期使用	—	—	—	—	—	592 461 473.66	—	—	23 616 197.78	616 077 671.44
(六) 其他	—	179 116 806.21	-77 717 323.62	—	—	—	—	—	444 407.60	101 843 890.19
四、本期期末余额	22 267 915 125.00	49 581 655 764.24	—	665 644 518.00	-348 278 735.39	37 950 958.62	32 628 859 658.50	73 260 095 692.16	12 482 535 554.47	189 245 089 499.60

上期的所有者权益变动表如表 10-4 所示。

表 10-4　上期的所有者权益变动表

2017 年 1 月—12 月　　　　单位：元　　　　币种：人民币

项目	上期									
	归属于母公司所有者权益								少数股东权益	所有者权益合计
	股本	资本公积	其他权益工具	减：库存股	其他综合收益	专项储备	盈余公积	未分配利润		
一、上年期末余额	16 450 393 624.00	33 769 068 132.18	—	49 879 268.00	-60 089 825.59	25 654 384.62	27 894 484 385.08	43 236 393 452.96	10 155 160 014.52	131 421 184 899.77
加：会计政策变更	—	—	—	—	—	—	—	—	—	—
同一控制下企业合并	—	20 023 263 782.09	—	—	-222 861 382.00	26 871 120.81	—	8 684 695 948.69	319 116 514.85	28 831 085 984.44
二、本年期初余额	16 450 393 624.00	53 792 331 914.27	—	49 879 268.00	-282 951 207.59	52 525 505.43	27 894 484 385.08	51 921 089 401.65	10 474 276 529.37	160 252 270 884.21

(续表)

项目	上期									
	归属于母公司所有者权益								少数股东权益	所有者权益合计
	股本	资本公积	其他权益工具	减：库存股	其他综合收益	专项储备	盈余公积	未分配利润		
三、本期增减变动金额(减少以“－”号填列)	5 817 718 251.00	−5 077 772 695.87	77 717 323.62	662 537 616.50	−18 452 339.98	−10 943 456.70	1 880 236 676.92	12 648 542 938.47	−434 375 425.96	14 220 133 655.00
(一) 综合收益总额	—	—	—	—	−18 452 339.98	—	—	19 170 337 569.64	1 232 797 495.80	20 384 682 725.46
(二) 所有者投入和减少资本	5 817 718 251.00	−5 133 456 149.23	—	662 537 616.50	—	—	—	—	−23 252 246.64	−1 527 761.37
1. 所有者投入的普通股	165 201 550.00	513 537 666.50	—	662 537 616.50	—	—	—	—	−23 252 246.64	−7 050 646.64
2. 其他权益工具持有者投入资本	—	—	—	—	—	—	—	—	—	—
3. 股份支付计入所有者权益的金额	—	5 522 885.27	—	—	—	—	—	—	—	5 522 885.27
4. 其他	5 652 516 701.00	−5 652 516 701.00	—	—	—	—	—	—	—	—
其中：同一控制下企业合并	5 652 516 701.00	−5 652 516 701.00	—	—	—	—	—	—	—	—
(三) 利润分配	—	—	—	—	—	—	1 880 236 676.92	−6 521 794 631.17	−312 513 354.33	−4 954 071 308.58
1. 提取盈余公积	—	—	—	—	—	—	1 880 236 676.92	−1 880 236 676.92	—	—
2. 提取一般风险准备	—	—	—	—	—	—	—	—	—	—
3. 对所有者(或股东)的分配	—	—	—	—	—	—	—	−4 641 557 954.25	−312 513 354.33	−4 954 071 308.58
(四) 所有者权益内部结转	—	—	—	—	—	—	—	—	—	—
(五) 专项储备	—	—	—	—	—	−10 943 456.70	—	—	−2 099 461.10	−13 042 917.80
1. 本期提取	—	—	—	—	—	450 775 393.32	—	—	9 564 485.41	460 339 878.73
2. 本期使用	—	—	—	—	—	461 718 850.02	—	—	11 663 946.51	473 382 796.53
(六) 其他	—	55 683 453.36	77 717 323.62	—	—	—	—	—	−1 329 307 859.69	−1 195 907 082.71
四、本期期末余额	22 268 111 875.00	48 714 559 218.40	77 717 323.62	712 416 884.50	−301 403 547.57	41 582 048.73	29 774 721 062.00	64 569 632 340.12	10 039 901 103.41	174 472 404 539.21

法定代表人：邹××　　　　主管会计工作负责人：吴××　　　　会计机构负责人：王×

3. 报表附注：盈余公积

报表附注：盈余公积，如表 10-5 所示。

表 10-5 报表附注：盈余公积

单位：元

项目	期初余额	本期增加	本期减少	期末余额
法定盈余公积	13 251 634 361.11	1 427 069 298.25	—	14 678 703 659.36
任意盈余公积	16 523 086 700.89	1 427 069 298.25	—	17 950 155 999.14
合计	29 774 721 062.00	2 854 138 596.50	—	32 628 859 658.50

注：盈余公积说明，包括本期增减变动情况、变动原因说明：根据《公司法》和本公司章程的规定，本公司按母公司净利润的 10%计提法定盈余公积。本公司在计提法定盈余公积后，可计提任意盈余公积。经批准，任意盈余公积可用于弥补以前年度亏损或增加股本。

4. 报表附注：未分配利润

报表附注：未分配利润，如表 10-6 所示。

表 10-6 报表附注：未分配利润

单位：元

项目	本期	上期
调整前上期末未分配利润	64 569 632 340.12	43 236 393 452.96
调整期初未分配利润合计数(调增+，调减一)	—	8 684 695 948.69
调整后期初未分配利润	64 569 632 340.12	51 921 089 401.65
加：本期归属于母公司所有者的净利润	21 565 163 754.79	19 170 337 569.64
减：提取法定盈余公积	1 427 069 298.25	940 118 338.46
提取任意盈余公积	1 427 069 298.25	940 118 338.46
应付普通股股利	10 020 561 806.25	4 641 557 954.25
期末未分配利润	73 260 095 692.16	64 569 632 340.12

注：① 由于同一控制下企业合并导致的合并范围变更，增加 2017 年初未分配利润人民币 8 684 695 948.69 元。

② 根据本公司 2018 年 5 月 25 日 2017 年年度股东大会决议，本公司向在派息公告中确认的股权登记日在册的全体股东派发现金股利总额为人民币 10 020 561 806.25 元(含税)，已于 2018 年 6 月 8 日实施完毕。

思考题：

1. 根据报表情况，分析 2017 年度和 2018 年度宝钢股份的利润分配程序以及分配金额情况。

2. 2018 年度宝钢股份的盈余公积和未分配利润两个项目的期末余额与 2017 年度的期末余额相比是如何发生变化的？

3. 盈余公积和未分配利润统称为“留存收益”，而股本和资本公积可以视为投入资本。回顾前面第 6 章案例 6.2 中股本和资本公积的区别，思考企业报表中股东权益的构成及来源。

4. 法定盈余公积，是指国家规定企业必须从税后利润中提取的盈余公积，提取比例为 10%。当法定盈余公积累计金额达到企业注册资本的 50%以上时，可以不再提取。法定盈余公积的用途包括弥补公司亏损、扩大公司生产经营、转增公司资本(转增时所留存的该科目余额不得少于转增前注册资本的 25%)。请从利益相关者利益保护的角度讨论为什么要规定企业必须提取法定盈余公积？

案例 10.2　股利的类型：史上最牛股利分配增加股东财富了吗

10.2.1　资料：股利分配相关概念

1. 股利的类型

上市公司如何选择发放股利的形式是股利政策的一项重要内容。沪深股市的上市公司进行利润分配一般只采用现金股利和股票股利两种。

(1) 现金股利，即直接以现金向股东支付股利的形式。它是最基本的、也是最常见的股利形式。

(2) 股票股利，是指公司以发放的股票作为股利支付给股东的股利支付形式，又称为“送红股”。股票股利是仅次于现金股利的常用股利派发形式。

2. 送股和转增的区别

送股是上市公司将本年的利润留在公司里，发放股票作为红利，从而将利润转化为股本。送股后，公司的资产、负债、股东权益的总额结构并没有发生改变，但总股本增大，同时每股净资产降低。而转增股本是指公司将资本公积转化为股本，转增股本并没有改变股东的权益，但却增加了股本的规模，因而客观结果与送股相似。

转增股本与送红股的本质区别在于，红股来自公司的年度税后利润，只有在公司有盈余的情况下，才能向股东送红股；而转增股本却来自资本公积，它可以不受公司本年度可分配利润的多少及时间的限制，只要将公司账面上的资本公积减少一些，增加相应的注册资本金就可以了。因此，转增股本严格地说并不是对股东的分红回报。

3. 除权除息的计算

当上市公司向股东分派股息时，就要对股票进行除息。当上市公司向股东送红股时，就要对股票进行除权。股权登记都通过计算机交易系统自动进行，只要在登记日的收市时还拥有股票，股东就自动享有分红的权利。进行股权登记后，股票将要除权除息，也就是将股票中含有的分红权利予以解除。除权除息都在股权登记日的收盘后进行。除权之后再购买股票的股东将不再享有分红派息的权利。除息价、股权价的计算公式为

除息价=登记日的收盘价-每股股票应分得权利
股权价=股权登记日的收盘价÷(1+每股送股率)

只要该股票有分红的公告，并且股东在该股票登记日持有该股票，在除权除息日之后，红利自动到账。除权除息日由该上市公司发公告确定。

4. 股利分配中的几个日期概念

股份有限公司向股东发放股利要经过一定的程序，在这个过程中，有几个重要的日期概念。

(1) 股利宣告日，即公司董事会宣布发放股利的日期。

(2) 股权登记日，即有权领取股利的股东资格登记的最后日期。一般公司宣布股利后，可规定一段时期供股东过户登记。只有在股权登记日及之前列入股东名册上的股东，才有权获得本次分派的股利。

(3) 除息日，即除去交易中的股票领取本次分配的股利权利的日期。在证券业实行“T+0”交易制度的情况下，除息日应为股权登记日之后的第一个工作日。除息日对股票的价格有明显的影响，除息日开始，股票价格因不再含有本次股利而会有所下降。

(4) 股利支付日，即公司将股利正式发放给股东的日期。公司应将现金股利以一定方式向股东发放。

10.2.2 资料：TF 股份公布 2018 年度利润分配方案的公告

本公司及董事会全体成员保证公告内容的真实、准确和完整，对公告的虚假记载、误导性陈述或者重大遗漏负连带责任。

TF 股份有限公司(以下简称“公司”)于 2019 年 4 月 24 日召开了第四届董事会第十二次会议，会议审议通过了《关于公司 2018 年度利润分配方案的议案》。现将相关事宜公告如下。

1. 利润分配方案的基本情况

提议人：公司董事会

提议理由：基于公司当前稳定的经营情况，《公司章程》《分红管理制度》的相关要求，为积极回报股东，与所有股东分享公司发展的经营成果，在符合利润分配原则、保证公司正常经营和长远发展的前提下，公司董事会提出了本次利润分配方案。声明，本次利润分配不会造成公司流动资金短缺。

分配方案：经××会计师事务所(特殊普通合伙)审计，2018 年度公司实现净利润 318 624 074.91 元(母公司数)，加年初未分配利润 139 373 042.98 元，扣除 2018 年度提取盈余公积 31 862 407.49 元和分配股利 100 000 000 元后，本年度可供股东分配的利润为 326 134 710.40 元。

根据有关法律法规及《公司章程》的规定，兼顾公司长远发展和股东利益，以公司目前总股本 100 000 万股为基数，每 10 股送红股 2 股并派现金红利 1 元(含税)，并用资本公积金每 10 股转增 8 股。股权登记日为 2019 年 5 月 30 日，除息除权日为 2019 年 6 月 2 日，新增可流通股上市日为 2019 年 6 月 3 日，现金红利发放日为 2019 年 6 月 9 日。

提示：董事会审议利润分配方案后股本发生变动的，若未约定，将按照分配总额不变的原则对分配比例进行调整。

2. 其他说明

(1) 董事会提议的利润分配方案符合《公司法》《企业会计准则》、证监会《关于进一步落实上市公司现金分红有关事项的通知》、证监会《上市公司监管指引第 3 号——上市公司现金分红》的规定，符合公司《公司章程》《分红管理制度》《未来三年(2018—2020 年)股东回报规划》的相关要求中的现金分红规定，具备合法性、合规性、合理性。

(2) 该利润分配方案的实施不会造成公司流动资金短缺或其他不良影响。

(3) 《关于公司 2018 年度利润分配方案的议案》已由公司第四届董事会第十二次会议审议通过，尚需提交公司 2018 年度股东大会审议。

3. 备查文件

(1) 公司第四届董事会第十二次会议决议。

(2) 公司第四届监事会第二十七次会议决议。

(3) 独立董事关于第四届董事会第十二次会议相关事项的事前认可及独立意见。

特此公告。

TF 股份有限公司董事会

2019 年 5 月 5 日

10.2.3　资料：股利发放前后的市场反应

以下是 TF 股份股利发放前后的日 K 线(见图 10-1)以及股票价格(见表 10-7)变动情况。

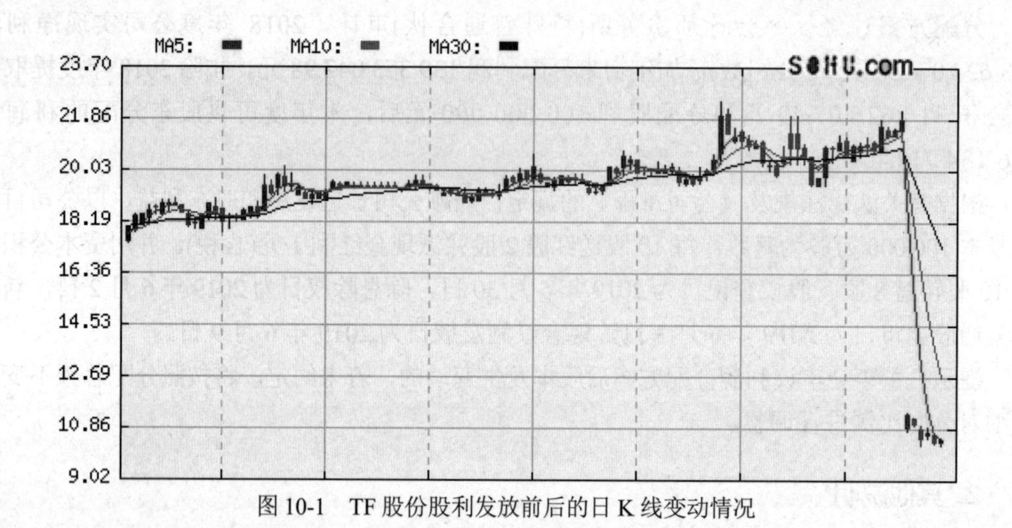

图 10-1 TF 股份股利发放前后的日 K 线变动情况

表 10-7 TF 股份股利发放前后的日股价变动情况

单位：元

日期	开盘	最高	最低	收盘
2019.05.23	20.96	21.19	20.60	20.95
2019.05.26	20.99	21.09	20.65	20.76
2019.05.27	20.78	21.81	20.74	21.57
2019.05.28	21.46	21.60	21.21	21.28
2019.05.29	21.25	21.53	21.25	21.44
2019.05.30	21.48	22.16	21.48	21.82
2019.06.02	10.92	11.42	10.78	11.33
2019.06.03	11.20	11.20	10.95	11.04
2019.06.04	10.86	10.97	10.25	10.50
2019.06.05	10.65	10.88	10.50	10.69
2019.06.06	10.66	10.68	10.30	10.39
2019.06.09	10.36	10.50	10.25	10.48

10.2.4 资料：WW 股份“史上最牛分配方案”

据《羊城晚报》报道，继 XF 国际之后，WW 股份成为第二家推出“10 转增 12 股”的上市公司。此外，WW 股份还比 XF 国际多派了一点现金，拟 10 股派 0.30 元，从而超越 XF 国际，成为“史上最牛分配方案”。转增后，其股本总额由 7.6 亿股增加到 16.72 亿股。

此前，市场传闻公司将有高送转方案，其股价近期走势相当强劲，连拉 10 根阳线。自 2018 年 3 月 16 日以来，短短两周时间，该股从 5.55 元起步，升至上周五收报 8.25 元，涨幅接近 50%。

年报显示，受国际和国内市场环境的变化等因素影响，2018 年公司经营业绩大幅下滑，实现利润 6109.42 万元，同比下降 52.39%。

思考题：

1. 基于资料 10.2.2，说明上市公司送红股和转增在会计处理上的区别。

2. 基于资料 10.2.3 的 K 线图，说明图中哪一天是 TF 股份的股权登记日和除权除息日。

3. 基于资料 10.2.3 和资料 10.2.4，思考一下，上市公司高股利分配可以增加股东财富吗？WW 股份在市场传闻的高送转方案后股票价格涨幅超过 50%，这样的涨幅有没有财务依据支撑？

4. 基于资料 10.2.4，如果 WW 股份在股权登记日的股票在收盘价格为 8.25 元，那么在除权除息日，对股价进行除权除息之后，股票的开盘价格大约在什么价位？

5. “最豪分红刺激股价创新高”这样的报道经常见之网络。根据本案例的分析，你觉得高股利分配确实能够支持股价上涨吗？面对信息爆炸的时代，我们应该如何做出自己正确的判断？

案例 10.3 股利分配的动机：新城控股集团的股利分配

10.3.1 资料：新城控股公司基本情况及财务分析

1. 新城控股公司基本情况简介

新城控股集团股份有限公司(简称：新城控股；股票代码：601155)创立于 1993 年，2015 年 12 月 4 日在 A 股主板挂牌上市。新城控股集团总部位于上海，致力于精品住宅开发与品牌商业的开发与运营，努力实现住宅地产与商业地产双核驱动。截至 2017 年底，全国共计运营 23 个商业广场项目(吾悦广场)，平均出租率达到 97.91%，单个广场的日均客流量达到 4.32 万人。同时，资产负债表显示，2017 年 12 月 31 日，公司总资产达到 1835.27 亿元，在房地产行业上市公司中排名第 14 位。而整个 2017 年，新城控股集团实现土地储备新增面积 3393 万平方米，同比增长 138%；销售金额 1265 亿元，同比增长 94%；营业收入 405 亿元，同比增长 44.9%；净利润 60 亿元，同比增长 99.7%。可见，新城控股集团的业绩增长非常迅速，远超其他的房地产行业上市公司。此外，新城控股集团按每 10 股派息 8.1 元，分红高达 30.3%，引起各方的称赞。在控股权方面，新城控股集团属于典型的家族企业，控制人为王振华先生，实际掌握股权接近 70%。

2. 新城控股公司财务分析

公司的财务分析主要包括偿债能力分析、营运能力分析、盈利能力分析三方面内容。本节通过新城控股 2015—2017 年在 A 股房企中偿债能力、营运能力与盈利能力所处的水平，对新城控股的财务状况进行客观分析，发现新城控股集团的偿债能力较弱、财务杠杆较高、营运能力与盈利能力较强，符合新城控股自身“高杠杆、高周转”的发展战略。

1) 偿债能力分析

表 10-8 为 2015—2017 年 A 股房企短期偿债能力分析。在删除缺失值与异常值后，2015 年 A 股房企的数量为 124 家，2016 年为 124 家，2017 年为 122 家。从流动比率上看，新城控股 2015 年的流动比率为 1.22，2016 年的流动比率为 1.13，2017 年的流动比率为 1.09，均低于行业的 25%分位数。这说明新城控股的流动比率较低，而流动比率较低往往意味着公司可能更多地使用长期负债来解决短期经营需求，融资成本也可能会随之提高，但这也反映出新城控股对资本的利用效率较高。

从速动比率上看，新城控股 2015 年的速动比率为 0.45，2016 年的速动比率为 0.57，2017 年的速动比率为 0.50，均位于行业 25%～50%分位数之间。速动比率是在流动比率中扣除存货所计算得来的。新城控股的速动比率在行业中所处的位置高于流动比率，说明新城控股的存货较少，去库存能力较强，但新城控股的速动比率处于行业中下游水平，同时说明短期偿债能力略有不足。

从现金比率上看，新城控股 2015 年的现金比率为 0.15，2016 年现金比率为 0.19，2017 年的现金比率为 0.17，均低于行业 25%分位数。这说明新城控股的现金持有水平较低，虽然可以减少冗余现金的机会成本，但是也会提高企业的资金流风险。

综合而言，尽管赵振全(2003)认为流动比率在 2 左右最佳，速动比率在 1 左右最佳，但房企通常会低于这一数值，这也反映出房地产公司属于资金密集型行业的特征。

表 10-8 A 股房企短期偿债能力分析

项目	年份	公司数量	25%分位数	50%分位数	75%分位数	新城控股
流动比率	2015	124	1.54	1.88	2.25	1.22
	2016	124	1.61	1.99	2.45	1.13
	2017	122	1.47	1.77	2.22	1.09
速动比率	2015	124	0.34	0.47	0.70	0.45
	2016	124	0.46	0.63	0.85	0.57
	2017	122	0.45	0.61	0.93	0.50
现金比率	2015	124	0.18	0.28	0.42	0.15
	2016	124	0.24	0.33	0.56	0.19
	2017	122	0.20	0.30	0.54	0.17

注：数据来源于 WIND 数据库，剔除缺失值与异常值。

表 10-9 为 2015—2017 年 A 股房企长期偿债能力分析。其中资产负债率、产权比率、权益乘数是还本能力指标，利息保障倍数是付息能力指标。在资产负债率上，新城控股 2015 年资产负债率为 79.54%，2016 年资产负债率为 84.14%，2017 年资产负债率为 85.84%，均高于同行业 75%分位数，说明新城控股的资产负债率较高。赵振全(2003)认为金融类的公司资产负债率可以在 90%以上，而一般实业性公司一般不超过 50%。从统计结果中可以发现，房地产行业公司资产负债率普遍较高，具有类金融的特征。产权比例为总负债与股东权益的比重，这一指标刻画了企业债权与股权的关系。

在产权比率上，新城控股 2015 年的产权比率为 388.79%，2016 年的产权比率为 530.32%，2017 年的产权比率为 606.37%，均高于同行业 75%分位数，说明新城控股的债权远高于股权，负债占比过高，财务风险较大。

权益乘数为总资产与股东权益的比重，该指标衡量了企业的杠杆水平。新城控股 2015 年的权益乘数为 4.89，2016 年的权益乘数为 6.30，2017 年的权益乘数为 7.06，均高于同行业 75%分位数，说明新城控股的财务杠杆较高。

综合这 3 项指标来看，新城控股总体的还本能力弱于其他房地产上市公司，但也意味着公司债务融资能力较强。并且，从公司 3 年间负债均上升的趋势来看，这是为了满足公司高周转策略的需要。虽然高负债成为公司高速发展的支撑，但也蕴含了一定的风险。

最后，在利息保障倍数方面，新城控股 2015 年的利息保障倍数为 1.11，2016 年的利息保障倍数为 1.58，2017 年的利息保障倍数为 1.92，均位于 25%～50%分位数之间，说明新城控股的付息能力低于同行业的其他房企。但是，从 2015 年至 2017 年公司利息保障倍数逐渐增加的趋势看，新城控股的盈利能力确实很强，高杠杆下的经营模式风险得到一定控制。

表 10-9　A 股房企长期偿债能力分析

项目	年份	公司数量	25%分位数	50%分位数	75%分位数	新城控股
资产负债率	2015	124	53.79%	69.35%	78.24%	79.54%
	2016	124	54.47%	67.57%	79.57%	84.14%
	2017	122	51.40%	66.31%	80.00%	85.84%
产权比率	2015	124	113.36%	224.18%	356.77%	388.79%
	2016	124	119.62%	208.50%	389.39%	530.32%
	2017	122	105.75%	197.11%	400.05%	606.37%
权益乘数	2015	124	2.13	3.24	4.57	4.89
	2016	124	2.20	3.08	4.89	6.30
	2017	122	2.06	2.97	5.00	7.06
利息保障倍数	2015	119	0.53	2.28	5.59	1.11
	2016	119	0.88	2.82	7.55	1.58
	2017	115	0.98	2.88	7.52	1.92

注：数据来源于 WIND 数据库，剔除缺失值与异常值。

2) 营运能力分析

表 10-10 为 2015—2017 年 A 股房企资产使用效率分析。如表 10-10 所示，新城控股总资产周转率在 2015 年为 0.40，在 2016 年为 0.33，在 2017 年为 0.28，均高于行业 75%分位数；总资产周转周期在 2015 年为 908.19，在 2016 年为 1100.32，在 2017 年为 1273.40，均低于行业 25%分位数。这说明新城控股的资产周转速度较快，符合公司的高周转战略，驱动了业绩的快速上升。

对总资产进行分解发现，新城控股流动资产周转率在 2015 年为 0.51，在 2016 年为 0.43，在 2017 年为 0.37，均高于行业 75%分位数；流动资产周转周期在 2015 年为 709.04，在 2016 年为 846.99，在 2017 年为 985.28，均低于行业 75%分位数。相比而言，新城控股固定资产周转率在 2015 年为 17.85，在 2016 年为 14.66，在 2017 年为 19.92；固定资产周转周期在 2015 年为 20.16，在 2016 年为 24.55，在 2017 年为 18.07，均在同行业 50%分位数附近。结合这 4 项指标来看，新城控股总资产周转率较高的原因是流动资产周转率较高。相比而言，公司固定资产周转率较低，也印证了新城控股高周转战略。

表 10-10　A 股房企资产使用效率分析

项目	年份	公司数量	25%分位数	50%分位数	75%分位数	新城控股
总资产周转率	2015	124	0.13	0.20	0.29	0.40
	2016	124	0.16	0.23	0.33	0.33
	2017	115	0.16	0.21	0.28	0.28
总资产周转周期	2015	124	1 228.42	1 792.11	2 751.43	908.19
	2016	124	1 104.42	1 587.7	2 210.17	1 110.32
	2017	115	1 284.39	1 743.37	2 318.99	1 273.40
流动资产周转率	2015	124	0.17	0.27	0.37	0.51
	2016	124	0.20	0.31	0.41	0.43
	2017	115	0.20	0.27	0.35	0.37
流动资产周转周期	2015	124	977.74	1 324.44	2 140.83	709.04
	2016	124	881.05	1 157.46	1 798.90	846.99
	2017	115	1 038.68	1 330.29	1 791.61	985.28
固定资产周转率	2015	124	6.19	14.88	39.62	17.85
	2016	124	6.18	17.20	47.30	14.66
	2017	115	7.14	17.86	46.82	19.92
固定资产周转周期	2015	124	9.09	24.19	58.25	20.16
	2016	124	7.61	20.93	52.85	24.55
	2017	115	7.69	20.16	50.42	18.07

注：数据来源于 WIND 数据库，剔除缺失值与异常值。

表 10-11 为 2015—2017 年 A 股房企应收账款使用效率分析。新城控股应收账款周转率

在 2015 年为 2 775.80，在 2016 年为 1 774.79，在 2017 年为 855.08，均远高于行业 75%分位数；应收账款周转周期在 2015 年为 0.13，在 2016 年为 0.20，在 2017 年为 0.42，均远低于行业 25%分位数。这说明新城控股的应收账款较低，能够更多地获得全款销售，或尽快地获取银行按揭放款，回款控制能力较强。

表 10-11　A 股房企应收账款使用效率分析

项目	年份	公司数量	25%分位数	50%分位数	75%分位数	新城控股
应收账款周转率	2015	120	12.68	33.43	122.01	2 775.80
	2016	120	12.67	36.03	158.62	1 774.79
	2017	112	10.70	38.38	154.78	855.08
应收账款周转周期	2015	120	2.95	10.77	28.40	0.13
	2016	120	2.27	10.00	28.42	020
	2017	112	2.33	9.39	33.65	0.42

注：数据来源于 WIND 数据库，剔除缺失值与异常值。

表 10-12 为 2015—2017 年 A 股房企存货使用效率分析。存货周转率的计算公式为营业收入(营业成本)除存货。如果是评估资产的变现能力，则应使用“营业收入”进行计算；如果是评估存货管理的业绩，则应当使用“营业成本”进行计算。如表 10-12 所示，新城控股以营业收入计算的存货周转率在 2015 年为 0.75，在 2016 年为 0.77，在 2017 年为 0.70；新城控股以营业成本计算的存货周转率在 2015 年为 0.55，在 2016 年为 0.56，在 2017 年为 0.45。这两项指标均超过了行业 75%分位数，说明新城控股无论是资产的变现能力还是存货管理的绩效都处于行业的领先地位。

表 10-12　A 股房企存货使用效率分析

项目	年份	公司数量	25%分位数	50%分位数	75%分位数	新城控股
存货周转率(以营业收入计算)	2015	124	0.23	0.38	0.52	0.75
	2016	124	0.28	0.47	0.70	0.77
	2017	115	0.30	0.43	0.62	0.70
存货周转周期(以营业收入计算)	2015	124	697.58	945.74	1 575.68	477.77
	2016	124	511.64	772.99	1 304.60	464.78
	2017	115	583.98	833.46	1 193.85	514.66
存货周转率(以营业成本计算)	2015	124	0.15	0.27	0.36	0.55
	2016	124	0.18	0.32	0.47	0.56
	2017	115	0.20	0.27	0.42	0.45
存货周转周期(以营业成本计算)	2015	124	1 000.53	1 340.13	2 424.17	652.77
	2016	124	777.31	1 134.00	1 956.22	644.37
	2017	115	849.59	1 309.32	1 790.06	798.65

注：数据来源于 WIND 数据库，剔除缺失值与异常值。

3) 盈利能力分析

表 10-13 为 2015—2017 年 A 股房企盈利能力分析。其中，新城控股营业净利率在 2015 年为 10.18%，在 2016 年为 11.28%，在 2017 年为 15.45%；总资产收益率在 2015 年为 3.54%，在 2016 年为 3.06%，在 2017 年为 3.41%，几乎均位于行业 50%分位数附近。相比较而言，新城控股总资产收益率在 2015 年为 17.30%，在 2016 年为 19.28%，在 2017 年为 24.10%，远高于行业 75%分位数，这说明新城控股产品盈利能力不是特别突出，之所以近年来公司业绩增长突飞猛进，主要源于高杠杆。因为在总资产收益率一定的情况下，杠杆越高，净资产收益率就越高。盈利能力这一指标反映了股东的赚钱能力，新城控股处于行业的领先水平。

表 10-13　A 股房企盈利能力分析

项目	年份	公司数量	25%分位数	50%分位数	75%分位数	新城控股
营业净利率	2015	124	4.13%	8.89%	14.43%	10.18%
	2016	124	4.78%	9.43%	14.23%	11.28%
	2017	122	6.05%	11.70%	19.90%	15.45%
总资产收益率	2015	124	0.63%	1.66%	3.09%	3.54%
	2016	124	1.04%	2.00%	3.66%	3.06%
	2017	122	1.13%	2.40%	3.96%	3.41%
净资产收益率	2015	124	2.71%	5.86%	9.97%	17.30%
	2016	124	3.47%	6.99%	12.26%	19.28%
	2017	122	3.54%	8.44%	13.14%	24.10%

资料来源：王新雨. 新城控股集团股利分配案例研究[D]. 吉林：吉林大学，2019：17-33.

10.3.2　资料：新城控股公司现金股利分析

表 10-14 为 2015—2017 年 A 股房企现金股利分析。通过每股净收益、每股税前股利、每股年末收盘价，计算出股利支付率与股利收益率。在每股净收益中，新城控股的每股净收益在 2015 年为 1.40 元，在 2016 年同样为 1.40 元，在 2017 年则为 2.77 元。新城控股的税前股利在 2015 年为每股 0.11 元，在 2016 年为每股 0.33 元，在 2017 年为每股 0.81 元。尽管两项指标均高于行业 75%分位数，但由于该指标受到总股本的影响，因此不能直接认为新城控股的盈利能力与每股税前股利高。趋势上，新城控股的每股净收益与每股税前股利均有较大幅度的提高。新城控股的每股年末收盘价在 2015 年为 20.31 元，在 2016 年为 11.75 元，在 2017 年为 29.30 元，可见股价存在一定的波动性。

在股利支付水平上，本文从股利支付率和股利收益率两方面来分析。一方面，本文分析了新城控股的股利支付率情况，使股利支付率=每股税前股利/每股净收益，发现新城控股的股利支付率在 2015 年为 7.83%，在 2016 年为 23.62%，在 2017 年为 29.22%。可见，2015 年新城控股的股利支付率较低，处于行业 25%～50%分位数之间。到了 2016 年，新城控股的股利支付率有了大幅提高，处于行业 50%～75%分位数之间。而到了 2017 年，新城控股的股利支付率几乎达到了行业 75%分位数水平。另一方面，本文分析了新城控股的股利收益率情况，使股利收益率=每股税前股利/每股净收益，发现新城控股的股利收益率在 2015 年为 0.54%，在 2016 年为 2.81%，在 2017 年为 2.76%，均高于同行业 75%分位数。就投资者而言，持有新城控股股票所获得的分红收益要高于持有其他的房地产上市公司股票，新城控股具有一定的投资价值。总体来说，新城控股在 3 年中出现了股利快速增长的趋势，现金股利的支付水平已经处于行业的领先地位。

表 10-14　A 股房企现金股利分析

项目	年份	公司数量	25%分位数	50%分位数	75%分位数	新城控股
每股净收益/元	2015	124	0.07	0.22	0.56	1.40
	2016	124	0.10	0.31	0.71	1.40
	2017	122	0.12	0.40	0.86	2.77
每股税前股利/元	2015	124	0	0.04	0.10	0.11
	2016	124	0	0.04	0.11	0.33
	2017	122	0.01	0.06	0.20	0.81
每股年末收盘价/元	2015	124	8.605	12.03	18.05	20.31
	2016	124	6.96	9.37	14.20	11.75
	2017	122	5.67	77.51	11.15	29.30
股利支付率	2015	124	0	12.9%	30.6%	7.83%
	2016	124	0	14.0%	32.4%	23.62%
	2017	122	6.1%	18.5%	30.0%	29.22%
股利收益率	2015	124	0	0.4%	1.0%	0.54%
	2016	124	0	0.4%	1.4%	2.81%
	2017	122	0.1%	1.0%	2.3%	2.76%

注：数据来源于 WIND 数据库，剔除缺失值与异常值。

10.3.3　资料：股利发放的动机分析

本文对新城控股的股利支付动机进行研究。从信号传递、缓解代理冲突、大股东侵占、监管迎合、生命周期理论的股利支付等视角分析新城控股集团的股利支付动机。通过与 A 股其他上市房企进行对比，利用股利变动与盈利变动的关系刻画信号传递动机；利用管理费用占比衡量代理成本刻画缓解代理冲突动机；利用所有权与现金流权分离度、股权特征与异常派现等刻画大股东侵占动机；利用股利支付率与公开再融资要求的关系刻画监管迎合动机；利用留存收益占所有者权益的比重刻画适应生命周期动机。分析发现，新城控股集团的股利政策存在显著的信号传递动机与大股东侵占动机。

1. 信号传递动机

有学者认为，企业倾向于保持一个稳定的股利支付水平，仅当未来的盈利有较大变动时，企业才会变更股利支付水平。因此，现金股利可以在信息不对称的情况下，向外传递信号。但也有学者则认为，现金股利主要是对过去盈利情况的反映，不能传递未来盈利能力变动的信号。基于这一争论焦点，本文研究新城控股现金股利与收益情况，以及股利变动与未来收益变动情况，以说明新城控股的现金股利究竟是对过去的反映还是对未来信号的传递。

通过图 10-2 可见，新城控股的每股收益与每股税前现金股利在当期并非保持一致的，2015 年与 2016 年公司每股收益均为 1.40 元，而现金股利从每股 0.11 元上升为 0.33 元，提高了 2 倍：在现金股利大幅提高的下一年，每股收益也得到了较大提高。因此，新城控股的现金股利不是对过去利润的反映，更有可能是对未来利润变动的反映，具有一定的信号传递功能。

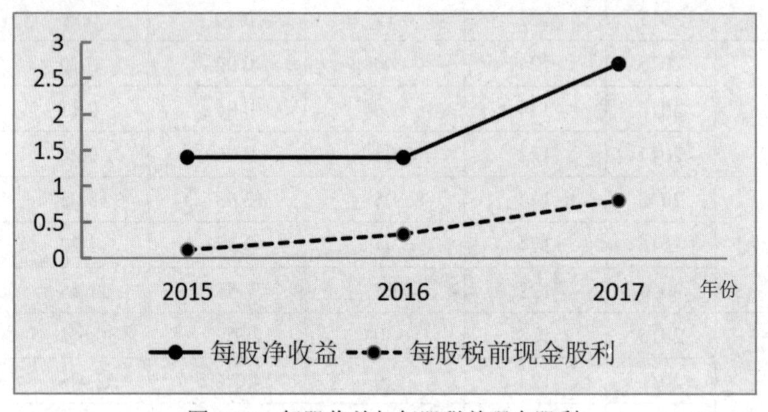

图 10-2 每股收益与每股税前现金股利

2. 缓解代理冲突动机

有学者研究表明，由于公司的所有权与控制权相分离，管理者并不时时地像所有者所设定的那样为公司与所有者赚取利益，而是常常做出利己且损害公司与股东的行为，管理者与股东之间存在代理冲突。管理费用率可以作为衡量这种代理冲突的重要指标，如果管理费用率较高，通常说明公司的代理冲突较为严重。下面本文将检验新城控股的代理问题与现金股利支付的关系。

表 10-15 为 2015—2017 年 A 股房企管理费用率分析。通过与同行业的对比分析可见，新城控股的管理费用率基本与同行业 50%分位数持平。其中 2015 年公司的管理费用率为 3.71%，低于行业 50%分位数；2016 年与 2017 年的管理费用率分别为 4.54%与 4.89%，均高于行业 50%分位数。结果表明，新城控股的管理费用率适中，代理冲突并不严重。并且考虑到新城控股的实际控制人为王振华，董事长与总经理也均为王振华，所有者与管理者的利益相统一。因此，新城控股的现金股利不存在为缓解所有者与管理者之间的代理冲突的支付动机。

表 10-15　A 股房企管理费用率分析

年份	公司数量	25%分位数	50%分位数	75%分位数	新城控股
2015	214	3.21%	4.89%	9.24%	3.71%
2016	124	2.56%	4.00%	7.94%	4.54%
2017	122	3.28%	4.37%	7.94%	4.89%

注：数据来源于 WIND 数据库，剔除缺失值与异常值。

3. 大股东侵占动机

大股东侵占的动机来源于第二类代理冲突，第二类代理冲突指控股股东与中小股东之间的利益冲突。由于控股股东往往掌控着公司的资源与话语权，他们会驱使上市公司做出不利于中小股东的行为，侵害中小股东的利益，这种行为常常被称为“公司隧道效应”。也有学者研究发现，公司价值随着控股股东现金流权比例的增加而提高，但当控制权超过现金流权时，公司价值下降，两权分离成为大股东侵占小股东的动机。表 10-16 为 2015—2017 年 A 股房企两权分离度分析。如表 10-15 所示，新城控股控制权与现金流权的两权分离度(差额)在 2015 年为 18.73%，在 2016 年为 18.41%，在 2017 年为 18.52%，均远高于同行业的 75%分位数值。并且，根据 2017 年 12 月 31 日的财务报告，自然人王振华持有新城控股超过 60%的股权，因此，大股东具有利益侵占的动机。同时，上市前控股股东所持有的股份在上市的前 3 年内均无法流通，控股股东经常会忽略中小股东的利益，侵占公司的经营成果。而新城控股在 A 股挂牌的时间为 2015 年 12 月 4 日，直到 2018 年 12 月 4 日控股股东的股份均无法流通。因此，从这一角度来看，控股股东也存在利益侵占动机。

表 10-16　A 股房企两权分离度分析

项目	年份	公司数量	25%分位数	50%分位数	75%分位数	新城控股
两权分离度	2015	114	0.00%	1.22%	10.53%	18.73%
	2016	114	0.00%	1.21%	11.93%	18.41%
	2017	114	0.00%	1.26%	12.05%	18.52%

注：数据来源于 CSMAR 数据库，剔除缺失值与异常值。

在中国资本市场中，由于对投资者法律保护的弱化和缺失，现金股利可能只体现内部人的利益，进而被异化成为内部人进行利益侵占的工具。一般认为，异常高派现是超出公司经营能力的一种派现，这种派现会危害公司经营，损害公司的长期利益。有学者认为，异常高派现应该是在每股现金股利大于 0.1 元的基础上，满足每股现金股利大于每股收益或每股现金股利大于每股经营现金流的要求。

从表 10-17 中可以看出，新城控股 2015—2017 年每股现金股利均高于 0.1 元。在此基础上，虽然每股现金股利均小于每股收益，但是每股经营现金流出现了负数现象，公司 2015 年与 2017 年的每股现金股利均高于每股经营现金流。进一步来讲，从每股现金股利与每股自由现金流的关系来看，每股现金股利仅2015年略微低于每股自由现金流，2016年与2017年均高于每股自由现金流。因此，新城控股的现金股利支付具有异常派现的特征。综合来看，新城控股的现金股利支付具有较强的大股东侵占动机。

表10-17 新城控股异常派现情况分析

年份	2015	2016	2017
每股现金股利/元	0.11	0.33	0.81
每股收益/元	1.40	1.40	2.77
每股经营现金流/元	−0.56	3.58	−4.64
每股自由现金流/元	1.12	0.31	0.77

注：数据来源于WIND数据库，剔除缺失值与异常值。

4. 监管迎合动机

2008年10月9日，中国证监会颁布了《关于修改上市公司现金分红若干规定的决定》，规定上市公司公开发行证券应符合最近3年以现金方式累计分配利润不少于最近3年实现的年均可分配利润的30%。这一措施的出台可以视为中国“半强制”分红监管政策的开端，很多上市公司为迎合监管的需求而支付现金股利。有的学者利用门槛股利衡量监管迎合的股利支付动机，即如果刚好达到公开股权再融资资格的股利支付，便具有监管迎合动机。

通过计算发现，新城控股2015—2017年的可分配利润分别为178 963.09万元、299 822.29万元、602 890.77万元，年均值为360 558.72万元；2015—2017年的税前股利支付金额为18 447.10万元、74 546.48万元、182 848.12万元，累计值为275 841.70万元。同时得出，在2017年股利分配之时，新城控股公司最近3年以现金方式累计分配利润占最近3年实现的年均可分配利润的76.50%，远高于监管要求的30%，不在门槛股利的区间范围内。因此，新城控股的现金股利不具有迎合监管的动机。

5. 生命周期理论的股利支付动机

通过对股利支付集中度的研究发现，美股资本市场中的股利支付出现了集中化的趋势，股利支付集中于一些规模较大且较为成熟的上市公司。有人提出股利生命周期理论，认为企业成熟度反映为留存收益占所有者权益(总资产)的比重，而企业越是成熟，越倾向多支付现金股利。通过对中国上市公司留存收益占所有者权益之比与现金股利的关系检验得出，中国上市公司的派现行为能够被生命周期理论所解释。

表10-18为2015—2017年A股房企企业成熟度分析。如表10-18所示，新城控股的留存收益占所有者权益的比重在3年中分别为74.82%、78.56%、70.02%。其中，2015年与2016年该比重均高于行业75%分位数，2017年该比重也是接近于行业75%分位数，可见，新城控股属于较为成熟的上市公司。但是，股利生命周期理论认为成熟的上市公司支付现金股利的原因在于投资机会的下降，缺乏投资机会是股利支付的动机。虽然房地产行业现阶段确实处

于成熟期，但近年来如碧桂园、恒大等房企成长速度也仍然高居不下，新城控股在 2017 年净利润的增长速度更是接近于 100%。因此，本文认为新城控股的股利支付不完全符合生命周期理论的特征。

表 10-18　A 股房企企业成熟度分析

项目	年份	公司数量	25%分位数	50%分位数	75%分位数	新城控股
留存收益占所有者权益的比重	2015	123	47.06%	59.34%	68.11%	74.82%
	2016	124	48.26%	61.44%	71.50%	78.56%
	2017	122	47.43%	61.98%	72.28%	70.02%

注：数据来源 WIND 数据库，剔除缺失值与异常值。

综上，本文从信号传递、代理冲突、大股东侵占、监管迎合与生命周期等视角对新城控股的股利支付动机展开分析，得到以下 3 个结论。

(1) 在新城控股，最为强烈的现金股利支付动机为大股东侵占动机。原因有三点：第一，新城控股的控制权和现金流权两权分离度较高，存在大股东侵占动机；第二，新城控股的实际控制人为自然人，属于家族企业，其股份在上市的前 3 年不能流通，加之股权成本又低于二级市场的取得成本，促进了大股东侵占动机的形成；第三，新城控股存在异常高派现的股利支付迹象，而异常高派现往往会成为大股东利益侵占的一种手段。因此，新城控股最有可能的股利支付动机是大股东侵占动机。

(2) 信号传递也可能是新城控股支付现金股利的动机之一。通过分析发现，新城控股的现金股利变动趋势与已经获得的收益水平变动没有保持一致，反而与未来收益水平的变动出现了相关的迹象。因此，新城控股的股利变动中可能含有未来收益变动的信号，具有信号传递动机。

(3) 新城控股的现金股利符合生命周期理论的形式，但不符合生命周期理论的实质，不具有生命周期理论的股利支付动机。

此外，缓解所有者与管理者之间的代理冲突动机、监管迎合动机均不符合新城控股的股利支付特征。

10.3.4　资料：新城控股股利支付的市场反应

在前文的分析中，发现新城控股集团的股利政策具有显著的大股东掏空动机与信号传递动机。本文，将通过对股利宣告日与股利支付日的累计超额收益(cumulative abnormal return，CAR)对新城控股的股利支付市场反应进行分析。理论上，如果大股东侵占动机显著，则市场对股利政策的反应应当是消极的；而如果信号传递动机显著，则市场对股利政策的反应应当是积极的。在考虑股利宣告日与股利支付日的不同特征后，研究表明，新城控股的股利政策存在一定的负面效应。因此，新城控股集团的股利政策更符合大股东侵占动机的特征。并且，大股东还可能利用利润增长作为利益侵占的“面具”。

1. 股利宣告日市场反应

通常研究事件对股票收益的影响，即事件研究法。事件研究法中刻画股票收益影响的指标是累计超额收益(CAR)。这里选取窗口期为3天的CAR值，其计算方法为分别计算事件发生日及前两日的新城控股股票收益率与上证综指收益率，差额累计加总即可得到累计超额收益CAR。

表10-19为新城控股股利宣告日市场反应分析。如表10-19所示，新城控股在2015年的股利宣告日的CAR为2.34%，2016年股利宣告日的CAR为3.44%，2017年股利宣告日的CAR为5.31%，均为正值，说明股利宣告日获得了较好的市场反应。但是股利宣告日同时也是年度报表公告日，其中最重要的利润增长率也在同一天首次公布，因此股利宣告日的CAR不仅反映了市场对股利的情绪，也反映了市场对利润增长的情绪。但是从2015年至2017年，新城控股的利润增长率与股利增长率均保持在较高的水平，难以分割市场反应占比，只是可以形成如下推论：第一，新城控股股利支付信号传递动机成立，市场能够积极接收内部人传递的未来盈利上升的信号；第二，如果大股东侵占动机成立，那么大股东很可能将利润增长作为掩饰其掏空的“面具”。

表10-19 新城控股股利宣告日市场反应分析

2015年	T-2	T-1	T-0	CAR	利润增长率	股利增长率
新城控股	2.37%	1.78%	−1.29%			
上证综指	−0.38%	1.53%	−0.63%	2.34%	57.32%	首次支付
差额	2.75%	0.25%	−0.66%			
2016年	T-2	T-1	T-0	CAR	利润增长率	股利增长率
新城控股	4.69%	0.07%	−1.31%			
上证综指	0.24%	−0.30%	0.06%	3.44%	64.42%	304.11%
差额	4.44%	0.37%	−1.37%			
2017年	T-2	T-1	T-0	CAR	利润增长率	股利增长率
新城控股	1.09%	0.74%	2.42%			
上证综指	−0.49%	−0.57%	−001%	5.31%	99.68%	145.28%
差额	1.58%	1.31%	2.42%			

注：数据来源于WIND数据库。

2. 股利支付日市场反应

表10-20为新城控股股利支付日市场反应分析。同样利用市场调整法计算CAR，但不同于股利公告日，股利支付的市场反应较为消极，仅2015年的CAR为正，但1.26%的数字也

国的兴起和成长，对双层股权结构的理论内涵、实践意义研究显得愈加重要，契合了当今市场发展的需要。

2. 谷歌公司的股票分割与双层股权设计

谷歌公司(NASDAQ: GOOG)成立于 1998 年 9 月，是全球公认最大的搜索引擎公司，2004 年 8 月在美国纳斯达克上市。随着公司的发展和经营规模的扩大，谷歌公司越来越多地发行股票，以融集资金；员工持股计划、股权奖励等新管理方式的运用也使谷歌公司的股权逐渐从原始股东手中分散化。谷歌公司于 2012 年提出以股票分割的方式推行“双层股权结构”，在保持创始人投票话语权和公司控制权的同时，分割出一类不含投票权的股票，用于员工激励和社会融资。

2012 年 4 月 17 日，谷歌公司公布一季度财报，同时宣布了 1 拆 2 的股票分割(stock split)计划，这是公司自 2004 年上市以来的首次拆股计划，同时每份新股无表决权，以此来保证创始人在拥有相对较少股份的情况下，仍然拥有公司绝对的实际控制权。2012 年 6 月 21 日，谷歌召开年度股东大会，并批准了股票分割计划。同股不同权的分割计划与传统公司治理结构下的同股同权原则相违背，股东权益的公平性受到损害，谷歌公司面临了一系列的股东诉讼，最终于 2013 年达到和解。双方同意的解决方案是：谷歌公司为股东们承诺业绩目标和相应的补偿，将无投票权的股票在发行后首年的股价与原先的股票股价进行对比，以差额是否超过 1%作为是否补偿的判断标准；若差额超过 5%，补偿标准将提高。举例来说，如果“A 类”股票在拆股第一年的平均价格为 600 美元，而“C 类”股票的均价仅为 565 美元，谷歌将向股东支付每股 30 美元的现金补偿或等价股票补偿。谷歌管理层曾宣称两类股票虽然存在投票权上面的差异，但是股价走势上不会出现太大的盈余区间。

2014 年 4 月 3 日，股票分割计划正式实施，截至 2014 年 3 月 27 日的所有在册股东所持的每股股票都可换取分割后的两股股票：一类为 Class A (代码 GOOGL)，每股拥有一份投票权；一类为新设的 Class C(新设代码 GOOG)，不拥有投票权。谷歌后期可以在不稀释创始人股份的前提下增发 GOOG 的 C 类股票。还有一类股票被称为“Class B”，仅存在于公司内部，该股票每份拥有 10 份的投票权，同时能够转换为 A、C 类股票，但是 A、C 类禁止转换。B 类股票仅限内部交易，为创始人和高层持有。2015 年谷歌重组创办伞形公司(Alphabet)，谷歌成为旗下最大子公司，其他所有非谷歌业务统称为“Other Bets”。Alphabet 通过强有力的领导和独立性来帮助旗下所有企业实现繁荣。

资料来源：左盼. 双层股权结构在我国实施的路径研究——以谷歌股票分割为例[J]. 湖北经济学院学报(人文社会科学版).2019,16(06): 40-42.

思考题：

1. 企业进行股票分割之后，资产、负债、股东权益将会发生什么样的变化？
2. 如果一个企业的股票价格很高，进行股票分割之后对股价会发生什么样的影响？
3. 股票分割能否增加股东财富？

案例 10.5 股票回购：意欲何为

10.5.1 资料：上市公司回购股份案例增多

2018 年 5 月以来，探路者(300005)等 7 家上市公司发布回购预案，苏宁易购(002024)等 25 家公司实施了股份回购计划。多数公司溢价回购，并伴有股份增持计划。业内人士称，上市公司回购股份，通常释放出股价被低估的信号。上市公司回购股份注销后，可以提高每股盈余及净资产收益率等指标，提升投资者信心。部分公司回购股份用于实施员工持股计划或股权激励计划。

1. 溢价回购居多

部分上市公司股份回购实施完毕后，随即公告拟利用回购的股份推进员工持股计划。以苏宁易购为例，苏宁易购于 2018 年 5 月 13 日晚发布员工持股计划，股票来源为公司回购专用账户已回购的股份。本次员工持股计划购买回购股票的价格为 6.84 元/股，仅为 5 月 14 日股价的一半。

部分公司的拟回购价上限高于目前股价。如英威腾(002334)，公司拟使用自有资金约 1 亿元，以不高于 8.45 元/股的价格，以集中竞价、大宗交易等方式回购公司股份，作为公司实施股权激励或员工持股计划的股份来源。截至 2018 年 5 月 14 日收盘，公司股价仅为 7.09 元/股。又如探路者，公司拟以自有资金不超过 5000 万元，不低于 3000 万元回购公司股份，股份回购价格不超过 6 元/股。截至 2018 年 5 月 14 日收盘，公司股价为 4.68 元/股。

部分公司二级市场股价连续下挫后，打出“回购股份+增持”的组合拳。广博股份(002103)终止重大资产重组，复牌后股价跌幅超 30%，公司实际控制人拟增持，公司同时发布了股份回购计划。公司表示，鉴于近期公司股票价格出现较大波动，公司认为目前股价不能合理体现公司的实际经营情况。基于对公司未来发展前景的信心以及对公司价值的高度认可，拟进行股份回购计划。

2. 提振投资者信心

某上市公司高管对《中国证券报》记者表示，上市公司回购股份通常会释放出股价被低估的信号，这是维护二级市场股价的一种手段。回购股份注销后，公司股本减少，使得每股净资产收益率及盈余等指标上升，有利于提振投资者信心。此外，回购股份用于股权激励、员工持股计划等，易于控制成本。

有的公司现金分红水平较低，拟通过回购股份“弥补”投资者。以均胜电子(600699)为例，公司计划以自有资金不低于 18 亿元、不超过 22 亿元回购部分社会公众股份。通过此次回购，其将有效维护广大投资者的利益，增强投资者对公司未来发展前景的信心。均胜电子负责人对《中国证券报》记者表示的上市公司花真金白银回购股份，尽管存款会减少，但对公司长期发展有利。

多家公司发布股份回购预案后，对股价提振作用明显。以远兴能源(000683)为例，公司 5 月 6 日晚发布回购预案，回购资金总额不超过 10 亿元，回购价格不超过 3.6 元/股。公司股价次日上涨 6.32%，创下 2018 年以来新高。

资料来源：董添. 上市公司回购股份案例增多[EB/OL]. http://www.cs.com.cn/ssgs/gsxw/201805/t20180515_5801843.htmL.

10.5.2 资料：回购潮来袭，美的集团 40 亿元回购股票

2018 年 6 月以来，美的集团股价下跌超过 20%。为了提振股价，美的集团 2018 年 7 月 5 日早上发布回购部分社会公众股份的预案。公告显示，在回购股份价格不超过 50 元/股的条件下，按回购金额上限测算，预计回购股份数量不低于 8000 万股，约占公司目前已发行总股本的 1.2%以上。

除了美的集团外，广汇汽车 2018 年 7 月 4 日也宣布回购股票，回购金额最多 4 亿元，最少不低于 2 亿元。

有媒体统计显示，2018 年以来，A 股二级市场回购金额已经达到 135 亿元，重要股东增持金额已经达到 674 亿元，回购加上增持金额已超 800 亿元。

回购以及重要股东的增持，一直是稳定股价的重要手段。2018 年 6 月以来，上市公司回购增持明显增多，而上一次最大规模回购潮发生在 2016 年。不过，当时回购金额合计也只有约 105 亿元。这一次，如果美的集团回购实施，则将成为 A 股史上最大规模回购。不过，如果接下来美的集团股价涨过 50 元，那么回购也就不会执行了。

美股为什么一直那么牛？因为它们的很多公司也在不断进行回购。根据市场研究公司 TrimTabs 的数据，美国上市公司二季度宣布了 4 336 亿美元的股票回购规模，几乎是一季度 2 421 亿美元的两倍。2018 年以来，美股上市公司以前所未有的速度回购自家股票。2018 上半年，美国上市公司累计回购了逾 6 700 亿美元的股票，回购规模已超过 2017 年全年创下的 5 300 亿美元纪录，再创历史新高。

资料来源：张道达. 回购潮来袭 美的集团 40 亿元回购股票[EB/OL]. http://www.nbd.com.cn/articles/2018-07-05/1232044.htmL.

思考题：

1. 根据资料，企业实施股票回购的动机有哪几类？苏宁易购、广博股份、均胜电子、美的集团的股票回购动机有什么区别？

2. 资料 10.5.1 中提到的均胜电子以股票回购方式来弥补现金分红的不足。分析在有足够现金分红能力的情况下，选择股票回购而不是选择派发现金对提高股东财富有没有帮助？(考虑现金分红所得税和资本利得税的差别)

参考文献

[1] 王化成. 财务管理[M]. 5 版. 北京：中国人民大学出版社，2017.

[2] 斯蒂芬 ·A. 罗斯，伦道夫 ·W. 威斯特菲尔德，杰弗利 ·F. 杰富. 公司理财[M]. 11 版. 北京：机械工业出版社，2017.

[3] 鲍新中，高建立，刘澄. 高速公路投融资模式研究[M]. 北京：知识产权出版社，2013.

[4] 鲍新中，吴霞，王彦芳. 物流成本管理与控制[M]. 北京：电子工业出版社，2020.

[5] 鲍新中. 秒懂财报——零基础也能迅速看懂财务报表[M]. 北京：北京联合出版有限公司，2018.